여성 없는 페미니즘

여성 없는 페미니즘

지은이 _ 타니아 모들스키
옮긴이 _ 노영숙
펴낸곳 _ 도서출판 여이연
발행 _ 고갑희
주간 _ 이숙인
편집 _ 사미숙
주소 _ 서울 종로구 명륜4가 12-3 대일빌딩 5층
등록 _ 1998년 4월 24일(제22-1307호)
대표전화 _ (02) 763-2825
팩스 _ (02) 764-2825
홈페이지 _ http://www.gofeminist.org
전자우편 _ alterity@gofeminist.org

초판 1쇄 인쇄 _ 2008년 8월 11일
초판 1쇄 발행 _ 2008년 8월 13일

값 15,000원
ISBN 978-89-91729-09-4 93680

잘못된 책은 바꿔 드립니다.

여성 없는 페미니즘

타니아 모들스키 지음
노영숙 옮김

도서출판 여이연

�֎ 차례

서문

최근 발간된 『여성의 시선 *The Female Gaze*』이라는 대중문화에 관한 책은 신세대 페미니스트 비평가들의 논문 모음집이다. 이 책에서 많은 저자들이 구세대 페미니스트 비평가들로 인해 자신들이 대중문화의 즐거움을 그다지 누리지 못하게 되었다고 주장한다. 한 저자는 문화 산업이 여성에게 쾌락의 권리를 약속했다고 주장하면서 "조앤 콜린스〈다이내스티〉에서의 역할는 페미니즘에 대한 광범위한 도전의 상징"이라고 말한다. 1970년대와 1980년대 초의 정치화된 문화비평에 반대하였기 때문에 이러한 "도전"은 그 자체의 용어를 지니지 못했어도 무시할 수 없다. 이 도전은 대중문화와 정치비평의 결합을 페미니즘적으로 다시 생각할 때가 되었다는 신호를 보낸다. 이 책에 실린 논문들은 다양한 문화비평의 문맥 속에서 대중문화(주로 영화)를 바라봄으로써 "포스트페미니즘적" 순간의 여러 국면을 조명한다. 나는 문화비평이 대중문화와 공모하여 페미니즘의 목표가 달성된 척하는 상황을 보여주고자 한다. 이러한 태도는 명백히 시기상조이기 때문이다.

이론과 대중이라는 두 가지 전혀 다른 담론을 나란히 놓음으로써 이론 담론을 가볍게 만들거나 이 두 담론의 중대한 차이를 부정하려는 것이 아니다. 그러나 비평가는 자신이 분석하는 문화 바깥으로 완전히 나갈 수 없으며 혹은 문화 세력에 완벽하게 저항할 수 없다는 것이 변함없는 나의 생각이다. "자신의 시대에 당해서 쓰러지는 가장 확실한 방법은 그 시대에 등을 돌리는 것이다"라는 장-폴 사르트르의 말이 맞는다면, 급진적 문화 정치학의 시작은 가장 저급한 형식의 문화 속에 들어 있는 어떠한 암시도 부인하지 않고 (혹은 자신의 개인적 쾌락을 정당화하고 보호하기 위해 이러한 문화를 정치적으로 진보적인 것이라고 찬양하지 않고) 그것과의 관계를 자세히 살펴봄으로써 그 시대를 직면하는 것이라고 할 수 있다.

제 1장에서는 동시대 비평 연구 트렌드 몇 가지를 개괄적으로 소개한다. 이는 다음 장들의 논의를 위한 문맥을 제공해줄 것이다. 다음 두 장은 대중문화연구의 방법론과 이론의 문제를 주로 다룬다. 나머지 장들은 대중 영화 읽기를 제시하고 이들 텍스트와 이론적 논쟁 간의 관계를 분석한다. 동시대 대중문화에 초점을 맞추기로 선택함으로 인해 직면해야 했던 주요 문제점은 연구 대상들의 일시성이다. 예를 들어 전쟁 영화에 대한 장은 이라크 전쟁 이전에 씌어졌다. 이라크 전쟁으로 인해 "용사"에 대한 매체의 표현이 바뀌어서 지금은 종종 여성이 용사가 된다. 그러나 이 텍스트들의 이러한 일시성에도 불구하고 여성, 남성, 페미니즘을 향한 이들의 태도는 중요한 연구 대상이 된다. 문화적 환경에서 이들은 주요한 보수적 변환점이 되기 때문이다. 이 순간이 다른 반동의 순간들과 구분되는 것은 페미니즘에 **반대하는** 것이 아니라 오히려 페미니즘의 이름으로 수행되어 왔다는 사실에 있다.

동시대 대중문화를 연구하는 최대 장점은 도와줄 많은 사람들을 끌어모을 수 있다는 점이다. 낸시 비커스와 힐러리 쇼는 이 프로젝트에 지대한 기여를 하였다. 이들은 우정의 정도를 넘어 영화를 보러 가주었고 많은 영감을 주었다. 또한 많은 버전의 원고를 읽어 주었고 매우 소중한 조언을 해주었다. 수전 로젠필드와 린 레이튼도 소중한 조언을 해주었다. 나디아 메다나와 제인 나딘은 원고를 도와주었고 정서적 지성적 지원을 해주었다. 패트리스 페트로는 자신의 현관에 초고와 수정된 원고가 속달 우편으로 도착하자마자 만사 제치고 그것을 읽고 비평해 주었다. 루틀리지에서 빌 저마노와 함께 두 가지 프로젝트에서 함께 일한 것은 나에게 큰 즐거움이었다. 그의 도움, 재치, 유머, 전문가 기질 모두에 감사한다.

감사의 말

이 책의 상당량은 다른 형식으로 어딘가에 나왔던 적이 있다.
다음 참고 문헌들에 대해서 매우 감사한다.

- "Femininity as Mas(s)querade," in colin MacCabe, ed. *High Theory / Low Culture* (Manchester : Manchester University Press, 1986)

- "Some Functions of Feminist Criticism, Or the Scandal of the Mute Body," in *October* 49 (summer 1989)

- "A Father is Being Beaten : Male Feminism and the War Film," in *Discourse* 10 Spring/Summer 1988

- "Three Men and Baby M," in *Camera Obscura* 17(May 1988), and "The Incredible Shrinking He(r)man, Male Regression, the Male Body and Film," in *Differences* 2, no. 2 (summer 1990)

1부 이론과 방법론

1장

포스트페미니즘에 대한 포스트모르템

"문학 페미니즘 성년에 이르다!"

1987년 『뉴욕 타임스 매거진』에 실린 기사의 제목이다. 기사 상단에는 사진 한 장이 실려 있다. 그녀는 일레인 쇼왈터로, 현재 프린스턴 대학에서 세기말 문학을 강의하고 있는 페미니즘 비평가이다. 기사는 세기 전환기에 활동한 "급진적 페미니즘의 미치광이 그룹"에 대한 쇼왈터의 말을 인용하는 것으로 시작된다.

이 미치광이 그룹들은 "정자를 '지독한 독성물질'로 매도하며 금욕을 정치적 목표로 삼았다"[1]는 것이다. 지난세기의, 페미니즘의 이런 광기를 예로 든 다음 기자는 페미니즘 비평의 현재 상태를 평가하기 위해 즉시 남성비평가 피터 브룩스의 말을 인용한다. (현재 페미니즘은 결코 소수자 입장이 아니다. 그럼에도 불구하고 페미니즘의 적법성과 온전함을 확인하고 옹호해줄 남성권위자가 여전히 필요한 모양이다.) 그는 서사이론에 관한 책에서 페미니즘비평에 관해 딱 한 문장 언급했다.[2] "오늘날 문학비평에서 제구실을 하려는 사람은 어느 정도라도 페미니스트가 되어야 한다."(p.110) 그리고 그는 "비평은 여성화되고 있다"(p.112)고 주장한다. 여기에서 이 남성비평가는 페미니즘과 여성화를 혼동했다. 그리하여 페미니즘비평이 학문영역으로 흡수됨으로써 남성문학의 토대를 위협할 힘을 상실하고 말았다는 자신의 주요주장이 거짓임을 은연 중 드러내고 만다.

『뉴욕 타임스 매거진』의 기사는 이 책에서 주로 다룰 텍스트들에 대한 완벽한 예라고 할 수 있다. 내가 다룰 텍스트들은 포스트페미니즘의 도래를 선언하는 척 하면서 실제로는 페미니즘을 부정하고, 페미니즘의 목표를 훼손시킴으로써 효과적으로 우리를 페미니즘 이전 세계로 돌려보내는 것들이다. 그리하여 기사는 가족제도에 대한 페미니즘의 비판에 무언의 도전을 하면서, 여성을 길들여 "적합한" 자리로 되돌리려는 가족메타포를 시종일관 차용한다. "과거 학계에서 사생아 태생의 이복자매신분이었던 페미니즘문학비평이 지금은 가족질서 안에서 존중받는 위치를 차지하게 되었다."(p.110) "점차 존중받는 위치에 오르게 되었음에도 불구하고 페미니즘비평은 찻잔을 앞에 두고 음탕한 이야기를 불쑥 꺼내는 늙은 이모처럼 추문의 요소를 담고 있다."(p.116) 그리하여 기사의 끝은 성년에서 그치지 않고 전성기를 지나 노망기로 접어들어 버린 문학 페미니즘으로 마무리된다. 그 과정에 이 기사의 서두에서 불러낸 광기가 무해한 노망으로서 다시 등장한다.

이 기사의 제목이 거짓임은 『타임스』 기사의 형식 자체에서 드러난다. 기사가 나오기 직전 『타임스 매거진』은 예일학과 비평가들에 관한 특집 기사를 상세하게 다루었다. 해체론을 극찬하는 기사였는데 거기에는 중후하고 부유하며, 은퇴할 나이에 가까운 남성비평가들의 전면 컬러사진 대여섯장이 후광처럼 떠받쳐주고 있었다.

이와 반대로 "문학 페미니즘"기사는 "서재에 있는 일레인 쇼왈터"의 반 페이지짜리 사진 한 장만 달랑 실려 있다. 페미니즘문학 비평가들이 "가족질서" 안으로 편입된 것이 사실일 수는 있지만, 그럼에도 불구하고 이들은 가난한 친척의 입장에 처해 있는 것이다.

여성 살해 페미니즘

『타임스』가 일레인 쇼왈터를 대서특필한 것은, 이 비평가가 지나온 발자취를 볼 때 매우 흥미로운 일이다. 그녀의 이력은 이 책을 쓰도록 동기를 부여해준 페미니즘비평의 발전을 고스란히 보여준다. 쇼왈터는 "여성비평"이라고 스스로 명명한, 여성지향비평의 창시자였다. "여성비평"은 "남성문학에 대한 고착"과 "남성모델과 이론"에서 벗어나 "여성경험 연구를 바탕으로 한 새로운 모델"[3]을 만들어내고자 하는 비평을 의미한다. 쇼왈터에 있어 페미니즘비평은 "가장 도전적이고 용기를 북돋우는 적절한 임무들"을 여성문학, 여성"이론" 등의 "여성문화"에서 발견해 냈다.(p.135) 쇼왈터의 프로그램은 분명히 많은 사람이 너무 규범적이라고 느낄 것이기에 궁극적으로는 지키기 힘들다. 가부장적 텍스트들도 많은 "여성경험"을 담고 있기 때문이다. 그렇다고 여성의 경험이 남성의 경험과 일치한다는 말은 아니다. (예를 들어 알프레드 히치콕 영화에 대한 나의 책은 여성차별이 심한 이 감독이 왜 여성관객에게 인기 있는지를 이해하고 싶은 욕망에서 나온 것이다.) 그럼에도 불구하고 쇼왈터는 여성과 여성경험을 강력하게 옹호하는 동시에 페미니즘을 멋대로 전용하여 여성을 침묵하고 보이지 않는 존재로 만들어버리는 남성비평가들을 강력하게 비판하였다. 이로

써 주체라는 개념 자체가 일련의 철학적 변화를 겪는 시대에 사회적 주체
로서의 여성개념을 이론적으로 정밀하게 정립하려고 고투하는 페미니즘
비평가들에게 많은 힘이 되어 주었다.

　"문학 페미니즘" 기사가 나온 직후 "젠더 연구"로 관심을 돌린 쇼왈
터는 1989년 『젠더 말하기』라는 책을 출판하였다. 서문을 통해 그녀는
1970년대와 1980년대 초의 "여성비평"에서 페미니즘이 벗어났음을 선언,
남성성 문제를 고려할 필요가 있다고 주장한다. 그리고 "페미니즘은 남성
텍스트를, 성차별과 여성혐오문서로서가 아닌, 젠더의 기록과 성차의 해석
이라는 새로운 관심으로 읽어낼"[4]것이라고 예고한다. 쇼왈터는 남성비평
가들이 "직업상의 이익을 위해 페미니즘 담론을 전유하거나 착취할"(p.7)
가능성에 대해서는 우려하고 있다. 그러나 남성성을 "보편적 기준"(p.8)이
아니라 하나의 구성요소로 보는 젊은 남성비평가 세대의 관점은 분명히
인정한다. 그렇기는 하지만 이 서문에서 가장 당혹스러운 것은 페미니즘의
주변화이다. 쇼왈터가 더 이상 다음의 질문(이 책의 질문)에 대해 관심을
두지 않는다는 점에서 그러하다. 이 새로운 발전들에 페미니즘과 여성을
위한 무엇이 있는가? 쇼왈터는 말한다. "남성연구, 게이연구, 페미니즘비
평이 정치적민 면에서나 우선순위의 면에서 각각 다른 위치를 점하고 있지
만, 문학 텍스트 내 남성성에 대한 도전적 질문을 제기하는 '남성 페미니
즘' 너머로 다함께 나아가고 있다. 이는 젠더비평의 발전을 가능하게 해주
는 질문이다."(p.8) 이 공식에 따르면 페미니즘은 젠더연구라는 보다 포괄
적인 분야에 이르기 위한 통로인 셈이다. 이제 더 이상 젠더연구는 페미니
즘 프로젝트에 기여할 수 있는지 그리고 남성지배의 원인, 결과, 영역, 한
계를 밝혀내는 일에 도움을 줄 수 있는지의 여부로 판단되지 않는다. 이는

매우 바람직한 현상이다.

　페미니즘 연구의 새로운 국면으로서 젠더연구를 평가함에 있어 쇼왈
터는 매우 정확하다. 예를 들어 그녀의 책은 『젠더』와 『차이』같은 이름
을 지닌 저널들과 나란히 자리를 차지한다. 이러한 타이틀은 1970년대의
『기호들 : 문화와 사회 속 여성저널』과 『페미니즘 연구』와 같은 저널 타
이틀과 아주 대조된다. 그러나 이 시대를 보다 뚜렷하게 보여주는 것은
1980년대에 등장한 새로운 형식의 책으로, 남성비평가와 여성비평가들이
서로의 글을 읽고 남성페미니즘과 성차에 관련한 그들의 입장을 서로 비난
하며 벌이는 논쟁을 담고 있다. (이중 가장 악명 높은 책은 제 4장에서
다룰 『페미니즘 속의 남성』이다.)⁵ 이 책들은 매혹적인 "성 전투"를 벌임
으로써 읽기욕망을 자극하는 한편 몇 가지 점에서 "포스트페미니즘"적이
다. 첫째, 남성페미니즘 문제를 "토픽"으로 삼고 있는 한 이 책들은 남성을
중앙무대로 되돌리는 동시에, "페미니스트"라는 말이 남성에게 적절한지
의 여부를 결정하는 것보다 절박한 임무가 있음에도 불구하고 여성들이
엉뚱하게 그쪽으로 관심을 돌리게 만든다. 둘째, 이 책들은 형식 자체가
일종의 이성애적 편견을 드러낸다. 이는 게이남성 비평가 리 에델만이 지
적하였으며 그는 부재하는 레즈비언에 대해 자신의 책에서 말하고 있다.
(여기에서 우리는 자신의 맹점을 지적하는 행위가 현대 정치비평에서 흔
한 전략이 되었다는 사실을 주목하고 넘어가자.)⁶ 셋째, 이 책들은 남성과
여성의 공식적 평등이라는 진보적 개념을 발전시킨다. 이리하여 "대화주
의dialogism"(미하일 바흐친의 책에서 끌어온 용어) 같은 용어들이 흔하게
나오지만 이런 용어가 "대화dialogue"의 완곡어로 사용되는 것 말고 어떤
기능을 지니는지 이해하기 힘들다. 이는 권력 불균형 문제를 비껴감으로써

다소 보수적인 의미를 띠게 되는 개념이다.[7]

　이러한 책들은 많은 주목을 받아 왔다. 그러나 내 생각에 페미니즘에 정말 유용한 책은 여성의 관심과 인정을 받고자 안달하지 않은 채 남성들이 하고 있는 작업이다. 폴 스미스의 다음과 같은 『타임스』 기사가 인용된다. "남성들은 묵묵히 페미니즘을 지지하는 노력을 해야 한다. 당장 아무 소득이 없을지라도 그래야 한다."(p.117)

　하지만 약간의 소득이 있다. 페미니즘 프로젝트를 지지하는 남성비평은 발전하기 시작하고 있다. 그리고 나의 주제를 발전시키기 위해 내가 개인적으로 가장 유용하다고 생각하는 것은 남성의 권력과 헤게모니를 분석하는 비평이다. 이들 비평에는 '여성 주체에 관해' 남성권력이 어느 정도 영향을 미치는지에 관한 관심, 남성주체가 여성을 억압하는 동시에 "여성성"을 전유하는 일이 얼마나 비일비재한가에 대한 인식이 들어 있다. 이러한 전유현상이 미국 전통문화에 깊숙이 뿌리박혀 있음을 이들 남성페미니즘 비평은 드러낸다. 「남성 고통의 정치학: 미국 르네상스에서의 마조히즘과 헤게모니」라는 흥미로운 논문에서 크리스토퍼 뉴필드는 나다니엘 호돈의 『주홍 글씨』를 분석한다. 그리하여 아서 딤즈데일 캐릭터가 겪는 매우 전형적인 "남성의 여성화" 과정을 통해, 어떻게 남성에게 권력을 부여하며 여성에게서는 권력을 어떻게 빼앗는지 보여준다. 뉴필드는 이렇게 주장한다.

　헤게모니적 가부장제는 남성성을 주장하지 않고 존속할 수는 있지만 여성화 없이는 존속 불가능하다. 오직 여성화만이 남성들로 하여금 전형적인 남성성의 일방적 지배에서 벗어나 갈등 없는 지배를 가능하게 하고 한 문제의 양쪽 측면을 모두 이해할 수 있도록 해준다. 독재는 남성의 우월성에 의존하는 반면 진보적 헤게모니 혹은 "의견의 일치"는 남성의 여성성에 의존한다.[8]

요즘 남성주체가 아무리 심각하게 "위기"를 겪는다 할지라도 남성권력은 위기와 해결이라는 사이클을 통해 더욱 견고해진다는 사실에 주목할 필요가 있다. 그리하여 여성권력의 위협도 결국 남성권력 속으로 편입되는 방식으로 다루어진다. 이러한 과정은 〈세 명의 남자와 아기〉, 피위 헤르만 현상, 남성 마조히즘 이론을 다룬 다음 장들에서 더욱 분명해지겠지만 이 장에서도 남성이론가와 비평가의 최근 글에 나타나는 이러한 과정을 밝히고 싶다.

우선 미국 문화비평가 데이빗 레버렌즈를 앞의 뉴필드와 비교해 보고자 한다. 레버렌즈도 뉴필드처럼, 남성권력이 여성성의 자리를 차지함으로써 여성주체성을 지우는 비일비재한 현상에 대해 지대한 관심을 갖고 깊이 이해하고 있다. 랄프 왈도 에머슨을 분석하면서, 레버렌즈는 에머슨의 힘을 "여성적"이라고 일컫는 비평경향에 반기를 든다. 그리고 그는 에머슨의 사상에서 작용하는 정신의 속성을 여성성으로 개념화하는 과정에서 여성이 희생되는 방식에 주목한다.

에머슨은 남성성과 권력에 대한 사회적 정의에 반기를 들지만 세밀한 맥락을 무시하고 남성성과 권력을 뭉뚱그려 함께 묶는, 보다 근본적인 코드에는 의문을 제기하지 않는다. 남성적으로 스스로에게 권력을 부여하는 에머슨의 이상은 여성성을 영적 양육자로 환원시키고 여성주체성을 지워버린다. "자립Self-Reliance"은 얼굴 없이 어머니역할을 담당하는 존재를 내심 당연하게 여긴다. 도저히 잊을 수 없는 생생한 이미지로 그는 정신건강의 이상적 상태를 다음과 같이 요약하고 있다. "저녁 식사가 나올 것을 확신하고 있는 소년들의 무심함."[9]

레버렌즈의 남성 페미니즘적 접근 방식과 페미니즘을 전유하는 남성적 "포스트페미니즘"이 어떻게 다른지 이해하기 위해서 나는 이 구절과 스탠리 카벨의 글을 대조해 보고 싶다. 1937년 영화 〈스텔라 댈라스〉를 분석한 카벨의 글은 "미지의 여성들의 멜로드라마"에 대한 책의 일부이다. 이 새로운 책에서 카벨은 멜로드라마(여성의 영화라고 알려진)라는 장르를 분석한다. 멜로드라마는 페미니즘 영화이론에서 매우 중요한 위치를 차지해 왔다. "말없음의 텍스트"로서 멜로드라마는 가부장적 문화 내에서 억압된 목소리를 소리 내려고 애쓰기 때문이다. 여성들은 이 장르에 깊이 매력을 느낀다. 멜로드라마는 오인되고 오해받고 억압된 여성의 삶과 감정을 인식하고 총체적으로 '표현'하려는 충동에 관한 것이기 때문이다.[9] 그러나 카벨은 1930년대와 1940년대 멜로드라마에 초점을 맞추며 보수적인 비평가들처럼 페미니즘적 사고의 위험성을 담으려고 한다. 그리고 페미니즘과 가부장적 전통 간의 투쟁을 이 전통에 내재하는 투쟁으로 재정립하고자 한다. 그리하여 레버렌즈가 분석한 방식의 사고를 고스란히 답습하고 있으며 앞에서 인용한 브룩스의 글에서 보았던 것과 비슷하게 페미니즘과 여성화를 혼동하고 있다. 〈스텔라 댈라스〉의 분석이 자신이 알고 있는 철학을 "보존"하기 위한 것이라고 명시하며 카벨은 다음 글에서 "여성적" 에머슨 전통을 "남성철학"에서 구해내고 페미니즘비평가들과 공동의 목표를 만들고자 노력한다.

나는 목소리, 언어, 관심, 관심을 이끌어낼 수 있는 힘, 주체성, 존재의 차
이에 대한 여성의 요구가, 사색하라는 에머슨의 요구에 대한 반응인 양
말했다. 이러한 가정에 힘을 실어 주는 것은 이미 여성의 편에서 목소리
를 내며 이러한 요구에 대한 '권리'를 인정하는 에머슨의 글이다. 그는 받
아들임……그리고 고통에 대한 안내로서의 사색하기를 요구한다. 이는 남
성 철학이 피하고자 하는 요소다.[11]

레버렌즈가 해체하고 있는 것을 카벨의 텍스트가 규정하는 방식을 보
기 위해 우리는 일단 수동적이고 마조히즘적인 전형적 여성성은 제쳐놓을
것이다. 카벨에 있어 여성주체성과 페미니즘 자체는 남성철학자의 "여성
적" 마음에 동화된다. 레버렌즈가 말한 마음 속 "얼굴 없는 어머니"는 특
히 카벨이 〈스텔라 댈라스〉에서 사용하는 용어에 적합하다. 이는 자식의
사회적 성공을 위해 희생하는 전형적인 어머니 이야기이다. 카벨은 세심하
게도, 여성자신이 스스로의 소리를 낼 수 있도록 돕는다는 자신의 의도와
주장이 오히려 여성의 목소리를 부정하게 하는 것은 아닌지 스스로를 의심
해 본다. "이러한 여성의 철학적 요구가 여성적 차이를 예시할 것인가?
혹은 그 차이를 다시 한 번 지우는 데 참여할 것인가? 여성의 정치적 표현
거부와 남성의 우울한 표현불능성간의 차이를 명확히 할 것인가 혹은 지울
것인가?" 이 질문은 제기되자마자 곧바로 밀려났지만 질문자체는 다음과
같은 답을 암시한다. 즉, 카벨은 사실상 "미지의 여성들"의 말없음을 전유
하고 있다. 남성철학자의 "우울한 표현 불능성"을 시적으로 환기시킴으로

써, 우리가 페이소스를 느끼는 대상으로서 남성이 우월한 후보임을 인정하게 만든다. 페이소스는 아주 탁월한 멜로드라마적 감정이다. 멜랑콜리아의 젠더화 현상을 날카롭게 분석하면서 줄리아나 쉬에사리는 "멜랑콜리아"를 해체한다. 이를 통해 남성철학자는 여성주체를 희생시켜 자신의 "상실"을 재현하도록 문화적으로 권한을 부여받은 것이다. 그녀는 말한다. "멜랑콜리아 이데올로기는 여성의 주체성에서 '진짜' 상실감을 전유한다. 그리고 라캉의 용어를 빌면 그 상실은……남성 표현의 특권적 형식으로서 회복된다." 카벨의 경우 이 표현은 남성 권력이라는 교활한 책략을 사용하여 표현불능성이라는 가면을 쓰고 나타난다.[12] 말하자면 남성은 말을 "상실"한다. 여성에게는 이 패러독스가 반대로 작용한다. 여성들이 갖고 있지 못하다고 주장하는 언어를 요구함에 있어 그 요구는 (여성화된) 남성철학 전통에서 나오는 것으로 카벨 자신이 그런 요구를 "표현"하고 있다. 카벨의 말을 빌리면 이 요구는 "이미 목소리가 되어 나온 것"으로 언어와 담론에 관련한 페미니즘의 박탈감을 무화시켜 버린다.

스탠리 카벨의 사례는 많은 이유로 흥미롭다. 첫째, 그는 (여성화된) 대중문화를 사용하여 철학전통을 설명하고자 한다. 나의 책은 고급문화와 저급문화를 보다 철저하게 "평준화"하지만, 카벨이 여성영화를 분석할 때 드러나는 전유행위는 오늘날 이 두 문화의 특징을 말해준다. 둘째, 철학 내에서 "여성적인 것"에 우위를 두는 사상은 프랑스 해체론의 입장에서 보면 전혀 독창적이지 못하며 미국 철학의 일부를 차지하고 있다. 셋째, 카벨이 인기 멜로드라마의 여주인공들과 강력하게 동일시함으로써, 아직도 미국철학이 멜로드라마 장르에 얼마나 연연해하고 있는지를 드러낸다. 니나 베이엄은 이를 "괴로운 남성성의 멜로드라마"라고 일컫는다. 물론 오늘날 남성성을 괴롭히는 것은 페미니즘이다. 우울한 남성 "주인공"은 페미니즘에서 말하는 상실을 자신의 상실로 만들 수 있도록 전유함으로써 페미니즘에 대응한다.

내가 강조하고자 하는 것은 카벨의 글이 페미니즘에 대한 남성비평가의 반응을 대표한다는 사실이다. 사실 나는 마르크스주의자에서 해체론자에 이르기까지 이와 유사하게 페미니스트들의 분노를 사고 있는 다른 논문들을 선택할 수도 있었다. 통탄할 만한 포스트페미니즘의 우스개짓은 『크리티컬 인콰이어리』에 가득 차 있다. 프랭크 렌트리키아는 페미니즘을 조롱하는데, 특히 산드라 길버트와 수전 구바가 그 대상이 되고 있다. "스스로에 대항하는 가부장제-월러스 스티븐스의 청년 남성성"이라는 렌트리키아의 논문은 논쟁의 씨앗을 제공한다. 이 논문은 제목에서 암시하듯이 카벨에서 우리가 이미 보았던 움직임을 보여준다. 즉, 가부장제에 반대하는 페미니즘의 투쟁을 완전히 가부장제 '내' 그리고 가부장제 정신 내에 있는 것으로 재위치 시킨다.[13] 논쟁을 불러일으킨 또 다른 논문은 『레프리젠테이션즈』에 실린 R. 하워드 블로흐의 "중세의 여성혐오"다. 글쓰기를 여성적인 것으로 보는 해체론의 한 흐름을 채택하고 있는 이 논문에서 블로흐는 중세의 여성혐오 글에 내재되어 있는 모순을 드러내 보이려 한다. "언어적 일탈, 경솔, 모순으로 여성이 정의된다면……어떤 작가도 여성으로 정의될 수밖에 없다."[14] 카벨과 렌트리키아처럼 블로흐도 특정 가부장적 전통을 자기분열된 상태 혹은 스스로에게 대항하는 것으로 본다. 그리하여 마침내 여성혐오 문제는 일레인 한센의 말처럼 '자기'혐오의 문제가 된다.[15] 이 논문 어딘가에서 블로흐는 다음과 같이 말함으로써 페미니즘 영화이론의 전 역사를 효과적으로 지워버린다. "여성이 지각이라는 감각과 동의어라면 여성의 아름다움을 보는 시선은 여성을 보는 여성의 시각이 되어야 한다. 남성의 시선 혹은 남성의 욕망 같은 것은 존재할 수 없기 때문이다."(p.15) 포스트페미니즘을 연구하던 중 이보다 더 황당한 젠더 왜곡을 발견한 것은 딱 한 번 있었다. 그것은 스티븐스에 대한 렌트리키아의 주장을 감탄하며 요약한 도날드 피즈의 글이다. 피즈에 의하면 남성들이 남성이 되라는 문화적 명령에 순종한다면 그것은 "문화적 여성화"를 당하는 것이다.[16] 순종은 여성의 특성이기 때문이다. 즉, 남성이 남성으로 존재하는 한 그는 여성인 것이다.

　지금 페미니즘이 직면해 있는 많은 위험에 초점을 맞추고 있긴 하지만 내가 지적하는 것들이 전부가 아니라는 점은 확실히 해두고 싶다. 이런 이유에서 카벨의 말뿐 아니라 레버렌즈의 말을 인용하는 것도 중요하다. 오늘날 남성비평이 페미니즘에 대해 어떤 반응을 보이는지 그 범위를 보여주기 위함이다. 레버렌즈는 남성성에, 가부장적 권력의 형성에, 그리고 이러한 가부장권력 내 '여성 주체의 자리'에 초점을 맞춤으로써 젠더연구와 페미니즘에 지대한 기여를 하였다. 반면 카벨은 페미니즘과 "대화"를 하고자 하면서 주로 자신과의 대화에 몰두한다. 이러한 차이가 세대차 문제가 아니라는 사실은 최근에 출판된 조셉 A. 분, 마이클 캐던의 공저 『젠더화하는 남성들』의 필자 목록을 보면 알 수 있다. 이 책은 남성들이 쓴 남성 페미니즘에 관한 논문모음집으로서[17] 매우 강력한 포스트페미니즘의 아이러니를 보여준다. 여성필자를 완전히 추방해버린 이 책의 마지막 논문은 이성애남성이 페미니즘 안에서 보이지 않는 존재가 되는 방식에 대한 불평인 것이다![18]

　이 장을 끝내기 전 특히 페미니즘 관점에서, 현대의 바람직한 젠더

연구의 한 측면을 주목할 필요가 있다. 주로 게이남성들이 쓴 게이섹슈얼리티에 관한 책으로, 이브 코소프스키 세지윅의 선구적 연구서 『남성 사이에서: 영국문학과 남성 동성애적 욕망』의 영향을 많이 받았다. 이 책에서 세지윅은 동성애공포증과 여성혐오증이 이성애남성들의 결속을 다지는 원인 및 결과로 어떻게 작용하는지 분석한다. 이 책 일부에서 세지윅은 게이남성과 이성애남성을 분리시켜 놓았다는 비난을 받기도 했지만 책의 전반적인 내용은 페미니스트들로 하여금 호모포비아 문제에 주목하게 만들고, 게이남성들로 하여금 동성애와 여성혐오가 서로 밀접한 관계에 있다는 사실을 인식하게 하는데 공헌했다.[19] 게이비평과 결합된 페미니즘비평이 어떻게 포스트페미니즘 텍스트 해체에 도움이 되는지 그 좋은 예로 리 에델만의 최근 논문을 들 수 있다. 에델만은 렌트리키아 논쟁을 비평하면서 스티븐스의 글과 렌트리키아의 "마르크스주의적" 해석 중심에 있는 일종의 "회계적 에머슨주의fiscal Emersonianism"를 폭로한다. 에델만은 "부르주아 이성애남성들이 정서적 혹은 경제적으로 다른 남성들에게 의존할 가능성에 대해 매우 깊이 우려하고 있다는 사실을" 간파해 낸다. 이러한 의존의 위험성은 "'젠더'를 와해시킬 수 있는 '여성화'의 위협 뿐 아니라 자신의 성 정체성에 도전할 수 있는 '여성화'의 위협 때문에 발생한다."[20] 특히 마지막 장에서 나는 게이비평과 페미니즘비평이 만나는 지점을 보다 심도 있게 탐색할 것이다.

그러나 젠더연구에 관한 나의 새 방향은 포스트페미니즘의 위험도 수반한다. 이 경우 특히 레즈비언 관점을 침묵시키는 것이다. 세지윅은 『남성 사이에서』라는 책에서 레즈비어니즘을 이슈로 삼지 않고 추방한다. 모든 여성들이 레즈비언 연속체에서 존재하기 때문에 토픽으로서의 레즈비어니즘은 페미니즘 속에서 흐릿하다는 것이다. 당혹스럽게도 이러한 세지 윅의 태도는 동성애자 여성들이 성차별적이고 호모포비아적 문화에서 직 면하는 특별한 어려움들에 전혀 관심을 두지 않음을 드러낸다. 이와 비슷 한 포스트페미니즘의 예로 최근 발행된 『사우스 어틀랜틱 쿼털리』의 "호 모포비아 추방하기"라는 제목의 특별판을 들 수 있다. 이 책의 필자는 세 지윅을 제외하면 모두 게이남성들이다. 세지윅은 주로 게이남성관계를 연 구하기로 유명하지만 '여기에서'는 레즈비언 작가 윌라 케이서를 다루고 있다. 하지만 이 책에서 다룬 유일한 레즈비언인 케이서에 초점을 맞춘 결과는 남성과 매우 동일시된 작자의 정치적 성적 보수주의와 그녀의 극심 한, "나약함에 대한 공포증"을 비판하는 것이다. 이러한 공포증은 특히 오 스카 와일드에 대한 그녀의 경멸에서 잘 드러난다.[21]

　　그러나 레즈비언 관점을 무시하고자 하는 경향을 바로잡음으로써, 페 미니즘이 포스트페미니즘의 심각한 실수에 빠지지 않기를, 레즈비어니즘 이 소위 주변화 된 다른 집단과 같은 정치적 이론적 위치에 존재한다는 사실을 인식하기를 나는 바란다. 지난 몇 년간 관련 정치 비평은 억압된 집단이 다른 억압된 집단들과의 관계 속에서 자신의 특권을 인식할 필요가 있다고 점차 강하게 주장해 왔다. 그러나 백인 여성에게 인종상의 특권을 인식하라고 말하는 것과 이성애여성으로서의 특권을 인식하라고 말하는 것 사이에는 근본적인 차이가 있다. 처음부터 페미니즘은 강제적인 이성애 중심주의 이데올로기와, 그것이 지지하는 핵가족 제도의 '억압성'을 강조 해 왔다. 가족은 여성이 육체적 · 경제적으로 남성에게 의존하게 만드는 구조로서, 여성이 다른 여성들로부터 분리되도록 하며 극단적인 경우 처벌 받지 않고 여성을 학대할 수 있는 장소를 남성에게 제공한다. 이러한 제도

하에서 레즈비언들이 직면하는 특별한 어려움이란, 간신히 투옥은 면한 죄수가 온순하게 갇혀있는 동료죄수보다 훨씬 더 가혹한 지경에 처해 있는 것과 유사하다. 현재 레즈비언들이 처해 있는 위험은 실로 엄청나서, 가부장제 내에서 아내가 된다는 것이 전혀 커다란 "특권"이 아니라고 생각했던 초기 페미니즘 시절을 기억나게 한다.

여성에서 벗어나기

1990년 5월 31일, 『뉴욕 리뷰 오브 북스』는 페미니즘문학 비평서들 몇 권에 대한 리뷰를 출간하였다. 이는 유례없는 일이라서 어떤 이는 문학 페미니즘이 "성년에 이르렀다"는 또 하나의 징표로 받아들일 수도 있었다. 그러나 리뷰는 문학계의 휴머니스트 헬렌 벤들러에게 맡겨졌는데, 그녀는 문학연구 내에서 행해지는 '여하한' 정치적 기획에 대해서도 커다란 적의를 표명할 수 있는 인물이었다. 물론 여성으로서 벤들러는 페미니즘에 적의를 드러냄으로써 안심하는 남성 문학전통의, 일종의 "앞잡이" 역할을 할 수 있었다. 그리하여 문학과 미학에 대한 휴머니즘적 관점이라는 이름으로 페미니즘 비평에 안티페미니즘적 공격을 가하는 벤들러의 글은, 그녀를 아는 사람이라면 누구라도 예상할 수 있는 일이었다. 보다 놀라운 일은 린다 J. 니콜슨이 편집한 『페미니즘/포스트모더니즘』을 인정하는 그녀의 발언일 것이다.[22] 니콜슨의 책은 주로 본질주의에 반대하는 페미니즘 시각을 높이고자 하는 논문들로 구성되어 있다. 벤들러의 말에 의하면 이는 "아리스토텔레스적 보편주의에 반대하는 유명론적 회의주의의 끊임없는 반란에 참여하는 것으로 보여질 수 있다." 이 "본질주의에 반대하는 사람들"과 페미니즘적 본질주의자들을 비교하면서 그녀는 이렇게 말한다. "'하나의 학파sect of one'는 유명론 입장의 논리적 환원이지만 노선the party line은 보편론 입장의 논리적인 결말이다." 그리고 그녀는 이 책이 여성운동의 몰락을 예고한다고 기뻐하며 이렇게 말을 맺는다. "결론적으로 모든 정치운동과 관련하여 가장 고무적인 일은, 이들 운동의 광범위한 최초 선언문들이 보다 엄밀하고 자세하게 볼수록 분열되는 경향을 강하게 나타낸다는 점에 있다."[23] 물론 벤들러의 평가는 논란의 여지가 있다. 그러나 급진 페미니즘이 모종의 이슈들에서 신 우파와 같은 입장을 취한다는 점에 대해 설명을 요구당하는 일이 자주 있기 때문에 포스트모던 페미니스트들은 안티페미니즘적 휴머니즘과의 이러한 새로운 동맹을 어떻게 잘 마무리 지을지 고심하는 게 좋을 것이다.

그러나 이를 넘어서, "본질론적" 함의를 지닌 "여성"이라는 범주를 의심하고 버리는 대신 그에 대한 믿음을 끝까지 고수하려는 페미니즘에 대해 헬렌 벤들러가 제기한 문제를 엄밀하게 다룰 필요가 있다. 남성중심사회가 분명 모범적인 여성으로 여길, 페미니즘 강령에 적대적인 여성학자 한 명이 존재한다는 사실로 인해 "여성"은 무의미한 용어에 불과하다는 반본질론적 관점이 인정받을 수 있을까?

이 책은 젠더연구가 활발해짐에 따라 대두되는 여성 본질론에 대한 논쟁들을 상세히 다루게 될 것이다. 이리하여 "여성 없는 페미니즘"은 여성을 배제하는 남성 페미니즘의 승리, 혹은 너무도 급진적이어서 아무리 "잠정적으로"라도 "여성"이라는 용어의 사용을 조금도 인정하지 않는 페미니즘적 반본질론의 승리를 의미할 수 있다. 이 책 제목에서 두 가지 의미는 서로 얽혀 있다. 젠더연구는 정체성과 주체라는 개념에 의문을 제기하는 후기구조주의 사상과 밀접하게 연관되어 있으며 때로는 이에 의존하여 자신을 정당화하기도 한다. 개별주체는 언어에 의해 만들어진다는 자크 라캉에서, 주체는 이데올로기에 의해 만들어진다는 루이 알튀세, 주체는 쓰기의 결과라는 자크 데리다, 주체가 담론을 통해 만들어지는 허구라는 미셸 푸코에 이르기까지 후기구조주의 비평서들은 정체성이라는 휴머니즘적 개념에 죽음을 고하는 조종처럼 생각되었다. 정체성 개념은 "사람은 언제나 남성 혹은 여성이다"라는, 젠더와 이성애적 규범을 항상 수반한다. 일단 "주체"가 이렇듯 급진적인 방식으로 의문시되고, 그리고 젠더와 성차가 어떤 의미에서 "자의적인" 것으로 간주되면, 어떻게 "남성"이 "여성"이 될 수 있는지, 혹은 조나단 컬러의 경우처럼 어떻게 남성이 여성으로서 활동할 수 있는지 쉽게 파악할 수 있다.[24]

또한 후기구조주의 이론이 페미니스트들에게 왜 인기가 있어 왔는지 쉽게 알 수 있다. 사람은 여성으로 태어나는 것이 아니라 여성이 되는 것이라는 시몬 드 보부아르의 말을 페미니즘은 매우 중요하게 여기기 때문에, 라캉과 푸코 같은 사상가들은 우리가 그것을 사용하여 여성에서 벗어나는 힘든 임무를 시작할 수 있도록 분석도구를 제공해왔다. 그러나, 페미니스트들이 점차 많이 지적하고 있듯이, "본질적인" 여성성을 부정하는, 한때 유쾌하게 다가왔던 명제가 점차 정교해지더니 급기야는 "여성들"이라고 불리는 집단을 일반화하거나 이 집단을 위해 어떤 정치적 주장도 하기 어렵도록 "여성들"을 위협하는 지경에 이르렀다.

여성들이 다른 억압받는 집단들보다 기꺼이 자신들이 받는 억압에 대항하기 위해 필수적인 토대를 저버린 이유를 나는 잘 모르겠다. 그러나 많은 "여성들"이 이 용어에 대해 노골적이면서 공포에 가까운 반응을 보인다는 것은 분명한 사실이다. 그리하여 『내가 그 이름인가?』라는 책에서 드니스 라일리는 "매우 헌신적인 페미니스트라 할지라도 괴로울 지경으로 '여성들'에 대한 이야기는 끝없는 반복으로 여성들을 지치게 만든다"고 말한다. 그녀의 말은 이렇게 계속된다. "분명 피곤함을 느끼는 것이 특별한 것은 아니다. 모든 말과 글에서 쾅쾅 울려대는, 이 젠더화된 주문의 무자비한 단두대에서 벗어나고 싶어하는 것도. 위니프레드 홀트비가 '모든 일이 다 끝나기를 갈망했듯이……페미니스트라는 바로 그 이름이…… 나의 실제적 이익이 되는 일이기를 바라는 것도.'"[25] 페미니즘의 "모든 일"을 우리가 전부 끝냄으로써 누가 "실제적 이익"을 얻게 될지는 분명하다. 그렇다 할지라도 엘렌 식수의 유명한 논문 제목을 우리는 기억할 수 있을 것이다. "거세 혹은 참수?"에서 식수는 가부장 사회에서 여성에게 절박한 것은 거세가 아니라 "참수"라고 지적한다. 또한 우리는 라일리가 '페미니즘'에 정치테러 수단인 단두대를 할당한 사실에서 강한 아이러니를 느낄 수 있다. "여성"이라는 범주에 대한 공격에 내재된 공포증적 측면은 라일리의 제목만 봐도 알 수 있다. 『내가 그 이름인가?』 물론 여기에서 그 이름은 "여성 woman"이다. 셰익스피어의 『오셀로』 원전에서 "그 이름"은 "w"로 시작하는 다른 말을 지칭한다. 데스데모나처럼 라일리도 차마 이 단어를 입에 올리지 못한다. 그리하여 자신의 책 에피그라프에서 그녀는 마지막 결정적인 행을 생략하고 만다.

데스데모나: 내가 그 이름인가, 이야고?
이야고: 어떤 이름 말씀이죠, 마님?

데스데모나 : 내 남편이 그랬다고 에밀리아가 말한 그것.

에밀리아 : 장군님이 마님보고 창녀whore랬어요.

(4막 2장, 1622)

이 책에서 라일리는 여성들이 스스로에게 다음과 같이 말할 수 있는 정치학의 지점에 도달했으면 하는 소망을 표현한다. "모든 존재의 국면들을 젠더화시켜 해석하는 것은 나에게 폐쇄공포증을 불러일으킨다. 나는 언제나 뚜렷이 성별화 된 우주의 매력에 빠지는 것은 아니다."(p.111) 그러나 내 생각에 "여성"이라는 용어를 불명예에서 구조해야 하지만, 여성들은 우리를 우리의 성별로 "흠뻑 적시는" 가부장제의 경향에 '반대'하여 그렇게 해왔다. 사실상 역사적으로 위대한 모든 페미니즘 텍스트들은 이러한 가부장제의 경향을 비난해 왔다. 울스턴크래프트의 『여성권리옹호』에서부터 버지니아 울프의 『자기만의 방』, 보부아르의 『제2의 성』에 이르기까지 그러하다. 라일리는, 심지어 여성 본질론자들은 "여성경험"의 공통성 주장에 반대하는 사람들보다 여성의 억압받는 상황을 잘 인식하지 못한다고 지적한다. 그녀는 말한다. "여성경험"이라는 표현의 사용 자체가 "이 경험들이 그들의 여성성 때문이 아니라 자연적 혹은 정치적 지배의 흔적으로서 여성들에게 쌓여왔을 가능성을 감춘다."(p.99) 그러나 분명히 많은 여성들에게 "여성경험"이라는 표현은 "정치적 억압에 대한 여성의 경험"을 의미한다. 그리고 여성들은 이러한 경험을 바탕으로 조직을 만들어 왔으며 이러한 경험에서 연대 및 공동체의식을 발전시켜 왔다. 라일리의 주장처럼 "비이념적 여성성이 분출하는 순간, 우리가 온전히 여성이 되는 순간"(p.97)은 존재하지 않을 수도 있다. 그러나 알튀세가 너무도 확신에

차서 보여주었듯이 이데올로기의 "외부"란 존재하지 않는 상황에서 어떻게 "여성"이라는 용어를 완전히 불신할 수 있단 말인가. 더욱이 여성의 정의가 역사의 흐름에 따라 다양하게 변해왔다는 반본질론자들의 말이 맞다 하더라도 이러한 다양성은 흑인들에게도 마찬가지로 적용된다.(오늘날 하이티에서 흑인으로 사는 것과 노예시대에 미국 남부에서 사는 것은 전혀 같지 않기 때문이다.) 그러나 이러한 사실은 흑인들이 인종범주를 둘러싸면서 조직되는 것을 막지는 못한다.

하지만 이러한 비유를 이해하지 못하고 종종 반본질론자들은 "본질론자들"이 인종이나 계급과 같은 문제를 충분히 정교하게 다루지 못한다고 지적함으로써 자신들의 주장을 뒷받침한다. 그리하여 본질론자로 비난받는 페미니스트들은 그들이 "공통성"이나 심지어 "여성 경험" 같은 단어를 사용하면 민족중심주의자니 식민주의자니 하는 비난을 사게 된다. 그런 말을 함으로써 그들(백인 중산층여성)이 다른 여성 "타자들"의 특수한 경험을 부정한다는 것이다. 주디스 버틀러의 다음 인용문은 반본질론 사례의 요약이다.

> 누군가가 여성으로 "존재"한다 해도 그 사람 전체가 여성인 것은 아니다. 여성이라는 용어는 끝없이 다양하다. 이는 젠더화 이전의 "사람"이 그 젠더의 특수한 속성을 초월해서가 아니라, 젠더는 다양한 역사의 문맥 속에서 일관성 있게 구성되지 않기 때문이다. 또한 젠더는 인종, 계급, 민족, 성별, 지역에 따라 수없이 다양하게 구성되는 정체성의 양식들과 교차하기 때문이다.[26]

이는 비난할 수 없는 관찰처럼 보이지만 버틀러는 정작 자신의 책 〈젠더 트러블〉에서 이 다양한 "양식들"에 관한 논의를 상세하게 풀어내지 않는다. 그래도 일단 페미니스트들로 하여금 계급과 인종을 가로지르는 공통성을 주장하지 못하도록 하는 그 이론적 목적을 달성했다. 대신 그녀의 책은 섹슈얼리티와 성차이론에 관한 고도로 추상적인, 푸코적 고찰이 되었다. 그런데 아이러니컬하게도 반본질론자들도 인종이나 민족과 같은 문제들을 다룰 준비가 별로 되어 있지 않다. 이러한 문제들을 소홀히 한다고 "본질론자들"을 비판하면서 정작 자신들도 별로 나을 것이 없는 것이다. (예를 들면, 『페미니즘/포스트페미니즘』에 수록된 논문집에도 이들 문제에 대한 실질적 논의는 전혀 담겨 있지 않다.)

다른 페미니스트들은 버틀러보다 더 신랄하다. 도나 해러웨이는 단호하게 말한다. "일을 잘 하기 위해서 총체성이 꼭 필요한 것은 아니다. 공통의 언어 갖기라는 페미니즘의 꿈은 경험에 완벽한 이름을 부여하고자 하는 다른 모든 꿈들처럼 전체화하는 것이고 제국주의적인 것이다."[27] 그러나 이 지점에서 보다 미묘한 구분이 필요하다고 생각한다. 자신의 언어와 문화를 제국주의적으로 타자들에게 강제하는 방식이 아닌, 공통의 언어를 이루어내는 다른 방식들이 분명히 있다. 예를 들자면 사람들은 언제나 '타자'의 언어를 배울 수 있다. (이는 "경험에 완벽한 이름 부여하기"가 가능해야 한다는 것을 의미하지 않는다. 해러웨이도 이 점을 잘 알고 있다고 생각한다. 그러나 의사소통의 투명성에 대한 그녀의 포스트모던적 불신이 너무 강해서 언어적 공통성을 찾고자 하는 어떤 노력도 파시스트적인 기획에 가까운 양 때때로 말하는 경향이 있다.) 이상적으로 생각할 때 공통언어란 독백이 아니라 다양한 문화들이 만나서 생성되는 언어일 것이다. 글로리아 안잘두아는 그녀의 책 『보더랜드/라 프론테라』에서 "길 중간에서" 타인들을 만나는 것에 대해 이야기한다. 영어에서 카스티아 스페인어, 멕시코 북부 방언, 텍사스 멕시코어, 나후아틀어, 이 모든 언어들의 혼합에 이르기까지 언어들 사이의 "코드 전환"에 대해 설명하면서 안잘두아는 다음과 같이 쓰고 있다.

> 문화들이 만나는 지점에서 언어들은 서로 교배하며 활력을 얻게 된다. 언어들은 죽고 태어난다. 이 갓 태어난 사생아 언어 치카노 스페인어는 지금 어떤 사회의 인정도 받지 못하고 있다. 그러나 우리 치카노(멕시코계 미국인-역주)들은 들여보내달라고 간청할 필요를 더 이상 느끼지 못한다. 우리는 매 발걸음마다 우리의 입 밖으로 튀어나오는 사과의 말을 영어, 멕시코어, 라틴어로 통역해달라고 먼저 부탁할 필요를 이제 느끼지 않는다. 오늘 우리는 길 도중에서 만나줄 것을 요청한다. 이 책은 당신들에게 드리는 우리의 초대장이다. 새로 태어난 혼혈인들이 보내는.[28]

위 인용문이 암시하듯 유색인 여성들은 정체성 개념의 의미를 다시 정의하는 과정에서 선봉장 역할을 하였다. 그 결과 이 말은 보다 융통성 있는 용어가 되었고, 다수문화를 경험하고 있으며 때로는 여러 종류의 억압을 당하고 있는 사람들(『나의 등이라고 불리는 이 다리』에 나오는 것과 같은)의 경험을 포함할 수 있게 되었다. 백인 중산층여성들이 사용하는 "정체성"과 "경험" 같은 용어들이 다양한 피부색, 계급, 섹슈얼리티를 지닌 사람들의 경험을 배제하지 않는다고 확신하는 것은 그들에게 달려 있다. 이들 경험이 다소 복잡한 방식으로 어떻게 서로 충돌하는지 이해하고자 노력하는 것 또한 매우 중요한 일이다.[29] 이 책의 제 3부는 다양한 집단들이 서로 속으며 결국 백인 가부장제의 궁극적 이익을 실현시키는 다양한 방식들을 묘사하는 일에 중점을 두고 있다.

많은 사람들이 읽고 감탄을 금치 못한 논문 『페미니즘 정치학 : 어떻게 다룰 것인가?』에서 비디 마틴과 챈드라 모핸티는 백인여성과 흑인여성 이야기를 다루고 있다. 백인 남부 여성이자 페미니스트인 미니 브루스 프랫은 유색인 여성, 유태인 페미니스트, 레즈비언들의 요구에 응하고자 노력한다. 그들의 요구란 백인 중산층여성들이 타자들의 경험을 식민화하고 전유하는 행동을 피하고, 대신 타자들의 "언어"와 문화를 배우고, 기독교가 지배하는 이성애 백인문화 속에 존재하는 다양한 정체성과 억압을 인식하는 것이다. 마틴과 모핸티는 프랫이 "타자"를 식민화하는 일을 피하기 위해 철저하게 노력하는 모습을 보여주는 동시에 "획일적이며 과도한 이론적인 정체성 비평"에 대해 경고한다. 이는 "실제 역사 및 사회적 관계망 속에 얽혀 있는 자신의 책임을 거부하고, 자신의 개인적 역사를 부정하고, 그 역사와의 완전한 분리를 주장하기 때문이다."[30]

유색인 여성 안잘두아의 책과 더불어 마틴과 모핸티의 논문은 "경험"이라는 개념이 배타적으로 작용하는 방식에 민감해진 일부 백인 페미니스트들의 글에 영향을 끼쳤다. 그리하여 『페미니즘 미학을 넘어』에서 리타 펠스키는 다음과 같은 벨 훅스의 말을 인용한다. "오늘날 페미니즘 담론을 지배하는 백인여성들은 여성현실에 대한 그들의 관점이 집단으로서 살아낸 여성 경험들에도 맞는지 거의 의문을 제기하지 않는다." 이런 비판에 대해 펠스키는 말한다. "여성공동체가 기존 권력구조를 뛰어넘지 못하고 그 안에 깊이 얽혀 있다는 사실은 분명해졌다." 그러나 그녀는 또한 훅스의 비평이 "여성경험"이라는 개념을 거부하는 것은 아니며 오히려 반대로 "모든 여성을 대표한다고 주장함으로써 비판의 대상이 될 수 있고 그 실패에 대해 대답할 수 있는 공적 영역 개념"에 바탕하고 있다고 말한다. 펠스키는 이렇게 결론 내린다. "공유된 억압의 경험에 호소하는 것은 여성들에게 집단으로서 젠더의 문제점을 폭로할 수 있는 출발점을 제공한다. 동시에 이 젠더화된 공동체 개념이 강력하게 유토피아적 차원을 담고 있다는 사실도 폭로할 수 있게 해준다."[31]

나는 "여성" 용어 자체뿐 아니라 페미니즘 "공동체"의 유토피아적 차원에 관한 발언의 중요성을 강조하고 싶다. 테레사 드 로레티스는 펠스키의 통찰을 반복해서 말한다. 본질론에 대한 중요한 논의에서 "여성의 '본질'은 기존현실의 묘사라기보다 하나의 프로젝트"라는 것이다. 이러한 통찰은 우리 자신이 '여성이라는 범주를 정의하고 만들어내는 과정 중에 있는' 존재임을 인식하는 동시에 여성범주에 의지할 수 있는 방식을 우리에게 제공한다.[32] 그녀의 마지막 분석에 이르면 여성이냐 아니냐의 문제보다 여성이 되는 것이 어떤 '의미'인가의 문제를 두고 고군분투하는 일이 더 중요한 것 같다. 이러한 투쟁은 오늘날 페미니즘 내에서 다양한 섹슈얼리티, 계급, 민족, 인종의 여성들이 수행하고 있다. 그런데 이들 여성 대다수는, 백인 중산층여성들이 자신들을 식민화하려는 노력에 끊임없이 저항하면서도, 반본질론의 깃발을 '전혀' 들어본 적이 없다는 사실을 우리는 깨달아야 한다.[33]

이와 관련하여, 때때로 반본질론자들이 "본질론자들"을 향해 겨누는 민족주의니 식민주의니 하는 비난에도 불구하고, 드니스 라일리가 『내가 그 이름인가?』라는 자신의 책 제목과 서저너 트루스가 연설 중에 하는 말

"나는 여자가 아닌가요?"와의 유사성을 책 첫머리에서 언급하고 있다는 사실은 흥미롭다. 인종, 역사, 국가를 가로질러 "여성"의 본질을 없애고자 하는 흑인여성과 같은 믿음을 지니고 있노라 주장하며 라일리는 말한다. "독자들을 설득하기 위해 새로운 서저너 트루스가 등장하여 '나는 유동적인 존재가 아닌가요?'라는 또 하나의 이슈를 제기해 주었으면 한다."(p.1) 역사적으로 다양한 의미를 지니고 있는 "여성"을 강조하는 작가가 어떻게 '새로운' 서저너 트루스, 노예해방론자, 페미니스트, 노예출신 여성을 마음속에 그릴 수 있는지 나로서는 이해하기 힘들다. 이 문제는 차치하고, 라일리가 제기한 질문과 역사적으로 "실재하는" 서저너 트루스(이름 자체가 일종의 이중성을 암시한다. "본질화된" 존재이자 동시에 '과정 중인' 존재가 그것이다.)가 제기한 질문 간의 중대한 '차이'에 주목하고 싶다. 부정의 문문을 사용하고 있는 서저너 트루스의 질문에 간단하게 대답하기 힘들다. 사실상 예스와 노의 두 대답이 모두 가능하다. 주로 생물학적 관점으로 환원시키는 그녀의 "경험"과 관련하여 답하자면 "예스"다. 어떤 식으로든 "유동"할 자유 없이 백인 남성의 노예로 살았기 때문이다(다른 관점에서 보면 그녀가 남성의 육체적 힘을 지닐 필요가 있는 조건이지만). 한편 나약한 남부 백인 여성성개념에 바탕을 둔 이데올로기와 관련해서 답하자면 "노"다. 흑인여성이자 과거에 노예였던 사람이 제기했기 때문에 이 질문이 요구하는 대답이 두 가지라고 가정하면, (백인)페미니즘이 서저너 트루스에게 여성의 지위를 허용하는 것을 거부한다면 그것은 정치적으로 무책임한 일이라고 생각한다. 그것은 인종차별적인 가부장제와 공모하는 것이기 때문이다. 서저너 트루스가 대항하던 백인가부장제는 흑인여자에게 여성의 지위를 거부했고 중대한 방식으로 지금도 계속 거부하고 있다 (이 점에 있어서 '범주가 없다'는 이유로 여성들을 논란이 되고 있는 범주에서 배제하는 것이 백인 중산층 페미니즘의 최근 전략인 것은 당연하다). 다른 한편, 이 질문에 긍정의 답을 하는 것은, 그것이 아무리 존재론적으로 옳은 입장이라 해도, 가부장적 가치에 도덕적으로나 정치적으로 치명적인 결과를 초래하게 된다. 이는 한편으로는 여성의 몸을 그토록 착취하면서 또 다른 한편으로는 여성의 나약함과 정신적인 면을 강조하면서 여성을 유아화하고 이상화하며 감상적 존재로 만드는 시스템의 흉물스러운 위선을 드러내기 때문이다.

노예로 살았던 개인사를 이야기하면서 "그런데 난 여자가 아닌가요?"라는 말을 후렴처럼 끊임없이 되풀이하면서 서저너 트루스는 경험에 호소하여 이데올로기를 시험하고 또한 이데올로기에 호소하여 경험을 시험한다. 그리고 바로 이러한 부정의 공간에서 '여성으로서의' 자신을 긍정한다. 이러한 관점에서 보면 라일리가 "유동적인 정체성"을 "여성"으로 대체함으로써 초래된 "은총의 상실"은 '사실상' "재난"이다. 그것은 페미니즘의 유토피아적 열망과 페미니즘 내에서 "여성"이라는 용어가 갖는 유토피아적 차원을 표현하는 수행적이고 수사적인 결과이기 때문이다.

물론 19세기 흑인 여성들은 자신을 여성으로서 믿을 필요가 있었다고 주장할 수 있다. 반면 20세기의 지적인 (백인?)여성들은 한 걸음 더 내딛어, 서저너 트루스의 순진함을 벗어나 "여성"이라는 용어의 허구적 지위를 제대로 인식하는 지점으로 나아가며 필요할 때는 자신이 아니라는 사실을 알면서 "여성"인 척해야 한다고 말이다. 그러나 나는 페미니즘 내에서의 이러한 발전이 매우 우려된다. 오늘날 소수의 페미니스트가 이론화하고 있는 반본질론의 입장이 극소수의 특권층여성에게만 열려있는 사치스러운 이론이 되지 않을까 걱정이다. 이러한 입장이 주체의 죽음을 선언한 특정 백인남성 후기구조주의 지식인들이 발전시킨 입장과 일치하는 점이 염려된다. "주체를 가진 사람만이 그것을 가지지 않는 놀이를 할 수 있다"고 주장하면서 주체의 죽음 선언을 공격한 낸시 K. 밀러의 말이 맞다면, 우리 또한 반본질론 페미니스트들에게 오늘날 세상에서 살고 있는 대다수 여성보다 훨씬 넓은 선택의 폭을 지닌 여성들만이 자신이 여성이 아니라고 스스로 믿도록 이론화시키면서 동시에 "여성인 척" 행동할 수 있는 것이라고 말할 수 있지 않을까?[34] 그리고 마지막으로, 라일리 등이 부인disavowal의 여성적 형태(이를 프로이트식으로 말한다면, "나는 내가 여자가 아니라는 사실을 매우 잘 알고 있다. 그러나 동시에……")로서 우리에게 권하는 이 복잡한 믿음 구조가 남성의 부인에 대항하기보다는 그와 동일한 공포증적 논리에 가담하는 것이라고 여겨질 것이 우려된다. 남성들의 물신적 부인이 여성의 차이라는 사실. 여성이 여성이라는 사실에 직면하기를 피하려는 수단이라면, "본질론" 자매들에게 참수 당할까봐 두려움을 느끼는 페미니즘 반본질론자들은 남성 거세불안과 여성에 대한 두려움 근저에 있는 바로 그 공포를 인정하는 것이 될 수 있다.

2장

가면으로서의 여성성

대중문화를 논의함에 있어 젠더는 전형적으로 여러 위치 중 겨우 하나의 위치, 사회 현실을 동질화하려는 대중문화에 대한 하나의 저항지점만을 차지하는 것으로 이론화되어 왔다. 그리하여 프레데릭 제임슨은 말한다.

> 오늘날 유일하게 인정받는 문화적 산물은 세계시스템의 사회생활 중 변두리 고립지대의 집단경험을 이끌어낼 수 있는 것이리라. 흑인문학과 블루스, 영국 노동자계급의 록, 여성문학, 게이문학, 로망 케베쿠아, 제3세계 문학이 그 예다. 그런데 이러한 생산은 이들 집단생활 혹은 집단연대의 형식이 아직 시장 및 상품 시스템의 침입을 덜 받았을 때 가능하다.[1]

오늘날의 마르크스주의는 혁명적 변화의 세력으로서 노동자계급에만 배타적으로 의존하는 일을 포기하고 여성 및 다른 몇몇 집단들도 포함시킨다. 그러나 여성운동에 대해 제임슨이 언급하는 것은 아무런 페미니즘적 관점 없이 논문 끄트머리쯤에 나온다. 즉, 여성들은 마지막에 가서야 황폐

한 상황을 비추는 몇 줄기 빛 중 하나로서 제공되기 위해 동원된다. 여성, 게이, 록그룹 같은 사회생활의 "변두리 고립지대"가 우리의 최선의 희망이라는 사실 자체가 아마도 바로 이 황폐함일지 모른다.

그러나 대중문화와 관련한 젠더문제는 매우 심각하며 상당히 놀랍게도 수많은 방향으로 뻗어있다. 서로 다른 몇 가지 담론을 살펴봄으로써, 대중문화에 대한 우리의 사고방식이 여성성의 개념과 너무도 긴밀하게 얽혀서 매 토론 단계마다 페미니즘이론이 필요하게 되는 양상을 보여 주고자 한다.[2] 우선, 여성들은 자신들이 대중문화에 대한 많은 역사적 설명의 중심에서, 호손의 유명한 표현을 빌면 "잡문이나 갈기는 싸구려들"로서 취향을 저급화시키고 문화를 감상화하는 존재로 비난받고 있음을 발견한다. 호손의 예가 시사하듯, 앤 더글러스가 말한 "빅토리아시대 이후 생활을 특징짓는 문화적 산만함"[3]의 상태를 초래했다고 문화역사가들만이 여성을 비난하는 것은 아니다. 예술가들 자신도 이러한 견해를 받아들이고 있다. 이 견해가 이토록 막강한 것은 그것이 사실이라서가 아니라, 그것이 강력한 스테레오타입들, 언어 습관들, 검토된 바 없는(무의식이라서) 정신연상작용에 의존하기 때문이다.

이번 장에서 우선 나는 대중문화가 "여성화된" 문화로 비난받는 방식을 알기 위해 문학 역사가의 정통적 입장을 검토해 보고자 한다. 그 다음에는 두 명의 동시대인, 소설가 마누엘 푸익과 이론가 장 보드리야르의 작품에 대해 논의할 것이다. 보드리야르는 대중문화의 "여성성"을 비난하기는커녕 오히려 대중문화가 여성적인 것들과 유사하거나 연관이 있다는 이유를 근거로 그것을 재평가하고 어느 정도 인정하고자 노력한다. 이는 분명 구시대 논지를 흥미롭게 비트는 것이다. 물론 "여성성"이라는 용어는 늘 비하와 찬양 사이를 오가며 평가받아왔다는 사실을 기억해야 한다. 최근의 발전이 여성이나 페미니즘에 이득이 될 지는 더 두고 볼 일이다.

페미니스트 비평가이며 문학역사가 앤 더글라스는 『미국문화의 여성화』에서 정통적 견해를 주장한다. 뉴욕타임스가 "현대 페미니스트들의 필독서"라고 일컬은 이 책은 특정 19세기 남성예술가들을 열렬하게 옹호한다. 이 책의 설명에 의하면 이들은 문화를 나약하고 감상적인 것으로 만들어버리는 여성작가들과 성직자작가들에게 영웅적으로 대항했지만 그 전투에서 지고 말았다. 물론 경건함과 감상적인 점을 이유로 여성작가를 비난하는 것은 새로운 일이 아니다. 그러나 더글러스는 관습적인 비난의 정도를 넘어, 19세기의 대다수 여성작가의 작품이 허먼 멜빌과 같은 작가의 작품에 비해 수준이 떨어진다고 폄하한다. 또한 현대 대중문화의 도래가 이들 책임이라고 생각한다. 해리엇 비처 스토우의 『톰 아저씨의 오두막』에 나오는, 여성소설의 원형적 여주인공으로서의 리틀 에바와 원형적 사건으로서의 리틀 에바의 죽음에 대해 논하면서 더글라스는 이렇게 말한다.

스토우의 어린 여주인공은 대중문화의 트레이드마크인 보통사람들의 찬양을 기대한다. 그녀는 대다수 비유적인 후손들보다 아주 우수하지만, 그럼에도 불구하고 미스 아메리카, "10대 천사," 수많은 유행가와 영화에서 이야기하는 도처에 널린, 일상의, 멋진 소녀들의 유치한 선배다. …. 어떤 의미에서 내가 리틀 에바를 소개하는 것은, 그리고 그녀가 암시하는 빅토리아시대의 모습, 사물, 감수성을 소개하는 것은 소비주의를 소개하는 것이었다. 리틀 에바가 나에게 준 즐거움은 대중문화의 편리함이 필수적이면서도 불안하다는 사실을 깨닫고 그것에 실제적으로 준비할 수 있도록 해주었다.(pp.2-3)

남북전쟁을 촉발했다는 비난이 스토우가 감당해야 할 유일한 공격은 분명 아니었다. 더글라스는 이 책에서 스스로 남성적이라고 여기는 일종의 지적 "터프함"에 대해 존경을 표하지만, 위 인용문은 인상적으로 느껴지는 연상작용에 의존하고 있다. 또한 미스 아메리카로부터 누가 이익을 얻는가 하는 문제와 "10대 천사"의 이미지가 스토우와 대다수 여성작가들보다 어느 정도 시대를 앞서 있다는 사실에 대해 관심을 보이지 않는다.

"폐병consumption"으로 인한 리틀 에바의 죽음은 반동적으로 상징적인 의미를 띠고 있는 것처럼 보인다. 그러나 소비자사회에서 소비를 많이 한다고 여성을 비난하는 세력에는 별 관심을 두지 않고, 여성의 소비습관을 마치 죽음처럼 불가피한 것으로 간주하곤 한다. 이를 설명하는 대목에서 더글라스는 다음과 같이 말한다. "내용은 그들 작품의 가장 중요한 측면이 '아니'었다. 성직자작가와 여성작가들은 소비하는 물건에 몰두하듯 소비의 방식에 몰두해 있었다." 이리하여 여성의 텍스트 '생산'은 소비행위로 변경된다. 롤랑 바르트의 용어로 하면 그들의 책 쓰기는 독자의 행위로 바뀐다.

더글라스는 더 나아가, "가벼운 독서"(즉, 소설과 시)를 선호했던 19세기 성직자와 교육 수준이 높은 19세기 칼뱅교 목사를 대조한다. 그녀는 칼뱅교를 "극도로 억압적이고 권위적이며 독선적이고 가부장적"이라고 말한다(p.12). 칼뱅교 목사는 그로 하여금 생각을 강요하는 "지나치게 논쟁적인 논문"을 읽었는데 이는 현대적 의미에서 '읽기'가 아니다. 은유적으로 말하면, 그는 소비가 아니라 생산을 한 것이다. 마지막으로, 더글라스는 "긴 의자에 앉아 '쓸모없는 소설책'에 머리를 박으며 소녀시절의 대부분을 보내는 수많은 중산층 빅토리아시대 여성들"에 대해 이야기한다. 더글라스는 자신의 주장을 뒷받침하기 위해 다른 동시대 작가들의 말을 인용한다. 이 "관찰자들"은 이 소녀들을 폄하하며 "성경을 공부하고 가사를 돌보며 쓸모 있게 시간을 보낸" 상상 속의 근면한 할머니들과 비교한다(p. 9). 그런데 경험적 사실보다 이미지에 의존하는 이러한 종류의 증거는 의문의 여지가 있는 것으로 보인다. 사실상, 한편으로 여성성, 소비, 읽기를 하나로 보고 다른 한편 남성성, 생산, 쓰기를 하나로 보는 수많은 비평의 역사적 근거는 긴 의자에 쭈그리고 앉아 쓸모없는 소설을 열심히 읽는 소녀들의 생생한 '이미지'라고 할 수 있다.

더글라스는 소비주의의 쾌락을 소개한 책임을 묻기 위해 스토우의 『톰 아저씨 오두막』을 선택했지만, 최근 비평은 이 소설을 아주 다르게 바라본다. 이 소설은 단순히 소비에 참여하는 작품이 아니라 아주 신중하게 만들어진, 예술적으로 정교한 작품이다. 더욱이 페미니즘 분석은 이 소설의 유토피아적 비전이 가정 내의 '여성적인' 생산개념에 바탕을 둔다는 사실을 밝혀냈다. 여기에서 가정은 국가와 세계정부라는 이상으로 확대된다. 제인 톰킨스의 말처럼 가정은 "활동의 역동적인 중심부로 여겨진다. 육체적 정신적 활동, 경제적 도덕적 활동. 가정의 영향력은 끝없이 퍼져나간다."[4] 이러한 종류의 페미니즘비평은 우리의 용어들을 재평가하고 명확하게 하도록 우리를 이끌어 준다. 그리고 이 용어들이 지니고 있는 무의식적 연상 작용에 휘말리지 않도록 해준다. 너무나도 흔히, 정치성향을 띠고 있는 비평은 무엇이 생산되고 있는지의 문제에는 관심 없이, "생산"을 순수하고 단순한 이상ideal으로 생각한다. 그리하여 칼벵교 목사는 비록 그 텍스트들이 "극도로 억압적이고 권위적이며 독선적이고 가부장적"일지라도 "그가 읽는 텍스트들을 생산한다"는 이유로 칭송받는다. 반면에 스토우는 독자들에게 여성적 생산방식에 기초한 이데올로기를 제시하면서 사회

개혁을 실천하고자 했다는 사실에도 불구하고 급진적 독자들이 그녀의 스릴 넘치는 소설에 "몰두"하게 만든다는 이유로 비난받는다. 이러한 관점은 심하게 정치적 성향을 띠고 있는 비평의 남권주의적 편견을 드러낸다. 이러한 비평은 읽기의 진보적 행위와 퇴행적 행위를 구분하기 위해 생산은유와 소비은유를 채택한다.

톰킨스의 전략은 여성들이 하는 일이 포함되도록 "생산"의 정의를 확대함으로써 이러한 편견을 바로잡는 것이다. 하나의 대안적 전략은 생산/소비, 작가적/독자적이라는 대립쌍에 존재하는 서열관계를 해체하는 일이다. 그리하여 전형적으로 여성적인 것들과 연결되어 있는 종속적 용어들에 내재하는 급진적 잠재력을 찾아낸다. 사실상, 우리의 포스트모던시대에 기대할 수 있듯이, 이러한 기획은 이미 예술가와 이론가들이 다 같이 시작하였다.

마누엘 푸익의 탁월한 소설 『거미여인의 키스』는 이러한 해체적 텍스트의 좋은 예가 된다. 이 소설의 배경은 아르헨티나의 감옥이다. 동성애자 몰리나는 자신의 감방동료인 마르크스주의 혁명가 발렌틴에게 영화이야기를 해줌으로써 서로의 지루한 시간을 달랜다. 이 소설의 배경은 대중예술을 "도피성"이라고 불렀던 기존의 경멸적 명칭에 분명 새로운 의미를 부여한다. 이 소설은 감옥영화의 관습에 의존한다. 그런데 오직 이 소설에서 영화들 자체가 "대단한 도피처"로서 기능한다.

『거미여인의 키스』는 몰리나를 향해 점점 커지는 발렌틴의 사랑이야기다. 이 소설은 주로 이 두 인물 사이의 대화를 통해 이루어지기 때문에 이러한 발렌틴의 사랑은 우회적으로 표현된다. 소설 앞부분에서 두 사람은 의견충돌을 하며 많이 싸운다. 그러다가 점차 서로를 알아가며 좋아하게 된다. 이는 주로 영화에 관해 서로의 의견을 말하는 중에 이루어진다. 영화이야기는 흔히 개인적인 이야기를 이끌어내는 계기가 되곤 하기 때문이다. 몰리나는 가석방을 대가로 발렌틴의 정치활동에 관한 정보를 캐내도록 교도소장에게 매수되었다. 그는 겉으로는 이 임무를 수행하는 것처럼 보이지만 다른 목적이 있음이 점점 분명해진다. 스파이활동을 핑계로 삼아 그는 교도소장에게 음식을 얻어낸다(그리하여 발렌틴은 몰리나가 교도소장의 호출을 받고 감방에서 나가도 의심하지 않고 그의 어머니가 면회를 왔다고 생각한다). 몰리나는 발렌틴의 마음을 "달래서" 유혹하기 위해 이 얻어낸 음식을 이용한다. 유혹은 마침내 성공한다. 마지막에 간수는 전략을 바꾸어서 그가 발렌틴의 동료들에게 안내해줄 것을 기대하며 몰리나를 석방한다. 발렌틴은 몰리나에게 자신의 동료들에게 메시지를 전해 달라고 부탁한다. 발렌틴의 동료들은, 아마도 지정된 약속장소에 도착했을 때 경찰을 보고, 거리에서 몰리나에게 총을 쏜다. 그 결과 발렌틴은 고문을 당한다. 인정 많은 의사가 그에게 마약을 주었고 그는 소설 전편에 걸쳐 몰리나가 들려준 영화의 이미지와 플롯으로 구성된 꿈을 꾼다.

소설 앞부분에서 발렌틴은 몰리나가 제공하는 "도피성" 쾌락을 무척 좋아하면서도 이러한 즐거움을 깊이 불신하며 잠잘 시간에만 이야기를 하도록 제한시킨다. 그는 대중문화에 대한 좌익의 표준적 관점을 받아들이고 있기 때문이다. 더글라스가 말한 칼벵교 목사와 마찬가지로 발렌틴은 어려운 정치서적을 읽느라 골머리를 싸맨다. 이 책들은 영화이야기의 매력을 부정한다. "그와 같이 늘 현실에서 도피하려고 들면 해악이 될 수 있어. 그건 마약을 하는 것이나 마찬가지야…. 네가 무언가를 읽고, 네가 무언가를 공부하면, 너를 가두고 있는 어떤 감방도 벗어날 수 있는 거야. 내 말

이해하겠어?"[5] 어느 순간, 발렌틴은 영화이야기에 나오는 인물들에 푹 빠져서 "영화"가 끝나자 슬픈 감정이 드는 자신의 "나약함"을 비난한다 (p.41). 발렌틴이 이러한 "나약함"을 여성성으로 간주하고 동일시와 감정이입과정에 포함된 수동성에 두려움을 느끼고 있음은 확실해진다. 마르크스주의 문학비평과 영화비평에서는 동일시와 감정이입을 몹시 싫어한다. 텍스트'에' 굴복하는 것은 텍스트'에' 등장하는 여성들과 불편하게 닮는 것이다. 예를 들면, 다른 사람들의 의지에 조금도 저항하지 못하여, 남편이 명령하면 산 채로 불에 타는 것도 마다하지 않는 좀비 여자가 있다.

　　또한 이는 몰리나와 불편하게 닮는 것도 의미한다. 탁월한 소비자로서 몰리나는 완전히 자신을 버리고 영화에 몰입한다. 그는 발렌틴이 영화의 스토리를 분석하려고 하면 화를 낸다. 그리고 발렌틴이 자신이 좋아하는 영화를 비판하면 운다. 그런데 의미심장하게도, 그가 미학적 아름다움과 러브스토리로 인해 경탄을 금치 못하는 영화는 나치 선전영화다. 더욱이 남자들에 대한 몰리나의 태도는 영화에 대한 그의 태도처럼, 자신을 완전히 버리는 것이다. 예를 들면, 그는 자신이 몹시 사랑하는 웨이터와 함께 사는 판타지를 발렌틴에게 들려준다. 그는 그 남자가 다시는 일할 필요가 없도록 그의 공부를 도우며 일을 처리하는 꿈을 꾼다. "그리고 아이들 양육비로 그의 아내에게 줄 돈을 내가 직접 건네줄 거야. 아무리 푼돈이라도 그렇게 할 거야. 그가 아무 걱정 없이 오로지 자신만을 생각할 수 있도록 해주겠어. 마침내 그는 원하는 것을 얻고 그의 슬픔은 영원히 사라지는 거야. 너무 멋지지 않아?"(p.69)

　　더글라스에서 본, 남성성은 생산과 일, 여성성은 소비와 수동성이라는 전통적인 대립쌍을 세워놓고, 푸익은 더 나아가 이 용어들의 가치를 전도시킨다. 이 소설의 목적은 발렌틴이 몰리나가 대표하는 타자성(여성성, 동성애, 대중문화)을 받아들이도록 만드는 것이다. 그리하여 마침내 몰리나의 유혹을 받아들이도록 하는 것이다. 그는 몰리나를 "거미여인"이라 부른다. 거미여인은 소설 마지막에 마약에 취한 발렌틴의 꿈에 나타난다. 처음에 그녀가 발렌틴에게 나타났을 때는 거미줄에 걸려 있는 것 같아 보이지만, 곧 거미줄이 그녀의 몸에서 나오는 것임이 분명해진다. "거미줄이 그녀의 허리와 엉덩이에서 나오고 있다. 거미줄은 그녀 몸의 일부이다. 거미줄이 너무 많아서 털북숭이 밧줄처럼 보인다. 역겹다. 내가 그걸 만지면 무척 부드러운 느낌이 들 것 같다. 하지만 만지면 구역질나겠지."(p. 280) 대중문화에서 끌어온 여성성과 동성애이미지로서 묘사된 거미여인은 타자들을 향한 발렌틴의 태도에 있어서 무엇이 문제인지 암시한다. 사로잡혀 동화되는 것에 대한 공포. 이는 욕망인 동시에 두려움의 대상이 된다.

소설 전체에 걸쳐 푸익은 발렌틴의 모습을 통해 전통적 마르크스주의를 풍자한다. 또한 내러티브와 그에 따르는 주석을 통해, 혁명은 정치영역뿐 아니라 개인영역에서도 일어나야 하며 계급 뿐 아니라 성별과 젠더에도 관심을 기울여야 함을 보여준다. 고전적으로 생산문제에만 집착하는 마르크스주의에 있어서 이러한 성혁명은 소비를 향한 새롭고 보다 긍정적인 태도를 갖게 해줄 것이다. 그리하여 이 소설은 음식에 지대한 관심을 보인다. 처음에 발렌틴은 몰리나가 주는 음식을 거부한다. 영화이야기를 거부하듯이. 그러나 마침내 그는 몰리나가 제공하며 구현하는 다양한 소비자의 쾌락을 받아들이게 된다. 그리고 전에는 비난했던 "감각적 만족"의 중요성에 대해 마음을 바꾼다. 예를 들어 소설 첫머리에서 그는 몰리나의 음식 제공과 이야기가 자신을 "나쁜 습관"에 빠지게 한다고 항의한다.

나의 삶은 정치투쟁에 바쳤기 때문에 당장은 내가 살아낼 방법이 없어….
사회 혁명, 그것이 중요한 거야. 감각을 만족시키는 것은 부차적인 거지.
진짜 큰 즐거움은 다른 거야. 그건 내가 숭고한… 마르크스주의… 이데올
로기를 위해 헌신한다는 사실을 아는 거야…. 그리고 난 이 즐거움을 어
디에서고 누릴 수 있어. 여기 이 감방 안에서도, 심지어 고문을 당하면서
도.(pp. 27-28)

발렌틴의 선언에서 볼 수 있는 아이러니는 그의 사내다움이 강한 수
동성과 심지어 마조히즘 요소를 포함하고 있다는 사실을 그가 인식하지
못하고 있는 것이다. 이렇듯 발렌틴이 여성적인 것이라고 거부하는 특성들
이 그의 캐릭터를 구성하는 중요한 요소임이 이미 소설 앞머리에 나타난
다. 끝에 가면 발렌틴은 지극히 무력한 상태가 되고 만다. 설사로 고생하
는 그를 몰리나는 먹이고 닦아주고 씻겨준다. 그리고 그가 잠자리에 들었
을 때 "자장가처럼" 계속 "영화" 이야기를 들려준다.(p. 279) 그는 자신의
"나약함"을 덜 수치스러운 것으로 바라보는 법을 배우게 되며, 적어도 어
느 정도는 수동적인 상태를 즐기게 된다.

몰리나의 경우, 자신이 이야기하는 영화의 수동적이고 때로는 마조히
즘적인 여주인공들과 동일시하며 영화에 기절할 지경으로 매혹됨으로써,
완벽하게 조종당하는 소비자의 모습으로 그려진다. 그러나 소설이 진행됨
에 따라 점차 그 반대임이 분명해진다. 몰리나는 자신이 조종하기 위해
영화를 이용하는 것이다. 때때로 그는 전략의 도움을 받는다는 사실을 인
정한다. 그는 발렌틴이 영화를 더 잘 즐길 수 있도록 "안달하는 상태"에

눠두기를 좋아한다고 고백한다. "사람들한텐 그런 식으로 해야 되는 거야. 그렇지 않으면 그들은 만족하지 못하거든. 라디오에서도 늘 그런 식으로 해. 요즘 텔레비전 드라마도 그렇고."(pp.25-26) 다시 말해서, 몰리나는 발렌틴을 자신의 거미줄 속으로 유혹하기 위해, 자신이 숭배하는 대중문화에서 조종의 기술을 배워 사용한다. 마르크스주의자의 경우와 달리, 몰리나에게 대중문화는 적이 되지 않고 그가 계획을 멋지게 성공시켜 발렌틴을 정복하도록 돕는 힘이 된다. 겉으로는 교도소장으로 대표되는 법에 순종하면서, 남자와 영화, 이 두 가지에 온전히 헌신함으로써 성취되는 몰리나의 승리는, 장 보드리야르가 헤겔을 인용하며 말한, 대중을 특징짓는 "여성성의 영원한 아이러니"에 기인한다고 할 수 있다. "거짓으로 법에 충성하는 아이러니, 수동성과 복종이라는 끝까지 침투불가능한 시뮬레이션… 이는 결국 그들을 지배하는 법을 무화시킨다."[6] 몰리나의 과장스러운 여성흉내는 영화의 여주인공 흉내를 통해 이루어지는데, 이는 매스커레이드로서의 여성성을 실현하는 것이다. 그것은 하이퍼리얼한 것의 전형으로서의 동성애자 "퀸"으로 나타난다.

『침묵하는 다수의 그림자 속에서, 혹은 사회적인 것들의 죽음』에서 발췌한 앞의 인용문은, 보드리야르 자신이 여성성으로 인해 대중을 비난하는 것이 아니라 오히려 칭찬하고 있음을 보여준다. 이 구절이 책 전체 중에서 문화의 여성화에 대한 유일한 언급이지만 매우 중요한 의미를 지닌다. 이 논문은 여성적 유혹이라는 헤겔적 개념에 근거하고 있기 때문이다. 이는 보드리야르가 대중문화연구에 도입한 "시뮬라시옹"이라는 용어와 동의어이다. 그리하여 "시뮬라시옹"이라는 단어 자체는 보드리야르의 대중 및 대중문화 이론이 많은 동시대 비평에서 여성성의 이론을 어느 정도 베낀 것인지 숨기고 있다.

몰리나가 발렌틴의 영화분석을 거부하는 것처럼 ("왜 나를 위한 환상을 깨는 건데? 너를 위한 것도 되는데 말야."[p.17]), 보드리야르의 대중은 지식인들이 그들에게 "합리적 커뮤니케이션의 규범"을 강요하면 저항한다 (p.10). 그 대신 그들은 스펙터클을 요구한다. 그들은 생각을 강요받기보다 매혹되는 것을 더 좋아한다. 이 점에서는 물론 보드리야르는 대중문화의 대다수 비평가들과 완전하게 일치한다. 그러나 그가 다른 사람들과 현저하게 다른 것은 대중의 의미거부에 긍정적 가치를 부여하고 있다는 점이다. 발렌틴의 마르크스주의 원리의 편협성과 융통성 없음을 끊임없이 영리하게 폭로하는 몰리나처럼, 보드리야르에 따르면, 대중은 "의미의 이상적 헤게모니 배후에 있는 단순화의 공포를 냄새맡는다(p.10)." 여기에서 보드리야르는 동시대 여러 사상가들과 입장을 같이한다. 롤랑 바르트는 "의미의 통치"[7]라는 말을 하면서 "의미의 헤게모니"가 지닌 폭력성을 암암리에 비난한다. 그러나 바르트는 이 의미의 통치가 대중문화에 봉사한다고 생각한다. 그리고 그것에 도전하여 전복하도록 반복적으로 고급예술에게 요구한다. 이와 반대로, 보드리야르에게 '대중들'은 바르트의 요구에 응할 수 있는 최고의 위치에 있다. 대중은 "가장 급진적 비평가들이 상상할 수 있는 모든 것을 지금 여기서 실현한다." 대중은 몽유병자의 거부하는 힘을 지니고 "의미, 정치적인 것, 재현, 역사, 이데올로기들 사이를 방황한다."(p.49) 의지의 힘이 아니라 의지 없음과 수동성으로 대중은 자신들을 통제하고자 하는 모든 것을 말살한다.

대중들은 "거대한 블랙홀"로서 기능한다. 겉으로는 이 비유가 물리학에서 차용한 것 같지만, (여성)해부학도 무언가 기여를 했을 수도 있다.

"내파의 영역," "잠재적 삼킴의 영역"(p.9). 보드리야르에 의하면, "삼킴"이라는 용어가 시사하듯 광적인 소비주의는 그 잠재력 면에서 참으로 급진적이다. "시스템은 초논리 상태로 몰릴 때만 폐지된다… 당신들은 우리가 소비하기를 바란다—오케이, 무엇이 됐든 간에, 항상 더 많이 소비하자. 하등 쓸모없고 어처구니없는 목적 때문이라 해도."(p.46) 여기에서 앤 더글라스와 다른 전통적 좌익사상가들이 신봉하는 가치들이 전도된다. 누가, 혹은 어떻게 "생산"하는지 상관없이, 의미는 폭발적이고 폭력적이다. 반면 소비는 내파적이고 혁명적이다. (적어도, 혁명적일 수 있다. 보드리야르는 다음의 사실을 알고 있다. "몽유병자" 대중들의 이 내파적 성향이 의미하는 것은 시스템을 파괴함으로써 스스로를 파괴한다는 것이다. 마치 몰라나의 영화에 나오는 좀비 여자처럼. 그녀는 마을을 덮친 악을 없애기 위해 스스로를 산 채로 불태워야 한다.[8])

지금까지 살펴본 바와 같이 보드리야르는 더글라스와는 달리 대중문화의 여성성을 모독하지 않는다. 시스템을 초논리로 몰아넣는 대중은, 헤겔의 영원한 여성성의 특징과 동일한 "법에 대한 과도한 충성심," "그들을 지배하는 법을 폐지하는" 것과 동일한 "수동성과 순종의 시뮬레이션"에 참여한다. 그들을 가장 여성적으로 만드는 것은 시스템에 대한 대중의 말 없는 순종, 즉, 다수의 침묵이다. 의미의 바깥에 있는 대중은 언어의 바깥, 재현의 바깥에 있다. 이리하여 정치학은 끝난다. "침묵 속으로 물러나… 그들은 더 이상 옹호, 발화, 재현될 수 없으며, 더 이상 정치적 '거울' 단계와 상상적 동일시단계를 통과할 수 없다"(p.22). 여기에서 보드리야르는 여성에 대한 동시대 정신분석학적 정의를 대중에 대한 정치적 분석으로 확대하고 있다. 현대이론에서, 거울단계를 지나 상징적 사회적 언어단계로 들어갈 수 없기 때문에 '여성'은 침묵을 할당받아 왔다. 이리하여 여성은 "재현의 몰락"으로 불리어 왔다. "무정형"으로 인해 여성은, 역설적으로, 결핍만을 재현할 수 있다. 즉, 보드리야르의 용어를 빌면, 의미의 "심연" 혹은 "허공", 재현'불가'의 끔찍한 가능성만을 재현할 수 있다.[9]

대중을 (정치적)재현의 몰락이라고 단언하면서 보드리야르는 다소 즐겁게 그리고 계시적으로 사회적인 것들의 죽음을 선포한다. 이전 시대에는, "고전적 사회성의 장치"가 "사회적 의미가 아직 극과 극 사이를 흐르게 하였다." 그러나 지금은 "시뮬라시옹"의 장치로 인해 "더 이상 어떠한 극도 어떠한 다른 용어도 없으며, 그리하여 사회적인 것들 사이에 어떤 전기도 흐르지 않는다. 총체적 시그널의 순환과정에 있어서, 극들을 혼동함으로써 짧게 중단되고 만다."(p.21) 또 다른 논문에서 보드리야르는 우리의 전자시대의 특징인 "시그널의 순환과정"이 가정공간과 공적영역의 끝남을 의미한다고 확언한다. 한편으로 텔레비전은 가정공간의 사생활을 전 세계에 노출하면서 다른 한편으로는 우주의 모든 사건을 우리의 개인 텔레비전 스크린을 통해 밤마다 공개한다. 개인적인 경험들이 일종의 강간을 당하는 셈이다. "모든 내부의 강요된 외부화, 모든 외부의 강요된 내부화." "만지고, 공격하고, 침투하는 모든 것의 불결한 잡종성, 이에 대해 저항은 없으며, 개인적 보호의 후광도 없고, 심지어 자신을 보호할 몸조차 없다."[10] 그리하여 다시 한 번, 대중은 병합되어 완전히 여성화된 모습을 보여 준다. 물론 과거에는 공적 사적 공간을 다 빼앗긴 삶을 강요당한 사람은 여성이었다. 공적 영역에 참여하는 것은 거부당했고, 가정에 국한되어 살면서도 진정한 사생활(자기만의 방)은 금지당했고, 심지어 자신의 몸에 대한 법적 소유권마저 박탈당했다.

최근 보드리야르의 책은 대중문화이론 뿐 아니라 예술비평에도 막대한 영향을 끼쳤다. 보드리야르는 많은 이들에게 일종의 최고권위자로 인정받았다. 그의 제자들은 그의 이론에 "과도한 충성심"을 보여주면서 그것의 힘을 "없앨" 아무런 행동도 하지 않는다. 페미니스트들이 대중과 대중문화에 대한 보드리야르의 개념을 끌어내어 면밀히 검토하는 것은 중요하다. 특히 페미니즘을 위한 그것의 중요성에 의문을 제기할 필요가 있다. 여성을 사회 이전의 영역으로 추방하는 동시대 이론(특히 라캉 이론)에 마음 상한 페미니스트들이 사회적인 것의 종말에 성급하게 환호하고자 하는 유혹을 느낄 수도 있다. 거의 '모든 사람들'을 지금까지는 여성들을 위한 장소였던 가정으로 몰아넣는 현상에 대해(제5장 세 남자와 아기에서 이 문제를 더 논의할 것이다). 그러나 그것은 중요한 차이를 숨기는 일이 될 것이다.

나의 논의를 위해 중요한 한 논문에서 낸시 K. 밀러는 저자의 죽음에 대한 푸코의 이론과 페미니즘의 연관성에 의문을 제기한다. 일부 페미니스트들이 주장하는 것과는 반대로, 그것은 저자 자체의 개념이 아니라 "누가 이야기하고 있는가"의 문제에 대한 푸코의 "지독한 무관심"이다. 그것은 가면이다. "남근중심주의가 그 뒤에서 허구들을 숨기고 있는."

담론 자체의 정당화기능이 여성의 의견은 묻지도 않고 "여성의 죽음"을 인정해버린다. 누가 말하고 있는지가 무슨 문제인가? 예를 들어, 결혼과 함께 자신의 고유한 이름을 상실하고 자신의 서명이 서류에서 효력을 발휘하지 못하는 여성들에게 나는 이것이 문제가 된다고 말하고 싶다. 서명이 통화의 세상에서 지닌 권한으로 인해, 여성에게 서명은 결코 하찮은 것이 '아니다.' 그것을 가진 자만이 그것을 가지지 않는 놀이를 할 수 있다.[11]

사회적인 것의 죽음은 또 다른 남근중심주의의 가면이다. 이는 여성에게 묻지도 않고 "여성의 죽음"을 인정해버리는 것과 같다. "사회적인 것 자체는 이제 더 이상 어떤 이름도 소유하지 않는다. 작자 미상. 대중. 대중들."[12] 사회적인 것에 접근하는 특권을 누려왔던 자들만이 그것의 죽음을 신나서 발표할 수 있다. 대다수 역사에서 정치적 주장이나 정치적 목소리를 부여받지 못하고 침묵하는 다수였던 여성들에게 있어, 영원한 "여성성"의 침묵의 전략에 근거한 혁명의 가능성에 대해 낙관할 이유는 거의 없다.

대중과 대중문화를 여성적인 것과 동일한 것으로 파악하는 것은 적지 않은 문제를 야기한다. 그 문화 안에서 여성이 자신의 역할이 무엇인지 묻는 일이 훨씬 더 어려워지기 때문이다. 프로이트가 "여성성"이라는 자신의 글에서 밝히고 있듯이, 만약 여성 자체가 문제라면 그들은 그 문제들에 질문할 수 없다. 그러나 우리가 그 문제에 질문하는 것은 중요하다. 페미니즘비평가들이 보여주듯, 여성들은 대중문화에서 수많은 복잡한 방식으로 희생되고 있기 때문이다. 발렌틴이 처음에 본 적enemy은 틀림없는 적이었다. 거미여인은 사실상 거미줄에 걸려 있었다. 몰리나가 이야기하는 영화 속 거의 모든 여자들이 다양한 가부장적 덫에 걸려있듯이. 그리고 몰리나 자신이 마지막에 파멸하듯이. "그는 영화 속 여주인공처럼 죽기 위해 스스로 살해되도록" 허용한다(p.279).

『거미여인의 키스』에서, 그의 여성적 전략(소비자 전략이기도 함)을 사용하여 몰리나가 일시적으로 우위를 점함으로써, 역할 역전과 힘 역학의 변화가 암시되고 있음에도 불구하고, 진짜 변하는 것은 거의 없다. 소설 내내 몰리나는 음식을 제공하고 돌보는 여성적 역할을 담당한다. 반면 발렌틴은 소비주의의 모든 이익을 취한다. 그리고 모든 차이와 모든 정치학 (페미니즘 정치학을 포함하는)이 여성화된 대중으로 흡수되기 때문에 보드리야르는 성차를 암묵적으로 부정하지만, 여성들은 매일 사회에서 억압을 경험한다. 사회질서는 적어도 그러한 억압을 지속시킬 정도로는 건재한 것이다. 그렇다면 대중문화에 대한 페미니즘의 접근방법은, 처음에 그것들이 아무리 유혹적으로 보일지라도 광범위한 담론들에 퍼져 있는 의심스러운 성적 비유들을 인식하고 그것에 도전하는 것이어야 될 것이다. 보드리야르의 경우에서처럼, 이러한 담론들이 해방 이론의 가면을 쓰고 있을 때 특히 이 작업은 중요하다.

3장

페미니즘 비평의 기능, 혹은 말 없는 몸의 스캔들

변수 줄이기 : 페미니즘, "민족지학적" 비평, 로맨스 독자

그녀는 버스에서 내려 대형 레스토랑으로 들어갔다. 넓은 로비에는 사람들이 붐비고 있었다. 그 누구도 어느 방향으로 가야할지 모르는 것 같았다. 사람들은 당황하여 이리저리 헤맸다. 수많은 카페 중 어디로 가면 그들에게 필요한 물질을 공급받을지 말해줄 사람 뿐 아니라 인생의 보다 깊고 높은 것들을 알려줄 안내자가 필요했다. 진열된 메뉴판을 잠깐 보거나 종업원과 한 마디 나누면 필요한 것을 찾을 수 있겠지만, 정신적인 것은 누가 충족시켜 줄 것인가? 사회구조를 드러내는 인류학자, 혹은 사회구조를 숨기는 로맨스 소설가가? 아마 둘 다 아닐 거라고 캐서린은 생각했다. 그런데 왜 그녀는, 일시적으로 헤매는 이 사람들이 자신보다 더 안내를 필요로 한다고 생각하는 것일까?

바바라 핌, 『천사만은 못한』

얼마 전 덴마크 코펜하겐대학을 방문했는데, 페미니스트들이 한 남성 동료의 유명한 일화를 들려주었다. 그는 대중문화연구에 있어서 수용이론의 가치를 두고 다른 학자들과 격렬한 논쟁을 벌였다. 그의 견해에 의하면, 인상주의적이고 엘리트주의적인 상아탑의 "원전" 비평보다는 수용이론이 보다 과학적이고 정밀하며 민주적이라는 것이다. 한 학술회의에서 특정 텔레비전 프로그램의 수용에 대한 논문을 발표하며, 그는 이 프로그램에 대한 반응을 조사하기 위해 16명의 젊은 남성을 대상으로 했다고 설명하였다. 과학적 정밀함을 지니고 있다고 주장하는 연구에서 응답자 숫자가 너무 적은 것은 차치하고, 한 페미니스트가 조사대상에서 여성을 제외한 것에 항의하며 남성에 국한한 이유를 요구하였다. 그의 대답은 다음과 같았다. "나는 가능한 한 변수를 많이 줄이고 싶었습니다."

물론 여성의 관점을 무시한 책임을 특별히 수용이론에만 물을 수는 없다. 대중문화 자체 뿐 아니라 비평의 전 역사는 여성을 완전한 부재 혹은 위협이 되지 않는 존재로 축소시켰다. 그러나 수용이론, 혹은 요즘 용어로 "민족지학적" 비평은, 억압적 대중문화에 대한 여성의 반응에 관심이 많은 페미니스트들에게 특히 매력적이다. 그런 이유로 "주인"의 이 특별한 연장이 그의 집을 "무너뜨리도록" 우리를 도울 수 있는지 묻는 것은 중요하다. 민족지학적 방법의 기본 전제에 대한 사전조사는 끝나 있다. 이제 페미니스트들은 녹음기를 들고 당당하게 길을 떠나 드라마 〈팰컨 크레스트〉의 여성팬들을 현장방문하면 된다. 더욱이, 분석자와 "사람들"이 직접 접촉하기 때문에 정치적 권위를 지닌 것으로 보이는 이 방법의 중요성은 그것이 페미니즘비평의 기능에 대한 전반적인 논의를 시작하기 좋은 장소라는 사실에 있다. 대중예술의 텍스트를 분석함으로써 우리 페미니스트들이 성취하고자 하는 것은 도대체 무엇일까?

마르크스주의 최근 버전으로 말한다면, 민족지학적 비평은 소위 "원전비평"의 과잉 그리고 많은 문화비평가들의 비관주의에 대한 반동으로 탄생했다고 할 수 있다. 이들 비평가들의 대중문화에 대한 부정적 태도는 이들이 설명하고자 했던 정치적 마비에 기여했던 것처럼 보인다. 이 방법은 영국에서 매우 세련되고 고도로 이론화된 형식으로 발달했다. 영국에서는 강한 문화연구 전통이 그 배경으로 작용했다. 그에 반대하여 점점 많은 비평가들이 1970년대 영화 잡지 『스크린』의 내용과 연관된 형식주의적 분석에 불만의 목소리를 내고 있다. 반대자의 관점에서 보면, 주로 주체들이 영화 텍스트들에 의해 "새겨지고" "구성되는" 방식에 관심을 둠으로써 『스크린』의 정신분석학적 이론은 실제 사회적 주체들을 무시하는 경향이 있었다. 그런데 이들은 복잡한 역사와 다양한 문화적 관계(교육, 종교, 직업, 정치 등)로 인해 늘 텍스트에 나오는 주체를 뛰어넘는다.[1] 이러한 점에서 『스크린』의 비평은 초기 프랑크푸르트학파 비평과 연결된다. 이는 대중문화의 "이상적으로" 조종되는 소비자와 실제 소비자를 거의 구분하지 않기 때문이다. 실제생활에서 소비자는 주체의 충성을 부자연스럽게 계속 요구하는 담론의 그물망 속에 늘 사로잡혀 있다. 주체가 어느 정도 자율성을 행사하면서 충성을 할지 말지 선택할 수 있는 것이다. 민족지학적 비평은 전통적인 마르크스주의 원전분석과 연관되어 있는, 정치적으로 무력화하는 비평을 극복할 수 있을 것이다. 또한 주어진 대중문화 텍스트가 제공하는 의미들을 어떻게 사회적 주체들이 취하는지, 의미와 가치의 어떤 '다른' 시스템 이름으로 사람들이 그 텍스트의 지배적인 혹은 "선호되는" 읽기를 거절할 수 있게 되는지 확인할 수 있을 것이다. 민족지학적 비평은 사람들이 "문화적 얼간이"가 아니라는 스튜어트 홀의 말을 슬로건으로 삼고, 그러므로 대중문화 텍스트들은 "관객들이 '그들의' 사회적 경험과 연관되는 의미들을 만들도록 허용"[2]해야 한다고 주장한다. 그렇다면 민족지학적 비평의 목표는 이들 저항의 영역들을 지배적인 이데올로기에 위치시키는 것이다. 이는 일단 동일시되면 급진적 정치투쟁에 봉사하도록 이론적으로 밀어붙일 수 있다는 생각에서다.

이러한 야심은 분명 비난할 일이 아니다. 다만 모든 정보를 하나의 일관성 있는 설명으로 편집하는 것은 말할 것도 없고, 다중적으로 결정되는 대집단의 사람들이 주어진 한 텍스트에 상호작용하는 방식을 설명한다는 것이 다소 힘든 일로 보일 수는 있다. 더구나 텍스트에 대한 관객의 반응에 초점을 맞춤으로써, 비평가가 의미의 유일한 생산자로서 개인의 무정치적 견해에 동의하면서 결론내리거나 무엇이든 좋다는 식의 다원론적 비평에 찬성할 수 있다. 이리하여 "하위문화"라는 용어는 매우 중요한 것으로 생각된다. 이는 분석가에게 데이터를 범주화하고 해석하는 수단을 제공하기 때문이다. 이때의 데이터는 개인이 텍스트와 관련하여 완전히 자율적인 존재가 되거나, 개인이 완전히 텍스트에 '의해' 결정되는 것을 피한다. 한 비평가의 말을 들어보자.

사람들의 대중매체 관련성과 이들의 전반적인 사회적 상황 및 의미체계 간의 관계를 만족스럽게 설명하기 위해서는 개인이 아니라 사회배경에서 출발할 필요가 있다. 개인적 욕구라는 개념은 구조적 모순개념으로 대체하고 하위문화개념을 도입할 필요가 있다.[3]

하위문화에 초점을 맞추고 이들과 연관된 가치와 사상을 연구함으로써 분석가는 "메시지들"이 특정 집단들이 공유하는 문화적 지향성에 따라 해독되는 방식을 알아낼 수 있다. 해독된 메시지들과 지배적 이데올로기 간의 모순은 혁명적 이데올로기들이 그 틈바구니를 뚫고 들어갈 수 있는 균열 지점이다.

대중문화 텍스트에 대해 민족지학적 방식으로 접근한 가장 매혹적인 연구는 데이빗 몰리가 영국 "뉴스 매거진" 프로그램 〈네이션와이드〉 시청자를 대상으로 한 선구적인 책이다. 『네이션와이드 시청자』에서 몰리는 교육, 계층, 정치성향, 직업, 인종에 따라 선택된 각각 20개의 개별집단 사람들을 조사한다. 이 연구는 시청자집단 간의 놀라울 정도로 다양한 반응을 밝혀낸다. 이 프로그램의 메시지와 이념적 전제를 무비판적으로 받아들이는 태도에서부터 정치적 편견과 겸손한 척하는 어조, 피상적 주제 다루기에 대한 비판(종종 보수적이고 교육받은 집단에 의한), 프로그램의 메시지와 이념적 경향에 대한 공공연한 비난(주로 좌익 노조원들에 의한)에 이르기까지 다양하다. 하위문화집단들이 대중문화의 맹공격에 저항하기 위해 이용할 수 있는 다양한 종류의 사회시스템에 대한 몰리의 결론은 장 보드리야르 같은 비평가들을 논박하는 데로 나아간다. 보드리야르는 요란하게 "사회적인 것들의 죽음"을 선언하였다. 침입하여 질식시키는 미디어 시뮬레이션의 거미줄에 의해 살해되었다는 것이다. 그러나 그렇다 하더라도, 몰리의 연구에 배어있는 낙관주의를 완화시켜 줄 수 있는 기본적인 방법론적 질문들이 적절하게 제기된 적이 없다. 첫째, 응답자의 비판적 태도가 어느 정도까지 질문자가 비판적이도록 만들어 놓은 상황의 영향을 받는가? 몰리의 응답자 한 명이 말하듯, 보통상황에서 사람들이 텔레비전을 볼 때 비판적 태도는 완화된다. 미디어의 메시지는 쉽사리 경계하는 검열기관을 지나쳐 시청자의 무의식으로 들어갈 수 있다. 이 무의식은 불

행히도 많은 민족지학자들이 무시하고 있는 영역이다. 『스크린』의 정신
분석학적 강조는 민족지학적 비평의 첫 희생자였다.

둘째, 대중의 경향에 대한 민족지학적 비평의 증언이 응답자들로 하여
금 그들을 파악하여 통제하려는 미디어(및 미디어 비평가)의 무자비한 노
력에 어느 정도까지 자발적으로, 심지어 적극적으로 굴복하도록 유도하는
것일까? 사실상 민족지학자들이 조사과정 중에 통제의 방식을 재생산하는
것일 수도 있다. 이러한 가능성은 존 피스크의 연구에서 놀랍도록 분명히
드러난다. 그는 록 가수 마돈나의 10대 여성팬들을 민족지학적으로 연구
하였다. 피스크는 다음과 같이 설명한다. 민족지학자는 어린 소녀들이 마
돈나의 공연에서 그들이 "이념적 통제에서 벗어나도록 해주는" 의미를 어
떻게 찾아내는지 조사하기 위하여 "소녀들의 이야기를 듣거나, 그들이 팬
매거진에 보낸 팬레터를 읽거나, 집과 공공장소에서 하는 그들의 행동을
관찰해야 한다."[4] 문자 그대로 피스크는 이러한 가부장적 원형감옥 감시기
술을 채택한다. 이 기술은 적어도 리차드슨의 『파멜라』로 거슬러 올라간
다. 피스크는 이 기술을 사용하여 마돈나와 소녀팬들이 남성의 시각적 권
력을 "전복"하여 남성응시의 통제에서 어느 정도 '벗어나는' 모습을 보여
준다. 민족지학자의 응시는 분명 자비롭게 중립적이다.

명백하게 민족지학자 쪽이 자성적 태도를 취해야 할 필요가 있다. 민족
지학자가 남성이고 그의 피실험자가 여성들인 경우 특별히 주의해야 한다.
그는 자신이 의문시하는 권력구조에 불가피하게 동참하기 때문이다. 그러
나 몰리의 경우, 이러한 경고는 관계없는 것처럼 보일 수 있다. 그것이 여성
문화를 남성적으로 전유하는 전략이라기보다는 단순히 젠더를 배제하여 변
수를 축소하는 일반적인 무관심이기 때문이다. 그러나, 몰리는 사실상 여성

집단들을 인터뷰한다. 그런데 흥미롭게도 이들 중 일부는 프로그램 참여를 거부한다. 예를 들어 흑인집단에서 주로 웨스트 인디언/아프리카 여성들은 "〈네이션와이드〉같은 프로그램은 너무 지루하다"라고 불평한다.

"우리는 그런 것들에 흥미가 없어요."
"나는 그것을 보는 동안 그냥 생각하지 않아요."
"〈러브 스토리〉 같은 멋진 영화를 보는 게 좋아요."

몰리는 말한다. "이러한 문화적 거리는 지배적인 백인문화의 일상적 삶을 반영하는 〈네이션와이드〉의 전제가 흑인집단에게 비난거리가 된다는 것을 의미한다." 이 집단은 "단순히 이 프로그램을 이해하기 위해 필요한 문화자본을 소유하지 못하고 있다." 그리하여 "침묵의 비난"을 하게 된다(pp.71-72). 그러나 몰리는 결코 묻지 않는다. 이 집단이 하버드출신 백인 남성과 불운한 래드클리프 여성과의 로맨스를 이해하기 위해 "문화자본"을 소유하는 것이 과연 어떤 것인지. 침묵으로 이 프로그램을 비난하는 집단이 압도적으로 여성(이 여성들은 영국 드라마 〈크로스로드〉는 매우 좋아한다)이라는 사실에도 불구하고, 몰리는 여기에서 유일한 변수가 인종이라고 생각한다. 지배문화적 재현을 거부하는 이 "침묵의 비난"을 "여성적" 비평으로 읽을 수 있다는 생각이 몰리에게 떠오르지 않는다. 이는 매우 오랜 역사를 지니고 있는데 예를 들어 제인 오스틴의 『노생거 사원』에 나오는 여주인공은 "남성적" 역사책을 거부하고 고딕 로맨스소설을 선호한다.

약간 기발한 방향이긴 하지만, 로맨스와 드라마를 여성들이 선호하는 것이, 문제가 되고 있는 텔레비전 프로그램과 민족지학적 방법에 대한 비판이라고 보는 것도 가능하다. 로맨스와 민족지학이 근본적으로 반대의 입장이라는 사실은, 바바라 핌의 소설 『천사만은 못한』에서 3장 서두에 인용한 구절의 요점이다. 민족지학자는 로맨스작가가 낭만적으로 다루는 사회관계의 신비성을 제거한다. 이 두 방식은 젠더와 강하게 관련되어 있다고 핌은 암시한다. 두 방식 중 어떤 것도 "당황해서 헤매는" 군중에게 적절한 지침서를 제공하지 않지만, 핌은 확실히 그녀 소설의 여주인공인 로맨스작가에게 공감한다. 반면 그녀는 남성 인류학자를 냉소적으로 다룬다.

> "당신 가족들이 기다리고 있어요"라고 캐서린이 말했다. "이 모든 복잡한 인간관계에서 벗어나 원시부족처럼 단순해지면 얼마나 좋겠어요. 이들의 유일한 복잡한 관계라고는 친족구조와 토지보유권 법칙뿐이죠. 이런 것은 인류학자의 냉정하고 초연한 태도로 관찰할 수 있어요."[5]

이제 로맨스가, 냉담한 남성이 그의 "냉정한 초연함"을 잃고, 여주인공을 '평가'하는 행위를 중단하고, 그녀에게 감정이 있음을 인정하도록 하는 방식에 관한 것이라면, 그리고 여성의 대중문화가 가부장 여성의 합법적 불평을 표현하고 있다는 페미니즘의 주장을 우리가 진지하게 받아들인다면, 페미니즘 비평가는 로맨스의 공식적인 스토리에서 남성인류학자를 위한 알레고리적 교훈을 발견하고 싶은 유혹을 느낄지도 모른다. 그의 피실험자에 대한 개인적 투자를 인정하고 보다 상호적인 문화연구방식을 발전시킬 필요성이 있다는 교훈을 말이다. 어쨌든 〈네이션와이드〉 시청자의 페미니스트 독자 입장에서 보면, 대중문화의 다양한 형식과 "보다 정곡을 찌르는" "정치학"에 대한 여성시청자의 욕망은 지배문화(이 경우에는 가부장제)에 대한 저항적 관계를 표현할 수 있다. 몰리는 이러한 관계를 찾고 있지만, 전통적인 남성주의적-마르크스주의적 접근방법으로는 그것을 식별해낼 수 없다. 여성들에 주의를 기울이지 않음으로써 몰리는 효과적으로 그들의 침묵을 보증한다. 그리고 그는 그 침묵이 문화적 경쟁력의 결핍에서 초래된다고 설명한다.[6]

펌이 암시하듯, 민족지학이 특히 "남성적" 활동이라면, 로맨스의 미화된 사회관계를 "밝혀내는" 일에 흥미를 느끼는 페미니즘비평가가 이 방법론을 회복시킬 수 있는가? 또한 여성 페미니즘비평가가 가부장적 문화에 의해 전통적으로 침묵 당해온 여성들에게 권위 있는 목소리를 내줄 수 있을까? 여성로맨스에 대한 탁월한 책 『로맨스 읽기』에서 재니스 래드웨이는 이 두 질문에 대해 매우 긍정적으로 대답한다. 래드웨이는 그녀의 "민족지학적" 연구에서 로맨스독자의 중서부 공동체(스미스튼이라는 가공의 이름으로 불리는)를 대상으로 한다. 이 공동체는 "도트Dot"라는 여성이 이끄는데, 이 여성은 매달 로맨스들을 평가하는 뉴스레터를 쓰고 있다. 래드웨이의 책은 디테일이 풍부하면서 야심차다(로맨스독자들과 인터뷰하고, 페이퍼백산업의 역사를 보여주고, 낸시 초도로우의 정신분석학적 저서 『모성의 재생산』의 관점에서 텍스트들을 분석하는 등). 그러나 여기에서 이 책을 상세하게 분석할 필요는 없을 것이다. 다만 나는 래드웨이의 민족지학적 방법론의 몇 가지 전제를 분석하고자 한다. 특히 하위문화 형성, "문학적 능력"의 습득, "문화자본"의 축적 등과 긴밀하게 연결된 이론에 대한 페미니즘 비평의 가능성을 검토하고자 한다.[7]

연구 내내 래드웨이는 자신의 접근방법이 엘리트 "영국교수들"의 방법보다 우수하다는 사실을 정당화하기 위해 노력한다. 그녀 생각에 이들은 로맨스를 읽으며 학자들에게 자신들의 독서 "습관"에 관한 정보를 제공할 최고의 위치에 있는 실제여성들을 고려하지 못하기 때문이다. 래드웨이에 따르면, 우리들(비평가, 교수)이 "로맨스 독자들처럼 읽는 법을 안다는" "증거는 없다." 이러한 입장을 지지하기 위해 래드웨이는 스탠리 피시의 말을 인용한다. 그는 그녀에게 "실제 독자들이 텍스트 읽는 법"을 연구하는 일이 중요하다는 사실을 가르쳐준 최초의 인물이다. 피시에 의하면, 의미란 "텍스트를 재료로 삼아 독자가 구성한다. 독자는 혼자 주관적으로 의미를 만드는 것이 아니라, 그 혹은 그녀가 특정의 해석공동체에 참여함으로써 채택한 가정과 전략에 따라 만든다." 해석공동체라는 용어는 "하위문화"라는, 보다 마르크스주의적인 개념과 유사성을 지닌다.[8] 피시와 문학적 능력을 갖춘 다른 이론가들의 글은 사실상 래드웨이 말고도 다른 페미니스트들에게 강한 호소력을 지닌다. 이들의 글은 정전을 해체하는 방식과 여성이 정전에서 배제된 이유를 설명하는 방식을 제공하는 한편, 여성들이 다른 여성들의 글을 읽는 법을 어떻게 배울 수 있는지 설명해 줄 수 있기 때문이다. 이리하여 남성문학 정전에 대한 페미니즘적 비평에서, 아넷 콜로드니는 사람들이 해석적 관습을 이해함으로써 문학적 능력을 획득하게 되는 방식을 설명한 머레이 크리거의 말을 우호적으로 인용한다. "일단 사람이 처음 시를 읽고 나면 두 번째 시를 읽게 되고 그 다음 시들을 계속해서 읽게 된다. 즉, 문학경험에 있어서도 다른 경험처럼 딱 한 번 첫경험을 하게 된다."[9] 그러나 분명히 이는 후기 알튀세, 후기 데리다적 문학세계에서 볼 때 유치한 설명에 불과하다. 유럽의 사상가들이 가르쳐준 대로, 쓰기에서처럼 읽기에서도 우리는 늘 이미 매춘부이기 때문이다.

로맨스읽기는 장-폴 사르트르가 대중문화의 특징으로 본 것처럼 연속적 활동의 완벽한 예다. 그리하여, 래드웨이의 "로맨스독자 공동체"가 매우 희귀한 경우라면, 로맨스읽기를 가능하게 하는 해석관습이 래드웨이 연구에서처럼 공동체나 하위문화에서 형성되는 것이 아니라는 사실에 주목할 필요가 있다. 해석관습은 대부분 사람들에 있어서 태어난 장소에서 형성된다. 가부장사회에서 여자아이는 로맨스의 수많은 관습이 강력하게 지배하는 세상에 태어나자마자 동시에 설명을 요구당한다. 말하자면 그녀 어머니의 판타지 라이프(이는 무의식 차원에서 그녀 자신의 라이프를 형성하게 된다.), 유행가와 동화, 소설과 영화에 의해서 호명된다. 그리하여 이들 관습은 여성으로서의 문화적 유산의 일부가 된다. 즉, 우리가 스스로에게 정직하다면, 로맨스 독자들이 읽는 법을 우리가 알고 있다고 가정할 수 있는 '수만 가지' 이유가 있다. 스칼렛 오하라를 거칠게 안고 계단을 오르는 레트 버틀러에게 감정적으로 반응한 경험이 있는 여성이라면 누구나 로맨스 "읽는" 법을 알고 있다 (그리고 사실상 스미스튼 여성들은 『바람과 함께 사라지다』를 가장 좋아하는 소설로 꼽는다).

여기에서 주안점은 로맨스독자를, 캔자스출신의 중산층주부가 아니라 보라보라의 원주민인 양 취급하는 도덕적 정치적 관점에 문제가 있다는 것이다 (물론 보라보라 원주민에 대한 인류학적 연구 '또한' 종종 도덕적 정치적으로 문제가 있지만).[10] 또 하나의 주안점은 로맨스가 백인 앵글로색슨과 미국여성만의 것이 아니라 우리 모두의 재산이라는 것이다. 몰리의 서인도와 아프리카 실험참가자들은 캔자스 주부만큼이나 대량생산된 여성 판타지물에 탐닉하였다. 그리고 물론 할리퀸과 같은 시리즈 로맨스소설들은 수십 가지 언어로 번역된다. 이 점에서 볼 때, 여성들의 로맨스에 대한

"하위문화적" 접근방법의 한계는 명백해진다. 로맨스의 인기는 '교차'-문화적 현상이며, 로맨스는 여성들에게 억압상태에 계속적인 정신적 투자를 하게 만드는 공통의 판타지구조를 제공해주기 때문이다.

더욱이, 이성애적 사랑을 통한 완벽한 성취를 여성에게 약속하는 이 판타지는 그 효과를 생각할 때, 여성이 "하위문화"를 형성하기 위해 단결하는 것을 불가능하게 만든다. 그리하여 점점 권력화되는 가부장적 이념에 효과적으로 도전할 수 있는 가치체계의 개발을 불가능하게 만든다. 여성들의 경험은 사적인 것으로 제한되고, 테리 이글튼의 말처럼 비평은 거의 완전히 학문화되기 전까지는 중산층 (남성)공적 영역에 속하기 때문에, 여성지향의 비평은 페미니스트들이 그들의 개인적 경험을 집단적으로 탐구하고 공적인 것으로 만들기 시작할 때 비로소 등장할 수 있다. 그리고 의식고양을 통해 "개인적인 것이 정치적이다"[11]라는 페미니즘의 가장 기본적 통찰의 수많은 곁가지들과 타협해야 한다. 최근까지도 아카데미의 변두리에 위치해 있으면서, 페미니즘비평가는 이 통찰에 기초한 여성문화를 만들어내는 데 기여하였으며 더 큰 여성운동의 일부로서 스스로를 인식하였다. 때때로 그녀는 여성들을 위해 말을 한다. 의식고양을 통해 그녀는 사실상 그들의 일원으로서 그들에게 말하는 것이기 때문이다. 그리하여 그녀의 글은 이상적이게도 다중의 목소리로 되어 있다. 다른 여성들의 차이를 부정하지 않고 대화를 통해 그들에 대해 배운다. 비평가의 주관성과 "타자들"[12]의 주관성 간의 연결될 수 없는 갭을 상정하고 있는 인류학의 방법을 사용하지 않는다.

그러나 래드웨이는 자신과 그녀가 연구하는 여성들 간의 유사성을 결코 인정하지 않고 피스크와 몰리처럼 공평무사한 "과학적 연구자"의 자세를 취하고 있기 때문에, 자신이 비평의 경멸 대상에서 구하고자 하는 바로 그 사람들에게 겸손한 척하는 모습으로 결론을 내고 있다. 자신이 여성들의 모순을 지적해 본 적 없다는 그녀의 주장에도 불구하고 그러하다. "나는 늘 우선적으로 그들 행위에 대한 그들의 의식적 진술과 믿음을 바탕으로 작업해 왔다. 주어진 대로 그들을 받아들였으며, 그리고 나서 그러한 확신과 주장에 모순이 되지 않고 오히려 보충이 되는 욕망, 두려움, 관심사를 덧붙였다"(p.10). 독자에 대한 텍스트의 매력을 분석함에 있어 정신분석학의 방법을 활용하고자 하는 사람들에게 이는 범상치 않은 주장이다. 이는 다음과 같은 정신분석학의 가장 기본적 통찰들에 정면으로 위배되는 것이다. 무의식은 의식이 참기 힘든 감정과 욕망들로 구성되며(즉, 무의식은 의식과 '모순된다'), 프로이트가 끊임없이 주장하듯 무의식은 그 자체가 모순이라는 '특성을 지닌다.' 전반적으로 여기에서 빠진 중요한 요소는 문화에 대한 여성의 매우 복잡한 관계를 이해하기 위해 꼭 명심해야 하는 다양한 모순에 대한 인식이다. 정신 내부층위의 모순, 의식 혹은 무의식적 판타지와 이들 판타지와 갈등하는 담론들 간의 모순, 대중문화 텍스트와 이들 텍스트에 대한 시청자의 관계 속에 투영되어 있는 충돌하는 이념과 담론 간의 모순이 그것이다. 래드웨이가 두려워한 것처럼, 로맨스독자들의 태도와 행위가 자기모순적일 수 있다는 사실을 깨닫는다고 해서 반드시 분석자가 엘리트주의에 빠지게 되는 것은 아니다. '특히' 우리가 기꺼이 다음의 사실을 인정하면 그러하다. 우리가 분석하고자 하는 바로 그 구조에 우리 자신이 얼마나 많이 엉켜있는지, 우리 자신의 감정, 욕망, 불안 등이 얼마나 많이 모순에 빠져 있는지, 요컨대 우리의 소중한 페미니즘적 이상에도 불구하고 우리의 판타지 라이프가 우리가 연구하는 여성들의 것과 얼마나 많이 닮았는지.

내가 옹호하는 종류의 페미니즘비평에 포함되어 있는 자기분석은 처음에는 나르시시즘적으로 보일 수 있지만 실상 그것과는 거리가 멀며, 오히려 독자지향 대중문화비평의 중심에 자리하고 있는 나르시시즘에 해독제를 제공해줄 것이다. 독자지향비평은 타인들의 쾌락과 취향에 호소함으로써 일정한 객관적 유효성을 지니고 있다고 주장하지만, 종종 다음과 같은 삼단논법에 근거하고 있는 것으로 보인다. "나는 〈댈러스〉를 좋아한다. 나는 페미니스트다. 〈댈러스〉는 진보적 잠재성을 지니고 있음에 틀림없다."[13] 역사의 한 순간 "세상 사람들"이 대중문화의 조작에 저항하는 방식을 강조할 필요가 있다. 오늘날, 우리는 세상 사람들처럼 문화분석가도 때로는 "문화적 얼간이"가 될 수 있다는 중요한 사실을 망각할 위험에 처해 있다. 결국 우리는 이데올로기 안에서 존재하며, 우리는 모두 정신 깊숙한 곳까지, 정치적 문화적 지배의 희생자라는 사실을 망각할 위험에 처해 있는 것이다(우리가 '단지' 희생자만은 결코 아니라 할지라도).

이 모든 것은 단순히 다른 여성들과의 공통성을 인식하는 페미니즘텍스트 비평가를 위한 장소를 제안하는 것이다. 자신의 방법론에 너무도 깊이 몰입해 있기 때문에 래드웨이는 텍스트비평을 완전히 불신할 필요가 있다고 생각한다. 이는 그녀가 스미스튼 공동체의 로맨스 평론가이자 권위자인 "도트"와 의견을 같이 하기로 결심했다는 점에서 이상하기 짝이 없는 공격이다. 도트는 취향이 매우 독특한 사람으로, 자신의 취향을 전체집단에 강요할 가능성이 있기 때문이다. 래드웨이는 말한다. "그러므로 스미스튼 집단의 구성원들이 도트와 유사한 로맨스취향을 지니고 있다고 해서, 이러한 취향이 도트에 의해 형성된 것인지 혹은 도트는 단순히 그들의 대변자인지 판단하는 것은 불가능하다"(p.55). 하지만 '페미니스트' 비평가가 텍스트에 관한 의견의 대변자가 아니면 무엇이겠는가? 그녀는 다른 여성들과 때로는 같은 의견을 공유하며 때로는 의견형성에 도움을 준다.

교차로에서 : 페미니즘 비평의 수행적 측면에 관하여

『천사만은 못한』에서 바바라 핌은 갓 결혼한 부부를 묘사한다. 이들은 "원시인들의 결혼생활에 관한 자료를 모으기 위해 길을 떠난다. 이들은 자신들에 관한 정보도 제공함으로써 원주민들을 기쁘게 하고 놀라게 한다"(p.166). 핌의 희극적 시각에서 보면, 인류학은 선물주기의 '형식'으로 간주된다. 전통적으로 보면 인류학이란 이러한 형식에 대한 연구다. 지금까지 내가 주장했듯이, 페미니즘은 오로지 대화과정을 통해 발전할 수 있기 때문에, 그리고 인류학의 전통적인 형식은 이 과정을 방해하기 때문에, 나는 바바라 핌의 마음으로, 페미니즘비평에 대한 단일방향의 인류학적 개념을 상징적 교환의 영역, 즉, 선물의 영역에 위치한 것으로 바꾸고 싶다. 비평가와 여성들(비평가가 말하고 글 쓰는 대상) 간의 상징적 교환으로서의 페미니즘비평은 독자반응비평보다 평등하다. 독자반응비평은 흔히 비평가가 누군가에게 줄 무언가를 갖고 있다는 생각 자체를 엘리트주의라고 비난하기 때문이다. 이리하여 로버트 C. 앨런은 텍스트비평가들이 자신들의 작업을 '양탄자무늬' 찾기로 보는 것에 대해 비난한다. 양탄자무늬는 구조 속에 숨겨진 작품의 의미로서, 이를 찾아내어 스스로 그것을 찾지 못한 독자들(혹은 비평가의 해석 능력을 지니지 못한 독자들)에게 그 의미를 전달한다는 것이다.[14]

지금까지 살펴보았듯이 독자반응비평은, 의미란 주어진 텍스트 내에 존재하는 것이 아니라 독자와 텍스트가 상호작용하며 만들어내는 것이라고 주장하면서 텍스트비평을 반대해 왔다. 이러한 의미가 보다 큰 문맥, 즉, 독자가 속해 있는 해석공동체라는 문맥 안에서 결정될 수 있더라도 그러하다는 것이다. 나는 이미 이러한 관점을 페미니즘 비평으로 받아들이기 힘든 몇 가지 문제점에 대해 논의한 바 있다. 이제 더 나아가 다음과 같이 주장하고자 한다. 이러한 공식의 또 다른 문제점은 '이미 존재하는' 의미가 '어딘가'에 있으며 비평가의 임무는 그 의미를 찾아내는 것(텍스트에서, 독자에게서, 해석공동체에서, 혹은 이 셋의 상호작용에서)이라는 가정에 있다. 반대로, 충분히 정치화된 페미니즘비평은 기존의 의미를 확인하는 것으로 만족하는 경우는 별로 없었으며, '새로운' 의미를 찾아내는 것을 목표로 삼아왔다. 그리하여 '존재하는 것' 뿐 아니라 "존재하지 않았던 것"[15]을 밝혀내고자 하였다. 이 점에 있어서 수행적인 차원을 지니고 있다고 말할 수 있겠다. 즉, 기존의 생각과 관점을 재진술하는 것을 넘어서 무언인가를 '하는' 것이라고.

　　"수행적인"이라는 용어는 J. L. 오스틴의 철학에서 정교하게 다듬어졌다. 오스틴의 작업은 최근 데리다에 의해 부활되었다. 오스틴에 대한 데리다의 칭찬과 비판이 논쟁을 불러일으키고, 쇼샤나 펠만의 〈문학적 언어행위〉에서 상당히 길게 언급되었지만, 페미니즘 비평은 이에 별로 주목하지 않았다.[16] 오스틴에 따르면, 많은 발화 혹은 언어행위는 진술적 언술 "constatives" 일 뿐만 아니라 수행의 기능을 지닌 표현이기도 하다. 오스틴은 그 첫 예로 결혼식에서 하는 "맹세합니다 I do"라는 말을 인용한다. 이 약속을 법적으로 효력 있게 만들어주는 결혼식에서 말을 함으로써 화자는 자신을 상대방에게 맡기게 된다. 오스틴은 말한다. 이러한 행위의 성공을 판단할 때, 우리가 문제 삼는 기준은 이 주장의 진위 여부가 아니라 행위의 "적절함" 여부다. 그러므로, 한 남자가 이미 결혼한 상태에서 이 말을 한다면 그 행위는 부적절한 것이 된다. 일반적으로 행위가 적절한 것이 되기 위해서는 "특정의 관습적 효과를 지니고 있는 기존의 관습적 절차가 있어야 한다. 이 절차는 특정 상황에서 특정 사람이 특정의 말을 하는 것을 포함한다."[17] 그러나, 이 공식에서 "있다"라는 용어에 의문을 제기하면서 오스틴은 "누군가가 먼저 시작하는 절차"[18]도 있다는 사실을 인정한다. 이러한 인정은 페미니즘 비평가에게 매우 중요하다. 그녀는 공동체에 동참하면서 그 공동체의 가치를 공유하는 한편 그 가치의 "형성에 도움을 준다." 그리하여 "기존의 관습적 절차"에 도전하면서 "새로운 절차를 만들어내는" 과정에 참여한다.[19]

넓은 의미에서 페미니즘비평 글쓰기는 그것이 약속을 구현하는 한 수행적이다. 이 점에서 오스틴이 미래에 대한 헌신으로서 약속에 특별한 의미를 부여하는 것에 대해 페미니즘은 특별한 흥미를 느낀다. 오스틴이 결혼서약에 집중해서 인용한다는 사실이 모종의 아이러니를 유발하기는 하지만 말이다. 물론 페미니즘비평은 결혼생활이 여성의 주된 인생 목표이자 최대의 욕망이라고 주장하는 이데올로기를 거부해왔기 때문이다. 이러한 이데올로기는 로맨스와 대중예술, 고급예술에 의해 공급된다. 페미니즘비평은 '여성'의 시각에서 볼 때 이러한 수행들이 어떻게 "부적절한" 것이 될 수 있는지 보여주려는 노력을 해왔으며 우리의 "수행"을 재정의하는 시도를 해왔다. 그러나 재정의에도 불구하고, 페미니즘비평 글쓰기는 여성의 미래를 위한 글쓰기로 남아 있다.

"왜 글쓰기인가?"라는 질문에 답하는 과정에서 장-폴 사르트르(그는 창조적 작가에 관해 말하지만 우리의 목적에 맞는 용어를 사용한다)는 "수행되는" 글쓰기의 정의를 타자(독자)의 자유를 전제로 하는 글쓰기로서 제안하였다. 이러한 자유를 인정하고, "독자에 대한 믿음"을 지니며, 독자가 "자신의 이름으로, 즉, 자신감의 이름으로 행위하도록 요구한다." 최종적 분석에서 "글쓰기가 제공하는 목표는 독자의 자유다."[20] 우리의 옛 슬로건을 이용하여, 사람들은 단순히 문화적 얼간이가 아니라고 가정함으로써, 독자가 자유를 지닌다고 가정함으로써, 페미니즘비평은 수행적인 동시에 유토피아적이다. 새로운 시대를 여는 과정에서 보다 자유로운 세상을 향해 나아가는, 프랑크푸르트학파의 표현을 빌리면, 이는 행복의 약속을 담고 있다고 말할 수 있다.

사르트르에 의하면, "수행된 글쓰기"는 꿈이나 비전을 타인에게 전달하는 것으로서 선물의 기념식에 참여한다.

선물은 홀로 변신을 일으킨다. 이는 어머니가 이름을 소유하지 않은 채 삼촌과 조카 사이의 필수적 매개자 역할을 하는 모계제에서 직함과 권력을 양도하는 것과 비슷한 무엇이다. 나는 날아가는 이러한 환영을 잡았기 때문에, 나는 환영을 다른 남자들을 위해 보여주고 환영을 자유롭게 해주고 그들을 위해 환영을 다시 생각했기 때문에, 그들은 환영에 대해 확신을 갖고 생각할 수 있다. 환영은 의도적인 것이 되었다. (pp.33-34)

분명히 페미니스트들은 사르트르의 말을 대폭 수정하지 않고는 받아들일 수 없다. 페미니즘 비평은 두 겹의 과정에 포함되어 있기 때문이다.

첫째, 이는 여성이 선물을 '주는' 입장이 아니라 선물이 '되는,' 남자들 사이의 "필수적 매개자"로서 기능할 뿐인 체제의 이념적 작용을 드러낸다. 둘째, 다른 여성들과의 상호관계를 통해 이는 전통적으로 침묵의 몸이었던 "어머니"가 남성들이 누려온 언어라는 "이름"을 똑같이 소유하게 되는 순간을 향해 노력한다.

그러나 유럽의 학설에 영향을 받은 최근 연구는 이러한 계획이 나아갈 수 있도록 하는 전제 자체에 도전한다. 이러한 도전 중 가장 타당한 것은 쇼샤나 펠만의 『문학적 언어행위』에 들어 있다. 원래 프랑스어 제목은 『말하는 몸의 스캔들』이다. 이 책은 부분적으로 자크 라캉의 이론을 사용하여 분석함으로써 오스틴의 이론을 데리다의 비판에서 구하려는 시도를 하고 있다. 과거에 페미니즘 비평가로서 중요한 작업을 해왔던 펠만은 이 책에서 은연중 사르트르의 수행된 글쓰기 개념을 부정하고, 깨진 행위와 깨진 약속의 언어를 솔직하게 찬양한다. 오스틴은 언어에 대해 "철저하게 부정적인" 관점을 지닌 이론가로, 몰리에르의 돈 주앙을 문학적 언어행위의 예로 든다. 펠만에게 있어서 돈 주앙의 영웅주의(즉, 라캉주의)는 그가 자신의 언어 바깥의 어떤 것에도 순응하지 않는 언어를 사용한다는 점에 있다. 그의 언어는 오로지 수행적 언어이며, 또한 언어를 순수하게 자기지칭적인 것으로서 드러낸다. "유혹의 덫은…자기 지칭적인 성격을 지닌 언어를 통해 '지시적 환영'을 만들어내는 데 있다. 오로지 자신만을 지칭하는 언어에 의해 만들어지는 수행행위의 환영이 그것이다."[21] 여기에서 수행행위는 결혼약속, 자신만을 지칭하는 언어는 언어로 하는 유혹의 행위를 예로 들 수 있다. 어떤 면에서 펠만은 여성들에 대한 돈 주앙의 거부가 크리스토퍼 버틀러가 "모방 행위"[22]라고 부른 글쓰기에 대한 거부와 유사하다고 주장하는 것 같다. 데리다와 라캉의 등장, 그리고 자기지칭적 글쓰기의 득세로 인해 수행된 글쓰기개념 자체가 사라지고 있는 것 같다.

데리다와 펠만 모두에게, 오스틴의 연구는 지시대상을 문제화하는 방식으로 흥미를 끈다. 데리다는 말한다. "고전적인 주장, 사실 확인 발언과는 반대로, 수행적 언어는 그것 바깥에, 혹은 그것 이전에 지시대상을 갖지 않는다."[23] 그러나 데리다는 오스틴이 이 통찰의 급진적 성격을 전복하고 있는 점을 비판한다. 오스틴이 언어행위의 적절성을 판단함에 있어 문맥상 정보(언어 바깥의 정보)쪽으로 방향을 돌렸기 때문이다. 예를 들면, 오스틴은 말한다. "내가 너에게 준다고 '말'하고 주지 않으면 그것은 선물이라고 할 수 없다." 데리다에 의하면, 행위의 성공여부를 판단하기 위해 적절성/비적절성이라는 대립쌍 개념에 고착하고, 언어행위 너머의 영역, 즉, "총체적 문맥"에 호소함으로써, 오스틴은 "절대적으로 의미 있는 언어 기술 습득"에 대한 믿음을 드러낸다. 그리고 언어의 "환원불가능한 다의성"을 보기를 거부하는 통상적인 철학의 실수에 대한 희생자로 전락한다. 언어의 다의성은 "의미의 통일성 지평을 벗어나는 '산포'"다.[24]

글쓰기가 단순히 선행 현실을 반영하지 않는다는 데리다의 견해는 누구라도 반박하기 힘들다. 글쓰기에서 선물을 주는 것은 어떤 의미에서 그것을 준다는 주장과 동일하다는 말도 그러하다. 즉, 글 쓰는 것은 "그것을 주는 것"이다. 언어 행위를 분석함에 있어 "총체적 문맥"을 고려해야 한다는 주장이 기술습득이라는 이상적 상태를 포함하고 있음도 부정할 수 없다. 그러나 여러 비평가들이 주장하기를, 비록 늘 우리의 통제를 벗어나는 언어요소와 문맥이 있을 것이고, 실재와의 접촉은 늘 언어를 매개로 이루어질 테지만, 그렇다고 해서 우리는 언어 행위에 선행하는 사건들을 이해하려는 희망을 포기하지 말아야 한다는 것이다.

궁극적으로 물질적 현실을 바꾸는 일에 관심이 있기 때문에 대다수 정치비평가들은 지시 대상의 범주를 완전히 폐기하는 것을 꺼리는 것 같다. 크리스토퍼 버틀러가 그의 책 〈해석, 해체, 그리고 이데올로기〉에서 한 것처럼, 대다수는 "단순한 모방이론"을 벗어날 길을 모색한다. 버틀러는 지칭과 실재라는 소박한 개념을 사용하면 해체론자라고 비난하는 동시대 이론가들의 성향을 주목하면서 세계와 텍스트와의 관계는 "사실에" 정확하게 상응하는 것이 아니라 "해석자의 매개적 진술"을 포함한다고 (p.53) 제시한다. 피시처럼 버틀러는 이러한 진술들이 코드, 관습, 해석자의 이념적 전제와 관련하여 생산될 것이라고 말한다. 해석자는 주어진 공동체 혹은 제도권 내에서 발전된 해석규범을 찾아낸다. 버틀러는 "텍스트와 세계 간에는 온갖 종류의 관계가 있다. 비교적 사소한 것(벳시 트롯우드는 나의 앤트 마벨과 똑같다)부터 역사적 이념적으로 중요한 것(라신느의 비극은 법복 귀족과 프랑스 왕들 관계의 중요한 구조를 드러낸다고 골드만이 주장할 때처럼)까지"(p.54)라고 말한다.

페미니즘비평에서 역사와 이데올로기가 중요하다고 믿는 페미니즘비평가는 이제 버틀러의 주장 중 일부에서 강하게 매력을 느낄 것이다. 그런데 그가 든 예에는 분명 의아해 할 것이다. 페미니즘적 관점에서 보면 가부장사회에 존재하는 단 하나의 여성, 가부장적 예술에 (흔히 회화화되어) 재현된 여성, 현실과 재현 간의 관계보다 더 "역사적으로 이념적으로 중요한" 것은 있을 수 없기 때문이다. 이러한 예는 텍스트의 비발화적 힘을 탐구하는 대신 의미를 찾는 일에 스스로를 국한시키는 문학이론의 한계를 보여준다. 또한 텍스트의 수행적 측면과 지시적 측면이 어떻게 서로 연관되어 있는지 이해할 필요성이 있음을 시사한다. 페미니즘에 있어, 가부장적 재현의 정확도를 긍정하느냐 부정하느냐 뿐 아니라 〈데이빗 커퍼필드〉같은 텍스트가 무엇을 '하는지' 이해하는 것도 문제다. 이 텍스트들이 반영하고 있는 것처럼 보이는 것들을 실제로 어떻게 '생산'하는지 (어떻게 이들이 앤트 마벨에 대한 우리의 인식과 앤트 마벨의 자신에 대한 인식에 영향을 미치는지) 이해해야 한다. 나는 단순히 원인과 결과를 이해해야 한다고 주장하는 것이 아니다. 버틀러가 "단순한 모방이론"에 반대한 것처럼, 사회학 인류학 비평가들 혹은 반 포르노집단(포르노가 곧장 강간으로 연결된다는)의 단순화된 이론에 찬성하지 않고도, 텍스트는 독자에게 온갖 종류의 복잡한 영향을 미칠 수 있다고 주장할 수 있다. 반 포르노집단의 과도한 단순화를 조롱하는 사람들을 비판하면서 모니크 위티그는 포르노적 담론을 "수행적 행위"로 이론화하는 한 가지 방식을 제안한다.

> 포르노적 담론은 우리에게 행사되는 폭력적 전략의 일부다. 그것은 우리를 수치스럽게 만들고, 타락시키며, 우리의 "인간성"을 침해하는 범죄다. 이는 괴로움을 주는 책략으로서 경고라는 또 다른 기능을 지닌다… 기호학 전문가들은 …우리가 포르노를 반대할 때 담론과 현실을 혼동한다고 비난한다. 이 담론이 우리에게 현실이라는 것을 그들은 알지 못한다. 우리가 당하는 여러 억압 현실 중의 하나임을. 그들은 우리가 분석의 층위를 혼동하고 있다고 생각한다.[25]

포르노담론에서처럼, 디킨스소설 같은 보다 "존경스러운" 담론에서도 그러하다. 이들 담론은 여성의 종속적 지위를 반영할 뿐 아니라 적극적으로 여성을 비하시킬 수 있다. 버틀러도 자기만의 방식으로 그렇게 하고 있다. 그는 사소한 것의 예로 노처녀의 이미지를 서슴없이 떠올린다.

역사적 · 이념적 의미판단의 기준을 재평가하고 가부장적 수사학의 폭력에 맞서며, 현실을 생산하는 재현, 재현을 인정하는 현실의 악순환을 깨고자 노력함에 있어서 페미니즘은 여성을 "사소하게 만들지 않는" 비발화적 힘을 키워야 한다. 그러므로 페미니즘은 "유혹의 덫"에 빠지는 일을 피하고, 여성적인 것이라는 미명하에 종종 발생하는, 언어와 문학을 하찮은 것으로 만들려는 시도를 이념적 책략으로서 거부해야 한다. 예를 들어 펠만은 돈 주앙/오스틴이 "역사"를 "사소한 것들로 구성된" 것으로 드러낸다고 칭찬한다. "말하기와 달리, 행하기는 언제나 사소한 일이며, 그 정의로 볼 때 행위란 일반화될 수 없기" 때문이다. 그리고 그녀는 롤랑 바르트의 말을 인용한다.

> 습관의 주체인 작가는 모든 담론의 교차로에 서 있는 관찰자의 끈기를 갖고, 사상의 순수성과 관련하여 '하찮은' 입장에 있어야 한다('하찮은'의 어원 trivialis 는 세 갈래 길의 교차로에 서서 기다리는 매춘부라는 의미를 갖는다).[26]

말하는 몸으로서의 '작가'를 "하찮은" 매춘부와 동일시하는 놀라운 재주에도 불구하고, 펠만이 칭찬하는 이 책 전체에 흐르는 책략은 돈 주앙'에 의한' 여성의 가치절하다. 돈 주앙은 여성을 유혹할 때 그들을 "그저" 몸을 지닌 존재로 격하시킨다.[27] 일반화에 반대하기 위한 수행을 주장함에 있어 펠만이 하려고 하는 것이 무엇인지 이해하기 힘들다. 이전에 그녀는 "대체가능성의 원리"(p.37)에 따라 행동한다는 이유로 돈 주앙을 칭찬했기 때문이다. 그러나 이는 "파괴의 달인"(p.43) 돈 주앙이 모든 여성을 전리품 취급하며 그들의 특별한 존재성을 박탈하여 사실상 〈미국의 유산사전〉에 나오는 "일반화하다"의 수행적 정의, "명확하지 않은 것으로 만드는 것," "계급이건 법률이건 일반적인 형태로 환원시키는 것"을 실현하는 것이 아닌가? 물론 어떤 경우에도, 페미니즘이 말하는 실제적이고 역사적인 스캔들은 분명 담론의 중심에 있는 작가가 아니라 담론 외부에 있는 여성과 동일시되어야 한다. 즉, "말하는 몸"이 아니라 "말없는 몸"에 동일시되어야 한다.

그러므로 펠만이 수치스러운 말하는 몸이라고 한 것은 돈 주앙, 오스틴, 키에르케고르, 라캉, 니체, 마르크스가 아니라 아마도 버지니아 울프가 상상한 여자, 주디스 셰익스피어일 것이다. 교차로는 매춘부가 기다리는 장소, 아버지 살해가 일어나는 장소일 뿐만 아니라, 말하는 몸이 되고자 하는 셰익스피어 누이의 "수행적" 야심을 비웃은 남성 무대감독이 그녀를 파멸시킨 후에 매장한 장소다. 그는 그녀를 유혹하고 버림으로써 그녀를 자살하도록 만들었다. 그에게 그녀는 그의 인생 여정에서 흔히 만나는, 끝없이 대체가능한 여성의 몸 중 하나일 뿐이었다.

『자기만의 방』에서 거둔 울프의 두드러진 성과(흔히 사회주의의 한계를 의미하는 "울프의 페미니즘의 한계"에 초점을 맞춘 최근 울프 비평이 무시하는 성과)는 이름 없이 살다가 죽은 말없는 여성들 중 하나에 이름, 욕망, 역사를 부여한 것이었다.[28] 그렇게 함에 있어 울프는 고의적으로 역사적 현실의 "바꾸기의 역동적 운동"[29]에 참여하였다. 그리하여 페미니즘 비평의 주요한 수행적 유토피아적 야망 중 하나를 실현하였다. 어떤 의미에서, 늘 여성을 침묵시키고 부정해온 세상에서 페미니즘비평가가 여성으로서 말하고 쓸 때마다 그녀는 새로운 질서를 탄생시키고 말하는 몸의 스캔들을 구현한다. 자신들의 젠더 덕에 이미 말하는 권한을 가진 사람들보다 훨씬 더 심오한 방식으로.

권위부여 문제는 수행성이론과 실천에서 정말 중요한 문제다. 펠만 자신도 오스틴의 말을 인용한다. 오스틴의 "추문거리" 단어들은 펠만 책의 후반부를 가득 채우고 있다. "수행적 발화는…권위의 행위로서만 존재한다"(p.50). 분명히 펠만은 위대한 남성들의 언어가 그 자체의 권위를 손상시키는 방식에 주로 관심을 갖는다. 이러한 권위가 인정되는 것은 테리 이글튼이 지적했듯이, "이는 늘 안전한 장소에 있기 때문에 자신을 망친다. 그리고 자체의 맹목성을 보다 화려하게 과시하도록 만드는 그 안전성을 강화하는 경향이 있다."[30] 이와 반대로 페미니즘비평은 남성한테서 권위를 빼앗음과 동시에 권위, 권력, 계급의 전통적 모델(인류학적 모델같은)을 다시 정의하고자 한다. 울프의 업적은 그녀가 이 두 가지 임무를 너무도 멋지게 완수했다는 데 있다. 한편으로는 남성의 젠체하는 태도를 비웃으며 남성적 허세를 꺾고(그리하여 "하찮은" 것으로 만들고), 다른 한편으로는 너무나 멋있고 화려한 산문으로 여성을 긍정함으로써 수많은 페미니스트들에게 힘을 실어 주었다. 이 산문의 성격을 단순히 미학화로 규정해서는 안 될 일이다. 도나 랜드리는 주장한다.

울프의 텍스트가 페미니즘비평가에게 제공하는 것은 갈등의 담론적 생략이다. 즉, 고질적인 역사적 현실을 우아하고 유쾌한 산문으로 마법처럼 변모시키는 것이다. 그러나 이러한 미학화의 중심에는 은폐가 존재한다.

그리고 은폐에 기초한 이론은 페미니즘비평이 다룰 수 없는 것이다.[31]

첫 번째로 지적된 울프의 "갈등의 담론적 생략"이라는 말 자체도 논란의 여지가 매우 많다. 그러나 내가 주목하는 것은 "우아하고 유쾌한 산문"에 대한 평가절하적 태도다. 이러한 산문을 "미학화"라는 말로 비난하는 대신 우리는 자크 데리다처럼 "수사학"의 이름으로 이 개념을 소생시킬 수 있다. 그리고 이 언어행위의 차원을 은폐하는 세력으로 보는 대신 이를 '생산적인' 힘으로 볼 수 있다. 그리고 아주 명확하고 수행적으로, 이를 '힘'[32]으로 볼 수 있다.

나는 한 노신사를 생각했다. 지금은 죽고 없지만, 아마 주교였을 거다. 그는 어떤 여성도, 과거, 현재, 미래 어느 때고, 셰익스피어의 재능을 갖는 일은 불가능하다고 선언했다. 그는 셰익스피어에 관해 논문도 썼다. 그는 또한 그에게 묻는 한 숙녀에게 고양이는 사실상 천국에 가지 못한다고 말했다. 그는 덧붙여 말하기를 고양이도 영혼 비슷한 것을 갖고 있기는 하지만 천국에는 가지 못한다는 것이다. 사람들을 구원하기 위해 이 노신사들은 얼마나 많은 생각을 하였던가! 이들이 다가오면 무지의 경계가 어떻게 뒤로 물러섰던가! 고양이는 천국에 가지 못한다. 여자는 셰익스피어의 극을 쓸 수 없다.[33]

위트와 섬세함으로 작가로서의 권위를 주장함으로써 울프는 권력을 빼앗는 일을 수행한다. 이는 여성이 수행하기 가장 힘든 일이라고 할 수 있다. 아마도 여성은 "매스커레이드"의 대가이기 때문이다. 사실 "수행적"

일과 매스커레이드 개념을 구분하는 것은 중요하다. 후자의 개념은 최근 페미니즘 비평의 많은 주목을 받아왔다. 조앤 리비에르의 영향력 있는 분석에서 매스커레이드는 여성이 "남성적" 권위라고 인식하는 것을 빼앗아 그로 인해 "무성화"된 것에 대한 "여성적" 보상이다.[34] 내가 사용하는 "수행적"이라는 용어는 부인의 의미를 담고 있지 않다.

내 생각에 그녀의 글이 때로는 물신화와 부인과정에 연결되어 있는 일종의 주체분열을 만들어내기는 하지만, 울프 역시 부인의 작업에 참여하고 있는 것은 아니다. 과정으로서의 글쓰기에 대한 울프의 강조는 선언행위를 전경화하고 지배적인 권위형식에 도전한다. 이 권위형식은 논쟁을 불허하는 법으로서 일방적으로 스스로를 재현한다. 호미 바바의 표현을 빌리면 "고전적 책략the artifice of the archaic"에 의존한다. 후기 데리다, 후기 라캉의 세계에서 수행하는 작가가 되기 위한 논문에서 바바는 이 선언의 개념에 대해 말한다.

> '선언'의 순간과 개념에서 중요한 것은 지시적 진실에 대한 지식으로서의 문화의 권위다. 선언 과정에서 수행적 현재 안에 있는 문화적 동일시의 분열이 도입된다. 모델, 전통, 공동체, 지시의 안정적 시스템에 대한 전통적 문화주의적 요구와 그러한 확실성을 부정하는 새로운 문화적 요구 사이의 분열이다… 문화적 차이에 대한 선언은 과거와 현재의 분열을 문제시한다.[35]

셰익스피어 누이를 자신의 시인으로 삼으면서 울프는 동시에 그녀에게 남성 문화전통, 모델, 정전이 중요하다는 사실을 깨닫는다. 여성의 경험을 말해줄 시인을 창조함으로써 그녀는 불가피하게 이들 전통과 겨루고 그들이 추구하는 문화적 확실성을 부정한다. 수많은 남성 텍스트에 나타난 여성들의 재현을 비평하면서 여성의 글쓰기는, 버틀러가 그렇게도 자신있게 부르짖는 "지시체의 안정적 시스템"을 무너뜨릴 수 있는 잠재력을 지니고 있기 때문이다. 버틀러는 이의 문화적 상대성을 인정하는 순간에도 이 주장을 멈추지 않는다. 흥미로운 것은 셰익스피어의 누이가 페미니즘이 모델과 전통을 소유하기 위한 필요에 의해 창조된 인물이지만, 그녀는 고의적인 "고전적 책략the artifice of the archaic"으로서, 남성문화적 권위를 "진실"의 땅에서 몰아내는 기능을 한다.[36] 예를 들어 울프는 존슨박사(남성권위를 상징하는 원형적 인물로 그의 말은 늘 수행적으로 법률이 되었다)가 상상의 무대감독인 주디스 셰익스피어를 두고 말한 구절과 똑같은 말을 사용하는 방식에 대해 지적한다.

> 연극하는 여자라니, 그는 마음속으로 춤추는 개를 떠올렸다. 존슨은 이백 년 후에 설교하는 여성들에 대해 똑같은 말을 했다. 그리고 여기, 음악에 관한 책을 열면서, 우리는 1928년이라는 좋은 해에 음악을 작곡하려는 여성들에 대해 다시 같은 말을 사용하였다……. 역사는 이렇듯 정확하게 반복되고 있다. (p. 56)

가부장적 권위의 전능을 인정하는 듯 하는 바로 그 행위로써 이전의 권위를 주장하고 자신을 창조의 순간에 위치시킴으로써 울프는 그것을 무너뜨린다. 픽션(그녀 자신의)에 우선권을 부여하면서 울프는 가부장적 문화전통의 허구성과 자의성을 암시한다. 즉, 그것의 권위는 사실상 "고전적 전략the artifice of the archaic", "재현적 **전략**", "역사적 기억의 충실한 표시가
아닌 과거의 **허식**"에 의존하고 있음을 암시한다. 과거의 허식은 반복을
통해 권력을 얻는 허구적 힘으로서 역사란 **부**정확하게 반복되고 있다(바
바, p.19, 강조 첨가). 역사문제를 생략하고 역사적 갈등을 피하기는커녕
울프는 실제로 과거**와의** 갈등을 무대에 올린다. 역사의 개념을 복잡하게
만드는 동시에 역사에서 부재하는 것들에 관심을 쏟는다.

그러나 부재하는 것들이 **있기** 때문에 울프는 궁극적으로 미래에 기대
를 걸 수밖에 없다. 여성시인이 나타나 "그녀가 그토록 자주 포기했던 몸
을 입고" 그들에 대해 "전기도 역사도 한 마디 언급이 없는" 너무도 "끝없
이 어두운 삶"을 영위해온 여성들에게 목소리를 줄 것이라고. 시인의 임무
를 묘사하면서 울프는 수행적으로 그녀가 찾는 여성이 된다.

> 나는…생각에 잠겨 런던 거리를 걸었다. 상상 속에서 말하지 못하는 고통
> 을 느끼며, 기록되지 못한 숱한 삶들을 느끼며. 손을 허리에 얹고 길모퉁
> 이에 서서, 굵게 부어오른 손가락에 반지를 끼고, 셰익스피어 대사처럼 격
> 렬한 몸짓을 하며 말하고 있는 여자들. 혹은 제비꽃 파는 사람, 성냥팔이,
> 현관 밑에 쭈그리고 있는 할멈, 혹은 햇빛과 구름 속 파도처럼, 남자와
> 여자, 떠도는 소녀들, 깜빡이는 상점 불빛…상상 속에서 나는 상점 안으로
> 들어갔다… 그러자 계산대 뒤에 소녀가 있다. 나는 금방 그녀의 진짜 역
> 사를 알게 될 것이다. 나폴레옹의 150번째 삶으로서, 혹은 키이츠의 70번
> 째 연구와 그의 밀튼식 도치법 사용으로서. 늙은 교수 제트와 그의 동료
> 들이 지금 쓰고 있는 밀튼식 도치법.(pp.93-94)

오스틴의 〈노생거 사원〉에 나오는 캐서린이 여성을 배제하고 있는 표준적 역사에 지루함을 느끼듯이 울프는 프랑스 왕과 황제들보다는 앤트 마벨들의 삶에 관심을 기울인다. 여성의 삶이 중요하지 않다는 기존의 관점을 거부하면서 그녀는 새로운 가치를 부여하고 새로운 이데올로기가 "활동"하도록 한다. 말하자면 "교묘하게 해내는 것"이다. J. L. 오스틴은 전형적인 남성적 비유를 예로 들면서 말한다. "표현이 좀 의심스럽긴 하지만, 교묘하게 해내는 것은 중요하다. 풋볼에서 먼저 공을 잡고 달리는 사람처럼"(p.30) 남성의 활동, 여성의 활동에 대한 울프의 재평가("축구와 스포츠는 중요하다. 패션을 중요시하고 옷을 사는 것은 **하찮다**"[p.77])를 염두에 둔다면, 우리는 오스틴의 예를 재봉사로 바꾸고 페미니즘적 수행적 글쓰기를 일종의 "패션 진술," 즉, 비관습적 여성성의 스타일링이라는 말로 바꾸는 편이 나을 것이다. 어쨌든 여타 다른 행위처럼 언어행위도 때때로 완전히 새로운 형식의 활동과 창조성을 시작하게 될 수 있다. 그리고 이것이 울프의 수사학이 지니고 있는 수행적 요점이다. 즉, 울프의 수사학은 쾌락만을 주는 것이 아니다.

콜린 머서는 말한다.

이제 더 이상 이데올로기의 모순적 작용이 의미와 진리 문제로 환원될 수 없다. 뉴스나 〈네이션와이드〉를 들은 사람들이 그 내용을 "믿는지"의 여부를 물을 수는 있지만, 가벼운 오락 프로그램이나 코메디를 보고 사람들이 무엇을 "믿는지" 명확하게 알 수는 없다. 일단 즐거움과 쾌락이 재도입되면(게임에서 조커들처럼) 우리는 룰을 바꾸고 메시지 너머로 나아가야 한다.[37]

위 인용문이 시사하는 것처럼, 이데올로기는 단순하게 메시지를 전달하는 것이 아니라 주체들에게 즐거움을 주기 때문에 효과적이다. 그러므로 그것은 오로지 의미의 차원에서만 겨루어질 수 없다. 이런 이유에서 수행적인 것의 이론과 실제는 정치적으로 참여하는 비평에서 매우 중요하다. 펠만은 수행적 철학자들(진위 문제보다는 "적절성" 여부에 더 관심 있는)의 "철저한 부정성"은 쾌락과 권력의 문제와 밀접하게 관련되어 있다고 지적한다. 오스틴의 유머에 대해 논의하면서 펠만은 말한다. "유머는 지식에 대한 공격 뿐 아니라 권력에 대한 공격, 억압(정치적이든 분석적이든, 이 단어가 지니는 모든 의미에 있어서)에 대한 공격이다"(p. 118). 그러나 페미니스트들이 거듭 지적해온 바와 같이, 유머는 사실상 매우 흔히 힘 없는 자들에 대한 "공격"이 된다. 그리하여 유머는 여성억압 현실의 일부가 된다. 페미니즘은 대안적 쾌락을 제공함으로써 이러한 억압을 전복시키고자 노력하였다. 그리고 미묘하고 능란한 수많은 수사적 전략을 통해, 이의 통렬하고 때로는 유쾌한 유머는 실제로 여성 삶의 "고질적인 역사적 현실"을 "변화시키기" 시작하였다. 앨리스 워커는 한 비평논문에서 이렇게 말한다. "우리의 어머니들과 할머니들은 …… 아직 작곡되지 않은 음악을 향해 움직였다." 그리고 다시 "과거와 현재의 분리가" 문화적 차이의 선언에서 문제화되고 있는 방식을 상기시킨다.[38]

『자기만의 방』 끝부분에서 울프는 여성작가가 직면하는 임무를 생각한다.

그녀는 이제 더 이상 상류 중산층의 훌륭한 집에 자신을 제한시킬 필요가 없게 될 것이다. 그녀는 친절함이나 겸손함이 아니라 동료의 마음으로 작

고 향기로운 방으로 갈 것이다. 고급정부, 매춘부, 퍼그 강아지를 안고 있는 숙녀가 앉아 있는.(p.92)

분명 우리는 울프보다 더 나아가서 여성작가가 스스로 제한시킬 계급이 없는 때를 상상하고 싶지만, 아직 급진적 투쟁을 가능하게 해줄 비전을 실현하지 못하고 있다. 울프가 자신의 희망을 쓴 지 수년이 지난 후에도 말없는 여성들은 대다수가 여전히 말없는 상태로 남아 있다. 이해심 많은 인류학자들과 매춘부의 역할까지 포용하는 라캉/바르트/오스틴적 비평가들에도 불구하고. 실제 고급정부는 아직 그녀의 작고 향기로운 방에 앉아 있고, 매춘부는 교차로에 서 있으며, 그곳에서 아버지들은 계속 유혹받거나 살해되고 있다. 그리고 여성들이 서로 자유롭게 이야기하는 여성적 "동료의식"에 대한 울프의 예언은 그저 희망 사항으로 남아 있다. 그 이상 무엇도 아닌.

✖ 4장

아버지가 맞고 있다
남성 페미니즘과 전쟁영화

1959년 J. 글렌 그레이는 그의 고전적 연구서 『전사들: 전투하는 남자들에 대한 고찰』을 출간하였다. 그는 이 책을 아내 어슐러에게 헌정하며 그녀를 "전에는 **적**이었던 사람"이라고 명시하고 있다. 최근의 페미니즘 물결을 지나온 사람의 유리한 입장에서 이 말을 읽는다면, 이것이 어슐러 그레이의 국적 뿐 아니라 그녀의 젠더를 가리키는 말이라고 받아들일 수 있다. 동시대적 시각에서 보면 그녀가 독일인이라는 이유만큼이나 그녀가 여성이라는 이유로 그러하다. 그러나 그레이의 책은 남성 섹슈얼리티와 전쟁에서의 남성 폭력 간의 관계는 전혀 다루지 않는다. 이 책을 쓴 시대를 감안할 때 분명 놀라울 정도로 솔직한 대목도 있긴 하지만. "사랑: 전쟁의 동료이자 적"이라는 제목의 장에서 그레이는 말한다. "모든 남자에게는 상스러운 성적 표현을 간파하게 만드는 강간범의 자질이 충분히 있다. 그러므로 우리 중 누구라도 성적으로 천박한 행위를 하는 인간들을 우리와 전혀 다른 사람 취급하며 비웃는다면 뻔뻔한 인간이 될 것이다."[1] 이 주제에 관해 실제로 더 이상 할 말이 없는 그레이와 대조적으로, "지속적인 전투의 매력"을 분석하느라 열심인 동시대의 텍스트들은 다른 요인은 거의 모두 배제하는 수준에 이를 정도로 섹슈얼리티 문제에 집착하여 초점을 맞추는 경향이 있다. 전쟁에 관한 가장 최근의 책 두 권의 제목, 클라우스 테웰라이트의 『남성판타지』와 앤서니 월덴의 『남자와 여자, 전쟁과 평화』는 그 제목에서 초점의 변화를 강조한다. 그러나 가장 분명하고 극적인 변화는 스탠리 큐브릭의 영화 『풀 메탈 재킷』에서 일어난다고 할 수 있다. 마지막 장면에서, 적의 군대와 대적하고 있다고 믿었던 해병대 병사들은 겨우 한 명의 저격병과 맞서고 있었음을 발견하게 된다. 이 저격병은 젊은 베트남 여자였다. 신병 훈련소에서 한 무리 "숙녀"(특무상사는 이들을 이렇게 부름)상태를 졸업하고 강인한 해병이 되는 순간 변화가 시작되는 이 남자들에 있어, 이 만남의 교훈은 이렇게 요약될 수 있을 것이다. "우리는 적을 만났는데, 그녀는 우리다." 큐브릭의 영화는 전쟁의 중요한 목적이 여성성을 진압하여 멀리 두는 것임을 보여준다. 그러나, 이 영화는 전쟁에서 나타나는 남성의 성적 태도를 비판하는 동시에, 대다수 가부장적 재현처럼 자신이 공격하는 태도와 공모한다. 그 젊은 여자가 바닥에서 몸을 뒤틀며 자신을 쏘아달라고 남자들에게 애원할 때, 카메라는 여자가 죽는 순간까지 고통스러울 정도로 오랫동안 이 장면에 머문다. 이렇듯 이 영화의 엔딩은 테웰라이트의 발견을 확인시켜준다. 즉, 그가 연구하는 전쟁판타지는 반드시 여성/적이 피투성이가 되는 클라이맥스를 맞이한다.[2]

마마보이 래프터 맨은 열혈 킬러로 변하여 젊은 여자 저격수에게 치명적인 부상을 입히고 이렇게 허풍 떤다. "나 하트브레이커지? 나 라이프 테이커지?" 이 말은 해병에 관한 또 다른 영화의 제목 『하트브레이크 리지』를 떠올리게 한다. 비탄의 산마루라는 이 제목은 클린트 이스트우드가 연기한 영웅이 용맹을 떨친 한국의 한 전쟁터를 일컫는 말이다. 제목에 나오는 단어들은 컨트리 웨스턴 러브송 "씨 오브 하트브레이크"에서 따온 것이다. 이 노래는 전쟁의 다큐멘터리 장면 위로 크레딧이 올라가는 동안 연주된다. 『풀 메탈 재킷』처럼, 그러나 약간 덜 비판적으로, 『하트브레이크 리지』와 요즘 전쟁영화는 마음을 짓밟고 생명을 빼앗는 행위들(성적 지배와 전시의 공격)이 서로 얽혀 있어서 문제를 개념화하는 옛 방식으로 "전치된 섹슈얼리티"에 대해 말한다는 것은 거의 불가능함을 보여준다. 전쟁 판타지에서 섹슈얼리티는 폭력으로 나타나며, 폭력은 폭발적인 성적 공격을 수반한다. 『탑 건』의 한 장면에서 특히 생생한 예를 들어 보자. 두 명의 남자가 각각 자신이 관계하는 여자와 섹스를 하기 위해 사라질 때, "그레이트 볼즈 오브 파이어"라는 노래가 사운드트랙으로 연주된다. 그러다가 점차 음악이 테마송으로 바뀌고 남자들은 전쟁게임을 하러 다시 돌아와 낙하산을 메고 전투기 밖으로 떨어지게 된다. 그 순간 전투기가 폭발하고 주인공의 파트너는 죽는다.

독일의 의용군 남자들의 글에 관해 말하면서 클라우스 테웰라이트는 "'여성'에 대한 생각"이 폭력의 재현과 유사하게 겹쳐지는 현상에 주목한다. 이 폭력은 그의 견해에 의하면 "여성과의 결합으로 인한, 소멸에 대한 두려움"에서 기인하며, 남성이 다른 남성들과 동성사회적 관계를 맺도록 그를 촉발한다(혹은 줄리아 크리스테바의 용어를 빌면, 비체화한다).[3] 짐 호버만이 『빌리지 보이스』를 리뷰하던 중 적절하게 『팔루스 인 원더랜드』로 제목을 다시 붙인 『탑 건』은 테웰라이트가 분석한 변천 유형에 대한 동시대 최고의 예다. 이 영화에서 사랑에 대한 관심은 의심스러운 동성애로부터 남성을 보호한다. 한편 남성의 동성애는 여성과의 과도한 친밀함으로부터 그를 보호한다. 예를 들면, 영화의 주인공 "매버릭"이 탑 건으로 알려진 비행훈련학교의 여성교관 "찰리"를 만난 후에, 영화는 그가 이 관계를 이끌 수 있도록 엄청나게 신경 쓴다. 그녀와의 첫 데이트 날, 그는 다른 남자들과 배구하느라 늦는다. 다소 긴 이 장면에서 카메라는 빛나는 근육질의 남성 몸을 애정을 기울여 훑는다. 득점할 때마다 남자들이 신나서 끌어안으며 서로 찰싹 때리고 손바닥을 마주치는 모습도 부각된다. 매버릭이 그녀를 처음 본 날 밤, 그녀를 따라 들어간 술집의 여자화장실에서 "즉시 바닥에 주저앉아 대담한 짓 하기"를 거절했던 대가를 찰리는 이런 식으로 치르게 된다. 비행학교에서 매버릭과 어깨를 겨루는 경쟁자의 농담에 따르면, 여자화장실은 탑 건 이인자들을 위한 재앙이 자리하고 있는 장소다. 이런 식으로 영화는 다시 한 번, 성적인 정복과 군사적 정복은 밀접하게 관련되어 있으며, 이 관계는 내적 외적으로 여성성을 정복해야 할 필요성과 연관된다는 사실을 시사한다.

찰리 캐릭터는 페미니즘을 전유하는 방식으로 페미니즘과 화해하려는 대중문화의 최근 시도를 보여준다. 수많은 동시대 영화에 등장하는 다소 무식하고 의존적인 여주인공과 전혀 달리 찰리는 천체물리학박사학위를 소지하고 있고 주인공보다 높은 위치에 있다. 그녀의 성적 항복은 매버릭이 실제로 미그 전투기를 타고 전투를 한 경험이 있다는 사실을 알았을 때 시작된다. 자신처럼 오로지 책을 통해 지식을 얻는 것이 아니라 "진짜 경험"을 통해 획득한 그의 우월한 권위에 굴복하면서 그녀는 점점 더 그에게 매혹된다. 이를 통해 이 영화가 설명하려는 것은 여자는 전사로서의 능력이 있는 남자를 욕망한다는 사실이다. 전사의 역할에 여자들은 끊임없이 경의를 표한다. 그의 파트너가 죽었을 때, 매버릭은 그의 아내를 위로하러 간다. 그러나 오히려 그녀는 **그를** 위로하게 되고, 그녀의 남편이 그와 함께 비행하는 것을 얼마나 좋아했는지 말해준다.

대중영화가 페미니즘을 전유하는 훨씬 정교한 예, 혹은 적어도 여성과 남성/여성 관계를 향한 진보적인 태도의 예로 클린트 이스트우드의 영화 『하트브레이크 리지』를 들 수 있다. 주디스 메인은 여성문제와 끊임없이 씨름하는 방식에서 클린트 이스트우드 영화들이 얼마나 흥미로운지 보여주었다. 이는 대다수 동시대 장르영화들이 여성을 시시한 주변부로 추방하는 것과 대조를 이룬다.[4] 『하트브레이크 리지』는 메인이 분석한 패턴을 지속시킨다. 더욱이 이스트우드의 이전 영화 『연쇄살인』처럼 이 영화는 남성판타지를 탐구하느라 열중하는 최근의 남성연구와 남성페미니즘 간의 관계를 보다 전반적으로 이해하도록 우리를 돕는다.

이 영화에서 이스트우드는 강인한 특무상사 톰 하이웨이로 나온다. 그는 자신도 "숙녀"라고 부르는 게으르고, 제멋대로고, 군기가 잡혀있지 않은 일개 소대 해병대원들을 단단한 전투병으로 변모시키는 임무를 맡고 있다. 『풀 메탈 재킷』에서처럼 이 영화에서 인상적인 것은 이들이 전쟁게임에서 보여주는 육체적 용맹함만큼이나 상사가 부하들에게 끊임없이 퍼부어대는 모욕이다. 하이웨이의 관습적인 막사언어는 여성성과 연관된 강한 혐오감을 드러낸다. 그의 거친 말씨는 이혼한 아내 애기(마샤 메이슨)와의 재결합을 위해 의사소통수단을 찾고자 하는 노력으로 여성잡지를 읽는 것과 우스꽝스럽게 대조된다. 다소 익살스러운 면을 보이고 있긴 하지만, 사실상 이 두 언어, 두 경쟁하는 담론의 충돌을 통해서 남성성과 여성성 간의 긴장이 이 영화에서 표출된다.

일찍이 하이웨이는 술집 여종업원에게 그가 이혼한 이유는 "결혼과 해병대가 너무 어울리지 않아서"라고 말한다. 그녀는 응수한다. "팬더 피스(헛소리). 내 평생 가장 좋았던 몇 년은 해병대원하고 살았던 때였거든요." 이후 하이웨이는 애기가 일을 마치기를 기다리며 자동차 안에서 여성잡지를 읽고 있다. 그는 "섬세한 대화"니 "관계에 있어 의미 있는 의사소통"같은 구절을 중얼거린다. 그러다 갑자기 그는 화가 나서 "팬더 피스"라고 외친다. 그 말을 듣게 된 애기는 그에게 다가가 냉소적으로 말한다. "이런, 변하지 않는 게 있다니 참 반가운 일이네. 여자가 무슨 소리를 듣고싶어 하는지 당신은 여전히 알고 있군요." 물론 아이러니는 하이웨이가다른 여성의 말을 사용했다는 사실에 있다. 원래 이 말은 결혼과 전쟁이양립 불가능하다는 생각을 부정하기 위해 사용되었는데, 이제는 남자가 여자를 객관화하고 격하시키기 위해 사용하는 언어와는 다른 언어를 여자는듣고 말하고 싶어 한다는 사실을 부정한다. 이러한 언쟁 직후, 하이웨이와애기는 화해하기 일보직전인 것처럼 보인다. "말 좀 해봐. 우리 서로 보살폈어?…… 우리 관계에 의미 있는 방식으로 의사소통했어?" 애기는 놀란표정을 짓더니 소리내어 웃는다. "관계라고? 빌어먹을. 난 우리가 결혼했다고 생각한 거야." 이리하여, 남자가 의사소통을 위하여 사용한 여성적언어를 여주인공 자신이 무효화한다. 이 영화는 또한 군인들이 사용하는음란한 언어를 여성들도 적극적으로 즐기고 있음을 암시하기 위해 거의잠재의식적으로 작용하는 편집전략을 사용한다. 몇 장면에서 하이웨이와그의 부하들이 특히 음란한 말을 할 때(누군가가 다음과 같은 노래를 즉흥적으로 부를 때처럼, "모델 에이 포드, 탱크에는 기름이 가득/보지는 한줌이고 엉덩이는 한 입"), 카메라는 음란한 말에 재미있어 하는 여자들의 반응을 아주 짧게 보여준다. 이러한 독립적 여성시각의 전복은 영화 마지막 장면에서 그 정점에 이른다. 애기가 하얀 드레스를 입고 그레나다 침공을 성공적으로 마치고 돌아오는 정복자 영웅들을 환영하기 위해 작은 미국국기를 흔들고 있다. 『하트브레이크 리지』는 심각하게 여성혐오적인 시각을 제공하는 점에서 당대영화를 대표한다고 할 수 있다. 페미니즘의 가르침에 약간의 경의를 표하긴 하지만, 이 영화의 여성혐오적 시각은 여성들마저 그것을 공유하도록 작용한다.

페미니즘을 진지하게 받아들이고 여성혐오증과 화해하려고 노력하는 남성비평가들이 『하트브레이크 리지』와 같은, 대중문화텍스트에서 발견되는 여성적 시각에 대해 진지하게 도전했으면 하는 바람이 있을 수 있다. 최근 출간된 저서 『남자와 여자, 전쟁과 평화』에서 앤서니 윌덴은 대중매체가 여성을 스테레오타입으로 만들고, "남성에 의한 여성의 식민화"가 영속화되도록 돕는 방식에 대해 개탄한다. 전쟁은 이러한 식민화를 초래한다.[5] 참전 중인 남자들의 강간범 같은 정신상태를 폭로하기 위한 수전 브라운밀러의 연구에 의존함으로써, 윌덴은 여성의 시각으로 보려고 노력하는 수많은 남성비평가 대열에 들게 된다. 이들은 또한 여성시각을 그들이 수행하고 있는 남성성과 전쟁이라는 주제의 연구와 결합시키려고 노력한다.

그럼에도 불구하고 문제가 있다. 예를 들어 윌덴의 텍스트에 있는 순수한 인용문의 양은 노출된 자료와 모종의 무의식적인 공모관계가 있음을 암시한다.[6] 다양한 출처의 인용문들은 전쟁 중에 남자들이 여자들에게 하는 소름끼치고 고통스러운 행위를 논평조차 없이 그저 상세하게 묘사하고 있다. 이보다 훨씬 심각한 문제는 윌덴 책의 마지막부분에서 발생한다. 윌덴은 여자들에게 전쟁의 전략을 배우라고 실제로 조언한다. 그렇게 함으로써 그는 『하트브레이크 리지』같은 영화의 책략을 복제한다. 시작할 때는 여성의 시각을 진지하게 받아들이는 척 하다가 결국에는 남성담론과 전쟁에 대한 남성적 관점에 여성이 동의하도록 만들어버린다. 월텐은 말한다.

이는 남성 패권전략을 따름으로써 제국주의 실천을 배우는 것이 본질적으로 좋은 일이라고 제안하는 것이 아니라, 이러한 영구적 지배전략을 배우지 않고서는 여성들이 그것을 통제하고, 무찌르고, 그 너머로 나아갈 수 없고, 그 결과 결코 성공적으로 남성으로부터 독립선언을 할 수 없다고 주장하는 것이다. (p.232)

페미니즘은 이제 역설적으로 진보적 남성이 전쟁에 매혹되는 것에 대한 마지막 변명거리가 되었다. 월텐의 전략은 페미니즘과 관련하여 자신이 우위의 입장에 설 수 있도록 해준다. 그리고 역사적으로 가장 유명한 전투들을 열거하며 여성들에게 군사적 책략을 가르쳐주면서 다른 한편으로는 전쟁 중 발생하는 여성의 희생을 내내 비난한다. 사실상, 월텐은 전쟁이 "일상생활에 대한 은유"로서 적합하며 민주주의 사회의 각 개인은 전략가가 되어야 한다고 주장하는 경지에 이른다. 그러나, 페미니스트는 페미니즘 노선을 따라 세상이 변하기 위해서는 가부장제, 제국주의적 욕망의 구현물인 전쟁언어 자체가 의문시될 필요가 있다고 주장할지 모른다.

『남자와 여자, 전쟁과 평화』는 심지어 오늘날에도, 또한 페미니즘에 동조하는 남성들에게도, 전쟁은 남성들에게 우월한 진리와 통찰을 부여하는 조건이라는 사실을 생생하게 보여준다. 전쟁의 진실이란 그것이 분명 지옥 같지만, 그 모든 것에도 불구하고, 궁극적으로 권위 있는 경험을 제공한다는 것이다. 『풀 메탈 재킷』의 원전인 구스타브 해스포드의 책 『제대 말기 병사들』에서 한 구절이 소설 전반에 걸쳐 사용되고 있다. 내레이터와 다른 남자들은 전쟁에 관해 특별히 충격적이거나 아이러니컬한 말이 나올 때마다 "바로 이거야There it is"라고 말한다. 이 말에는 더 이상 다른 말을 덧붙일 필요가 없고 덧붙일 수도 없다는 의미가 들어 있다. 전쟁은 궁극적인 남성적 지시대상이다. 윌덴의 관점에서 보면, 전쟁은 모든 인간사를 이해할 수 있도록 언어를 제공한다. 해스포드의 관점에서 보면, 전쟁은 모든 다른 경험을 대조적으로 하찮은 것으로 만들어버린다. 말할 필요도 없겠지만, 이러한 태도는 브라운밀러와 같은 페미니스트들이 이룬 성과를 위협한다. 브라운밀러는 전사의 관점 뿐 아니라 전쟁의 **희생자**, 혹은 잠재적 희생자의 관점, 전시를 지배하는 강간범의 관점도 채택할 필요가 있다고 주장했다. 클라우스 테웰라이트의 책 『남성 판타지』 중 널리 인정받은 제1권은 윌덴 연구의 문제점을 공유하고 있다. 특히 "혼자 말하는" 수많은 증거에 의존하고 있는 점에서 그러하다. 그러나 테웰라이트는 여성을 향한 전사의 적대감을 보다 광범위하게 분석하고자 노력한다. 그의 좌익 동료들이 그보다 먼저 했듯이(물론, 특히 프랑크푸르트 학파 사람들), 테웰라이트는 이러한 적대감이 어떻게 남성 주체 안에 뿌리내리게 되었는지 이해하기 위해서 정신분석 쪽으로 방향을 돌렸다. 그리고 그는 남성과 어머니와의 관계를 고려하는 것이 중요하다고 주장한다. 이리하여 의용군 병사들의 판타지가 "결합과 폭발에 대한 욕망과 두려움"(『탑 건』에서 작용하는 역학)을 보여주는 방식을 논의한 후에 테웰라이트는 일부 정신분석비평가들이 주장하는 것과는 반대로, 중요한 것은 거세불안이 아니라 "총체적 소멸과 사지절단에 대한 두려움"이라는 결론을 내린다. 이는 초기, 전외디푸스적 어머니-아이의 공생과 분리-개별화 과정에 그 원인이 있다(p. 205).

테웰라이트의 주장은 줄리아 크리스테바의 주장을 연상시킨다. 크리스테바는 "모독의 제의"(여기에는 특히 여성에 관련된 수많은 전쟁상황들이 포함된다)를 분석하면서, 어머니/아이 쌍을 강조하기 위해 거세불안을 추방한다. 그녀의 주장에 따르면 이 제의들은 주체에 대한 위협 극복과 관계있다고 한다. "주체에 대한 위협은 이중적 관계로 인해 궁지에 빠지는 것에 대한 두려움이다. 그로 인해 신체 일부의 상실(거세)이 아니라 살아 있는 존재의 총체성 상실의 위기를 느낀다. 이러한 제의들의 기능은 회복할 수 없게 어머니 속으로 가라앉는 자신의 정체성에 대한 주체의 두려움을 막아내기 위한 것이다."[8] 그러나 테웰라이트는 크리스테바보다 덜 신중하다. 그의 책 뒷부분 "홍수, 몸, 역사"라는 제목의 장은 여성 섹슈얼리티의 "늪"에 대한 사실상의 찬가가 된다. "물결을 두려워하는('불결'해 보이기 때문에) 남자들의 눈에, 관능적인 여성의 몸은, 특히 프롤레타리아 여성의 몸은, 축축하고 더럽게 느껴진다"고 말하면서 트웰라이트는 먼지, 진창, 늪, 진흙, 펄프, 똥, 비, 홍수에 대해 서정적인 태도를 보인다. 책에서 이것들은 각각 제목으로 나온다(p. 410). 그러나, 페미니즘의 사업으로 보일 수 있는, 홍수를 찬양하는 이 과도한 언어는 분명 심각한 반격의 가능성을 포함하고 있다. 크리스테바가 이에 대해 논의하고 예로 들고 있듯이, 주체의 완전함을 위협하는 이러한 모성/여성성 이미지를 강력하게 내세우는 것은, 남성으로 하여금 그를 구원해줄 아버지의 법을 더욱 강하게 열망하도록 만들 뿐이다.[9] 사실상 이것은 도로시 디너슈타인의 영향력 있는 연구서 『인어공주와 미노타우루스』의 의미다. 남성은 강력한 어머니, "더러운 여신"으로부터 자신을 분리시킬 필요가 있는데, 그 결과 여성성이 진압되

고, 덜 자의적인 것으로 보이는 부성적 권위를 환영하고자 하는 욕망이 발생한다.[10]

그러나, 테웰라이트는 어머니와의 전외디푸스적 관계를 강조함으로써 부성적 법의 중요성을 최소화할 뿐 아니라, 실제로 과도하게 들뢰즈와 가타리의 책 『안티오이디푸스』에 의존하여 오이디푸스콤플렉스 이론에 대한 철저한 공격을 시도하고 있다. 이제 분명히 오이디푸스가 보편적 현상이라기보다 역사적으로 특수한 현상이라는 말이 사실이지만(그리고 이러한 역사적 특수성을 계속 주장하는 것이 페미니즘에게 이익인 것도 분명하지만), 그럼에도 불구하고 "조국fatherland"을 위해 죽을 준비가 되어 있는 남자들의 파시스트적 정신 상태를 검사하는 연구에서 오이디푸스와 싸우기로 결심한 테웰라이트의 선택에는 무언가 특별한 것이 있다. 또한 다른 동시대 "남성 페미니스트들"의 방법보다는 극단적일 수 있겠지만, 테웰라이트의 접근방법은 고립된 현상이 아니다. 반대로, 그의 책은 거세와 아버지의 중심적 역할을 부정하는 동시대 이론의 일반적 경향의 일부로 간주될 수 있다. 이러한 부정의 요점은 남성 섹슈얼리티 문제를 정교하게 다룸으로써, 남성성이 늘 가부장적 질서에서 남근적 정체성을 획득하여 안전한 자리를 발견하려고 한다는 생각을 뛰어넘고자 하는 욕망과 관계있는 것 같다. 그러나 이러한 욕망이 어떤 점에서는 칭찬할 만하겠지만, 문제가 없는 것은 아니다. 마조히즘에 관한 들뢰즈의 텍스트는 이러한 문제를 조명하고, 최근 페미니즘논쟁 속으로 들어온 테웰라이트 같은 남성들에게 중요한 것이 무엇인지 드러내는 데 있어 『안티오이디푸스』보다 유용할 것이다.

『마조히즘: 냉담함과 잔인함의 해석』에서 들뢰즈는 마조히즘적 인격 발달에 있어 전오이디푸스적 단계의 중요성을 지적한다. 그리고 어머니와 아들의 동맹관계를 묘사하는데 그 방식이 놀라울 정도로 동시대 "남성 페미니즘" 담론의 특정 경향과 유사하다. "우리에게 형식적 과정의 본질로 보이는 것은 어머니에게로 법이 이동되고 법이 어머니의 이미지로 동일시 되는 것이다."[11] 그리고 어딘가에서, 아버지가 아이를 때리는 것으로 보는, 유년기 매맞는 판타지에 대한 프로이트의 해석을 뒤집어서 들뢰즈는 이렇게 말한다. "숨어 있는 아버지는 어디 있나? 매맞는 사람 속에 아버지가 존재하는 것이 아닌가?"(p.53) 이리하여 들뢰즈에 따르면 마조히즘에서는 남자아이가 아버지 법에 대항하여 어머니와 동맹을 맺는다. 어머니의 역할 은 아이에게서 아버지를 때려 내쫓는 것이다. 반면 새디즘은 어머니에 대 항하는 아버지와의 동맹을 포함한다.

들뢰즈가 묘사하는 것과 같은 마조히즘적인 동맹은 실제로 아버지를 배제하는 수준까지 어머니 역할을 강조하는 테윌라이트 이론에서 작용할 뿐만 아니라, 오늘날 페미니즘과 관련한 일부 남성이론가들에 의해서도 이 와 유사한 동맹이 시도되고 있다. 즉, 페미니즘 자체가 법과 동일시되는 어머니의 자리를 차지하게 된 것이다. 이리하여, 앨리스 자딘과 함께 편집 한 『페미니즘 속의 남자들』에서 폴 스미스는 그들의 담론을 "합법화"함으 로써 수반되는 위험에 대해 페미니스트들에게 경고한다.

그러나 고려할 필요가 있는 한 가지 문제는 페미니즘이론 자체의 규범적 이고 심지어 합법적인 측면이며, 그로 인해 남성 위반자와 침입자를 유죄 로 선고하는 것이다. 어떤 문맥에서도, 누가 무슨 말을 하고 무엇을 할지, 누구에게 누구에 관해 말할지 허용되는 문제는 궁극적으로 법적 문제다. 이는 어떤 담론이 실제적인 법률을 만드는 곳에서, 그것이 스스로 합법화할 때 제기될 수 있는 질문이다. 합법화한다는 것은 외부를 정의하고, 잠재적 그리고 실제적 위반자를 명시하는 것이다.[12]

흥미롭게도, 스미스의 아이러니컬한 발언은 법을 여성에게 이동시키는 한, 그로 하여금 들뢰즈의 매저키스트와 비슷한 위치에 서게 만들 뿐 아니라 실제로 이는 매저키스트가 욕망하는 효과를 생산한다. 즉, 이 책에 나오는 다양한 페미니스트 응답자들이 그에게 많은 폭언을 퍼붓는 결과가 초래된다. 스미스, 혹은 "위반자이자 침입자," 스미스 **안의** 강간범/군인/아버지는 공공연히 매질과 굴욕을 당한다.

분명히 페미니즘에 관심 없는 들뢰즈에 의하면, 여성을 법과 동일시하는 것은 여성에게 권력을 주는 것이 아니라, 법을 조롱함으로써 법 자체를 의문과 위기상태로 몰아넣는 결과를 초래한다. 이는 폴 스미스 논문에서 남자들이 페미니즘 담론을 "진입하고 침입하고, 침입하고 진입하고" 하는 말로 익살부리는 것에서도 충분히 드러나지만, 같은 책에 있는 데리다와의 논쟁에서 보다 명확하게 드러난다.[13] 페미니즘 연구를 커리큘럼에 통합시키는 문제, 즉, 페미니즘으로 하여금 아카데미를 관장하는 법의 일부로 만드는 문제에 관해서, 한 토론자는 제3장에서 분석한 수사학을 떠올리는 용어를 사용하여 말한다.

커리큘럼을 여성화시키는 것은…… 그것을 비하하는 것이고, 그것을 망가뜨리는 것이고, 그것을 추방하는 것이다. 그것은 여성처럼 하찮은 존재로 만드는 것이다. 나는 철학을 비하하고, 역사를 비하하고, 경제학을 비하하기 위하여 이와 같은 운영토대에서 일한다는 것이 우리의 진정한 전략은

아닐 것이라고 생각한다.[14]

페미니스트들이 서구 형이상학에 대한 한 남성의 전투에 이용되는 것을 거절할 필요는 분명히 있다. 그러나 여기에서 강조해야 할 것은 아버지를 솔직하게 대면하고 비체화와 법의 변증법이 온전히 작용하지 않는다면, 아버지들을 쫓아내기 위해 남성이 어머니들과 동맹 맺는 것은 페미니즘적 시각에서 볼 때 실패할 수밖에 없다. 들뢰즈의 분석처럼, 아버지를 솔직하게 대면하지 않는다면 아버지는 보이지 않는 상태에서도 늘 주요한 평가 기준으로서 세력을 갖게 될 것이다. 그리고 그는 사실상 숨어 있다가 언제라도 복수하기 위해 나타날 수 있다.

아버지는 분명 다른 전선에서 강한 세력으로 등장하였다. 남성이론가들이 아버지를 부인하느라 바쁜 동안, 아버지는 대중매체라는 통로를 통해 귀환하였다. 『이스트윅의 마녀들』 마지막 장면에 나오는 잭 니콜슨이 그 예다. 그는 페미니즘에 대한 공감, 여성들에 대한 "감탄"을 통해 여자들의 환심을 사는 일에 실패하고는 텔레비전 스크린을 통해 자신의 세 명의 아들과 대화한다.[15] 아버지는 동시대 전쟁영화에서 가장 잘 드러난다. 예를 들어 『탑 건』에서 전체 이야기는 베트남에서 조종사로 복무한 아버지를 변호하는 역할을 한다. 그의 행적은 커다란 불명예로 가려져 있으며, 그 자세한 내용은 영화 마지막까지 모호한 상태로 남아 있다. 처음에 매버릭의 상관은 그의 무모한 비행을 질책하며 말한다. "네 이름이 해군에서 최고의 이름은 아니야. 넌 그 누구보다 더 잘하고 더 완전하게 할 필요가 있어." 흥미롭게도 그가 질책당한 이유는 자신의 전투기를 착륙시키지 않고 다른 조종사를 구하기 위해 되돌아갔기 때문이다. 그 조종사는 자신의 가족에게 "너무 강하게 집착한" 나머지 자신의 아이들을 "고아"로 만들지 모른다는 생각에 용기를 잃은 것이다. 이후 매버릭의 파트너 구스는 그의 아내와 아이가 그를 방문한 직후 죽는다. 그리하여 그 역시 그의 양분된 충성심의 결과 그런 비극을 맞은 것으로 보인다. 한편으로는 해군과 매버릭에 대한 충성심, 다른 한편으로는 그의 가족에 대한 충성심이 그것이다.

이와 반대로 독신이면서 고아인 매버릭은 이상적인 전사로 보인다. 그러나 끊임없이 그의 그룹을 위험에 몰아넣는다는 원망을 듣게 하는 그의 무모한 행위는, 수치스럽게도 아버지가 아들을 찾아온 탓에 초래된다. 한 조종사가 말한다. "넌 늘 거기 하늘 위 유령하고 대적하듯 비행하는 것 같아." "유일한 가족"이라고 생각했던 구스가 죽은 후, 매버릭은 "그를 가게 내버려둘" 수 없어서 자포자기상태가 된다. 구스의 죽음으로 슬픔에 잠긴 매버릭은 찰리를 무시한다. 찰리는 워싱턴으로 떠나 보다 존경받는 새로운 직업을 구한다. 그러나, 매버릭이 탑 건의 사령관에게서 그의 아버지가 "옳은 행동을 하였으며" 너무도 멋지고 용맹스럽게 전공을 세우고 사망했다는 말을 들은 후, 그의 모든 개인적 직업적 혼란은 바로잡히고 동성사회적 이성애적 관계는 보다 온건한 방식으로 재생되었다.

우리가 비겁한 패배자가 아니라 단순히 인정받지 못하는 승리자, 즉, 진정한 영웅이라는 사실을 증명하기 위해서 베트남의 역사를 다시 쓰고자 하는 욕망은 오늘날 대중문화의 많은 형식에서 찾아볼 수 있다. 특히 『탑 건』은 이러한 다시쓰기가, 청년으로 하여금 미래의 새로운 전쟁에서 영웅적 병사가 될 수 있도록 하기 위해서 강한 아버지상에 대한 열망을 어떻게 표현하고 있는지 명확하게 보여준다. 『하트브레이크 리지』는 더 나아가 이러한 욕망을 증명한다. 베트남 참전용사 클린트 이스트우드는 우리는 모든 전투에서 이겼노라고 말한다. 단지 전쟁에 진 것뿐이라는 것이다. 아들의 시점에서 말하는 『탑 건』과 반대로 『하트브레이크 리지』는 톰 하이웨이라는 "아버지"의 시점을 택한다. 그는 "'전쟁 시에만 유리를 깨뜨리시오'라는 문구가 새겨진 상자 속에 갇혀" 있어야 하는 시대착오적인 "유물"로 지칭된다. 물론 유리는 깨졌다. 그리하여 하이웨이는 심기일전한 그의 해병대원들과 함께 그레나다로 떠난다. 그리고 마지막에 아들격인 스티치 존스에게 전사의 망토를 건넨다. 존스는 젊은 흑인남자로, 미국문학의 인종차별적 · 동성사회적 전통에서 백인주인공에 대한 종속적 역할을 차지한다.

분명 『탑 건』과 『하트브레이크 리지』는, 둘 다 레이건 집권이 시작된 이후 만연한 미국의 쇼비니즘과 전쟁도발 분위기를 이용하기 위해 기획된 "오락영화"다. 미국의 베트남 참전을 비판하는 영화로, 또한 전쟁 자체를 비판하는 영화로 알려진 『플래툰』은 『하트브레이크 리지』 같은 영화가 조장하고 찬양하는 군대의 서열적 권위적 구조에 의문을 제기한다고 기대할 수 있다. 그러나 의문을 제기하는 것과는 거리가 멀게도, 이 영화는 오히려 잉여의 권위적 인물들을 주인공에게 부여한다. 이리하여 영화의 마지막에, 할머니에게 편지를 쓰던 주인공은 자신이 **두** 아버지의 정신적 아들임을 깨닫게 된다. 이들은 좋은 아버지와 나쁜 아버지다. 더욱이, 좋은 아버지가 나쁜 아버지의 총에 맞았을 때, 영화는 우스꽝스럽게도 죽어가는 남자가 십자가 위의 예수를 모방하듯 두 팔을 내밀고 있는 모습을 보여준다. 이렇듯 중대한 사건에 특별한 권위를 부여하기 위해 아버지 신을 끌어들이고 있다.

『플래툰』에서 수많은 아버지들이 발견된다는 사실은 전쟁과 관련한 사회개선론자의 입장과 일치하고 있다. 현실에 직면하기 위해 군대에 지원한, 하버드 학생이었던 이 영화의 젊은 주인공은 궁극적으로 권위적 경험인 전쟁을 겪으며 자신과 권위와의 관계에 관한 교훈을 배우기 시작한다. 즉, 그는 두 아버지의 아들이라는 사실을 깨닫는다. 전쟁을 비판하기는커녕 이 영화는 아들들에게 중요한 통찰(선악에 관한 것 등)을 제공하여 그들을 오이디푸스화하는 중요한 세력으로 작용한다는 사실을 보여준다. 이제, 전쟁의 위험과 궁핍을 경험해야 하는 남자들이 자신의 경험에서 필사적으로 무언가 의미를 끌어내고자 하는 마음은 이해할 수 있다.

J. 글렌 그레이 또한 그의 독자들에게 신의 존재를 알리고자 한다. "나의 전쟁시절에 느꼈던 가장 큰 두려움은, 이러한 일들이 아무런 목적이 없다는 점이었다…… 이러한 결론을 아무런 갈등 없이 받아들이고 싶지 않다. 정말이지 나는 이를 절망의 충고로서 이외에는 전혀 받아들일 수 없다. 그날이 나의 미래 인생에 긍정적인 의미를 지니지 않는다면 그것이 주는 고통은 당할 가치가 없는 것이라고 나는 전쟁 중 일기에 얼마나 자주 썼던가"(p. xii) 라고 그는 말한다.

아마도, 그레이의 명상에서 매우 다른 결론을 끌어냄으로써, 용기가 필요한 최고의 행위는 사실상 전쟁에 어떤 고귀한 목적도 없으며 전쟁으로 인한 고통은 당할 가치가 **없다**는 사실을 인정하는 일이라고 주장할 수 있다. 적어도 이는 스탠리 큐브릭의 견해라고 생각된다. 내가 논의한 어떤 다른 영화보다 그의 영화는 베트남전쟁과 일반적인 군국주의의 무의미함과 부조리함을 폭로하고자 노력한다. 흥미롭게도, 고아/영웅의 군인 아버지를 인정하려는 『탑 건』, 혹은 주인공이 두 아버지에게서 자신의 진정한 군인 아버지를 발견하는 『플래툰』 같은 영화와는 정반대로 『풀 메탈 재 킷』은 가장 과장된 종류의 군인 아버지인 신병 훈련소 특무상사를 묘사하 는 것으로 시작한다. 그리고 영화 중간쯤에서 그를 죽여버린다. 그리하여 고아가 된 패리스 아일랜드의 부하들은 베트남에서 그만 길을 잃고 만다. 사실상 한 순간 문자 그대로 길을 잃기도 하는데, "카우보이"라는 별명의 리더가 지도를 잘못 읽었기 때문이다. 이는 군사훈련의 권위적 특성은 확 실히 쓸모없다는 사실을 암시한다. (이리하여, 영화 전후반부 사이의 단절 은 흔히 결점으로 간주되곤 하지만, 사실은 아무 문제도 없으며 오히려 장점이 된다.) 권위에 대한 비판은 영화가 끝나는 순간까지 지속된다. 마 지막 장면에서 우리는 행군하는 병사들을 보며 그들이 부드럽게 미키마우 스 클럽 송을 부르는 소리를 듣는다. "너와 나를 위해 만들어진 갱단의 두목은 누구지? M-I-C-K-E-Y M-O-U-S-E."

신병훈련소의 남성적 행동과 제의를 배우는 일을 몹시 힘들어하던 한 남자에 의해 적으로 간주되어 살해되도록 함으로써 아버지를 제거한 후에, 영화는 "적"의 얼굴을 아주 젊은 여자의 얼굴로 대체한다. 그렇게 함으로 써, 영화 속 베트남여성들은 창녀, 즉 병사들이 사용하기 위한 상품화된 대상으로 취급되는 논리적 결론에 도달하게 된다. 또한 흥미롭게도, 이는 전에 논의한 "남성 페미니스트들"의 실천과 일치한다. 전통적인 군대의 가부장적 권위를 대표하는 하사관/아버지 자리에 여성을 위치시킴으로써 이 영화는 권위 자체의 부조리함을 지적하고자 하는 듯하다. 여성이 군대 의 전략과 책략을 배워야한다고 아주 진지하게 제안한 월텐과는 대조적으 로, 큐브릭의 블랙 유머와 풍자적 비전은 이러한 대체에서 그 절정을 발견 한다. 이는 마치 들뢰즈가 분석한 매저키스트들이 전통적으로 남성이 했던 역할에 여성을 위치시킴으로써 법을 조롱하는 것과 같다. 들뢰즈는 "계약 관계에서 여성은 전형적으로 가부장적 체제 안에서 대상의 역할을 한다"고 말한다. 하지만 마조히즘에서는 그 상황이 반대가 된다. 여성은 대상이 아니라 "주인이자 고문자"가 되며, 그 결과 그 체제 전체를 조롱거리로 삼게 된다(p.80).

이렇듯 큐브릭은 남성 권위를 광범위하게 훼손시킨다. 아버지는 살해된 후에 부활하지 않는다. 전쟁 자체도 참여자들에게 어떤 특별한 지혜도 베풀지 않는다. 그렇다고 해서 **모든** 권위가 손상되었다는 말은 아니다. 물론 이는 영화제작자 자신의 서명 속에서 회복된다. 그는 우선 권위를 비판할 힘을 지니고 있는 사람이다. 『페미니즘 속의 남성들』 중 한 논문에서 "남성 페미니스트"에 관해 쓴 캐리 넬슨은 지적한다. 가부장제와 그 제도와 실천을 고발하는 논문은 "우리가 그것을 남자가 썼다고 생각하는지 혹은 여자가 썼다고 생각하는지에 따라 다르게 읽힐 것이다. 남자가 쓴 경우에는, 자신을 지우고자 하는 세심한 노력에도 불구하고, 우리는 그가 자신의 마조히즘적인 종속관계를 생산하는 것으로, 그가 말하는 바의 근거지를 확실히 알고 있는 것으로, 남근적 진리의 장소를 차지하고 있는 것으로 여기게 될 것이다."[16] 또한 들뢰즈는 마조히즘적 위치에 대해 쓰면서, 이는 사법적인 것으로, 역설적으로 매저키스트는 여성으로 하여금 주인의 역할을 맡도록 설득할 수 있는 힘을 지니고 있다는 사실에 주목한다(p.20). 사실상 들뢰즈는 다음과 같이 멀리 나간다. "매저키스트 자아의 약함은 그가 부과한 역할수행을 잘 하도록 이상적인 상태를 만들어 여성을 조종하기 위한 전략이다"(p.107). 그리하여, 마조히즘의 탁월함을 강조하는 모든 최근의 이론에도 불구하고, 이러한 경향에 힘의 역학변화가 필연적으로 동반

되지 않는다는 사실을 이해하는 것은 매우 중요하다.[17]

그렇다면, 겉으로는 그것을 포기하는 것처럼 **보이면서**, 남성권위를 보호하는 위치에 대해 의심하는 것과 더불어, 페미니스트들은 또한 전쟁(혹은 철학, 혹은 역사, 혹은 경제학, 혹은 다른 무엇이든)을 "하찮은 것"으로 만들기 위해 그들을 이용하는 전략을 의심해야 할 많은 이유를 갖는다. 전쟁, 남성 섹슈얼리티, 남성 공격성을 비판하는 최근 남성들의 관심에도 불구하고, 여성들은 권위로서 **진지하게** 받아들여질 권리를 계속 주장해야 한다. 그리고 사실상 전쟁문제에 대한 페미니스트들의 관심이 최근 갑자기 높아졌다.[18] 이 여성들은 그들이 전쟁에서 궁극적 권위임을 주장함으로써 단순한 역할바꾸기 효과를 거두려는 것이 아니다. 오히려, 전쟁에서 **유일한** 권위가 되는 남성의 특권을 부정함으로써 그들은 남성시각의 "무관점"을 부정하고 여성의 관점을 **하나의** 유효하고 필요한 관점으로서 주장한다. 그리하여, 남성 동료의식이라는 이 마지막 방어거점의 거대한 요새에도 불구하고, 여성들은 그것의 방해를 받지 않고자 결심한 것으로 보인다. 그리고 남성은 여성을 "적"이 아니라 스스로 권리를 지닌 주체로서 존경하는 법을 배워야 한다고 주장한다.

✠ 5장
세 남자와 베이비 엠

　　최근 아기영화가 붐을 이루는 가운데, 어떤 영화는 어머니가 되는 것
이 여성의 중요한 역할이라고 시사하고 또 어떤 영화는 남자들이 이 역할
을 떠맡는 모습을 보여준다. 사실상 제4장에서 보았듯이 코미디영화는 전
부 부성을 회복하고 축하하는 이러한 추세에 동참하고 있다. 이러한 코미
디영화 중 가장 유명한 영화는 두 편이다. 하나는 매우 인기 있는 프랑스
영화 〈세 남자와 아기바구니〉, 또 하나는 이를 리메이크한 미국영화 〈세
남자와 아기〉다. 　두 영화는 두 명의 남자와 아기아버지가 함께 사는 집
현관에 남겨진, 메리라는 이름의 아기에 관한 것이다. 이들 영화는 대리모
성 논쟁과 더불어 강화된 아버지의 권리에 대한 관심을 흥미롭게 표현한
다. 정말이지 미국의 "베이비 엠" 영화는 동시대 아버지 "이론"으로 볼
수 있을 정도다. 한편 대리모성은 그 실천이다. 이는 케이타 폴릿Katha
Pollitt이 주장한 것처럼, 20세기가 될 때까지 여성이 가지지 못했던 권리
중 하나를 포기하는 실천이다. "자신의 아이에 대한 법적 보호의 권리"가
바로 그것이다. 〈세 남자와 아기〉같은 영화는 역사적으로 유례없는, 페미

니즘의 영향을 받은 아버지역할의 새로운 개념화의 산물로 볼 것이 아니라, 어머니로서 여성의 권리가 실제로 전무했던 **이러한** 역사적 맥락에서 보아야 한다. 확실히 〈세 남자와 아기〉가 집단적 남성 아버지역할의 유머러스하고 감상적인 비전속에 최선을 다해 욕망을 투입하고 있지만, 이는 상대적으로 온건한 버전의 아버지권리 시나리오로서 사실상 영화 마지막에 "엄마를 위해 자리를 양보"한다. 그럼에도 불구하고, 이 순간까지 관객의 시야에서 어머니를 차단함으로써 폴릿의 주장에서 "대리모"라는 용어가 여성의 역할을 "가능한 한 추상적인 것"으로 만들듯이, 영화는 그녀를 비현실화 한다. 이렇듯 (생물학적)어머니는 대리자에 불과하기 때문에 아버지가 "진짜"라는 것이다(p.683). 더욱이 영화 속 남자들이 마침내 어머니를 참여시키지만, 그녀의 귀환은 관객에게는 공정하지 않은 침입으로, 그리고 남자들이 그들의 가정에 그녀를 포함시키는 것은 너그러운 행위로 느껴진다.

디테일한 장면 속에서도 영화는 생식과정에서 남성이 상대적으로 미미한 역할을 한다는 점에 대한 부성적 불안을 기상천외하게 불러일으킨다(희극적으로 이를 제거하지만). 이는 베이비 엠의 경우에서 사용되는 바로 그 언어가 확대시키는 역할이다. 예를 들어, 악명 높은 정자주입기, 터키 바스터를 포함한 코믹 개그를 사용한다. 맨 처음 서투른 손길로 아기를 목욕시킬 때 남자들은 "엉덩이poop 있는 곳"을 만지지 않기 위해 아기 성기와 항문 주변에 바스터를 사용하여 물을 뿌린다. 이러한 이미지가 시사하는 바와 같이, 이 영화의 인기는 아버지되기 뿐 아니라 여성 섹슈얼리티 자체에 대한 수많은 남성적 두려움을 불러일으키고 억제하는, 고도의 응축 방식 때문인지도 모른다. 이러한 수많은 두려움 중 일부는 존 포드의 1948

년 영화 〈3인의 대부〉에 구현된 옛 신화 문맥과도 상통한다. 이 영화의 스토리가 매우 여러 번 영화화되었다는 점에서 볼 때, 그것이 몇 가지 강력한 문화적 주제를 다루고 있다는 결론이 나온다. 하지만 포드의 영화에는 남자아기가 나오기 때문에, 아기의 성이 여성일 때 이해관계가 얼마나 달라지는지 분석할 수 있는 기회가 생길 것이다.

처음 볼 때, 〈세 남자와 아기〉에서 가장 놀라운 측면은 여성의 생식기능을 빼앗고자 하는 남성욕망을 명백하게 드러낸다는 것이다. 자신도 모르게 마약 밀매자들과 연루된 세 남자가 경찰을 위해 범인들을 잡으려고 시도하는 장면에서, 아기의 아버지 잭(테드 댄슨)은 임산부로 위장한다. 처음 그는 어두운 길을 따라 롱샷으로 옆모습을 보이며 걸어온다. 그러다 카메라는 정면으로 바뀌고 그는 상의를 열어 끈으로 맨 아기를 보여준다. 이 이미지는 불온하고 혼란스러운 것으로, 성가정의 모습을 보여주기 위해 몸을 연 중세의 성처녀 성화를 떠올리게 한다. 나중에 어머니가 메리를 데려가서 남자들이 상심하고 있을 때, 잭은 베개를 스웨터 속에 넣고 거울 앞에서 포즈를 잡는다. 이러한 장면은 어떻게 이해해야 할까? "자궁선망"과 남성 히스테리는 더 이상 정신분석학 지향의 페미니즘비평가들이 밖으로 끄집어내야 할 잠재적 주제가 아니다. 이러한 선망은 영화의 명백한 내용**이다**. 프로이트에게는 실례지만, 남성 속 여성성은 더 이상 부정되고 억압되어야 할 무엇이 아니라, 더 이상 "정상적" 남자의 "경멸" 대상이 아니라, 남성 스스로 욕망하는 조건이라는 결론을 우리는 내릴 수 있을까? 이제 남성들은 자신의 양성애를 공공연히 인정할 준비가 되었을까?

여기에는 두 가지 요점이 있다. 첫째, 여성선망은 거세불안과 깊은 여성혐오와 공존할 수 있다. 즉, 남자는 여자가 되고 싶어 하지만 여전히 여자를 증오하고 두려워한다. 둘째, 이러한 선망은 논리적 모순이 있기는 하지만, 사실상 여성화에 대한 두려움을 동반한다. 그리하여 남성이 여성과 동일시하는 것은 수많은 "남성의 항의"로 인해 제약을 받는다.

사실상 이 영화의 프랑스와 미국 버전 둘 다에서 나타나는 페도필리아(원주: 어린이에 대한 이상성욕)적 측면은 성숙한 여성성에 대한 일종의 혐오감을 나타낸다. 월트 디즈니가 세 명의 늙어가는 독신자들에게 적절한 성욕의 대상으로서 여성의 몸에 대해 농담을 하는 영화를 만들고 관객들은 이를 "가슴이 따뜻해지는" 영화로 받아들이는 것은 놀라운 일이 아닐지 모른다. 그러나 통계에 나와 있듯이 여자아이들이 성범죄의 주요 희생자가 되고 범죄자 대다수가 남성이라는 사실을 생각할 때, 이는 분명 마음을 혼란스럽게 한다. 두 영화에서 남자들은 메리가 그들의 삶의 일부가 되고 난 후, 여러 여자와 자는 일에 흥미를 잃는다. 이러한 현상은 이들이 누군가에게 헌신하는 법을 배우고 있음을 보여주는 것이기 때문에 분명히 이들은 인격적으로 발전하고 있음을 알 수 있다. (테마 송은 말한다. "아가야, 내 삶에 무슨 일이 일어났단다/ 내가 널 본 순간/ 다른 모든 것들은 내 인생에서 사라져갔단다/ 내가 널 본 순간.") 이 누군가가 한 살도 되지 않은 아기라는 사실, 그리고 남자들이 여자와 자는 일을 포기했을 때 실제로 여자들에 대한 흥미를 포기하였다는 사실을 쉽게 간과할 수 있을지 모른다. 프랑스 영화의 엔딩은 여성이 아기가 되고 아기가 성적인 존재가 되는 것을 암시함으로써 두 영화의 핵심을 일종의 코믹버전으로 전도시킨다. 이는 영화가 소망하는 것의 일부다. 영화 마지막에 혼자 아기를 보느라 지친 어머니는 **아기침대에서 잠들어** 있다. 한편 아기는 처음으로 걸음마를 하며 카메라를 향해 앞으로 다가온다. 그리고 정지화면으로 잡힌다. 이 기법은 프랑스

뉴 웨이브에서 시작된 이후 영화와 텔레비전의 클리셰가 되었지만, 대상이 욕망보다 자라지 않도록 삶의 과정을 멈추고자 하는 페도필리아적 충동의 표현에는 매우 적절하다. 심지어 아기의 이름 "메리"도 이러한 어머니/아기 역할의 전도를 가리킨다. 기독교의 신비스러운 어머니 "마리아"는 마법같은 업둥이 메리가 된 것이다. 이것을 이념적으로 뒤집으면 임신에서 여성의 역할은 전혀 없이 처녀탄생을 원하는 남성욕망을 표현한다.

이 영화에서 여자를 보면 느껴지는 거세불안과 여성에 대한 두려움은 이전의 다른 고전적 스토리의 영화보다 오히려 더욱 뚜렷하게 나타난다. 이 영화의 첫 장면에서 피터(톰 셀렉 분. 그의 텔레비전 캐릭터 매그넘 또한 세 남자 친구 중 하나다)의 생일파티가 열리고 있고, 여자를 대하는 남자들의 용기(혹은 용기 부족)에 관한 농담이 질펀하게 쏟아진다. 비디오 카메라를 들고 있는 마이클(스티브 구텐버그)은 피터와 "공개된" 관계를 맺고 있는 레베카에게 인터뷰하는 흉내를 낸다. 그는 그녀에게 피터의 어떤 점이 매력적인지 묻는다. 그녀는 그가 "놀라운…" 무엇을 가졌다며 무릎으로 그곳을 가리킨다. 거세불안은 영화 곳곳에서 상기되는데 심지어 미장센에도 반영되어 있다. 현관복도의 벽은 다리를 높이 쳐든 코러스걸들 그림으로 칠해져 있다. 이들의 성기부근은 그들의 가랑이까지 내려뜨려진 램프로 인해 더욱 강조된다.

피터의 생일파티(파티에서 그는 여자들과 어울리는 것 보다 남자들과 함께 방으로 가서 자신이 농구하는 비디오테입을 보는 것에 더 흥미를 느끼는 것처럼 보인다)가 끝난 직후 아기가 도착했을 때, 이 사건은 마이클과 피터(아기아버지 잭은 국외에 있다)에게서 히스테리적 반응을 이끌어낸다. 피터가 조깅복을 입고 식품과 기저귀를 사러 뛰어가는 동안, 마이클은 남아서 아기를 돌본다. 그는 아기의 울음을 그치게 하려고 필사적인 노력을 한다. 아기에게 털이 난 가슴을 보여주려고 셔츠를 잡아당기기기도 하고, 텔레비전을 켰다가 다급하게 끄기도 한다. 루스 박사가 화면에 나와서 이렇게 말하기 때문이다. "여자들은 오르가슴을 느끼게 될지 궁금해 합니다. 반면에 남자들은 페니스 걱정을 합니다." 몸에 대한 코믹한 염려, 남성성을 보여주어야 한다는 강박관념(마이클의 털 난 가슴, 피터/톰 셀렉의 근육질 팔다리와 유명한 "넓적다리와 구레나룻"[2])은 성차를 구현하는 이 작은 존재의 도착으로 촉발된다. 그리고 아기에게 기저귀를 채우려다 남자들은 개그를 하게 된다. 아기가 "똥 쌌기" 때문에 이들은 혐오의 소리를 낸다. 한편 카메라는 다소 충격적일 정도의 관음증적 샷으로 아기의 성기에 초점을 맞춘다. 이러한 사운드와 이미지의 갈등으로 표현되는 성기와 항문의 혼동은 이 영화에서의 전반적인 정신과 성의 역학관계를 보여준다. 이 혼동은 프로이트가 "항문과 성기 과정 사이의 명확한 구분"이라고 부른 것을 부정하는, 유아기환상퇴행에 이르게 한다. 이러한 구분은 성인의 섹슈얼리티에서 강요된다.[3]

사실상 이 영화에서 유머를 발생시키는 주요원인 중 하나는 쉿shit이라는 단어의 의미를 두고 벌이는 말장난에 있다. 잭은 떠나면서 그의 하우스메이트들에게 소포를 받아달라고 부탁한다. 그것은 친구를 위해 맡아 주겠다고 그가 약속했던 소포였다. 아기가 도착하자, 남자들은 아기를 그 소포로 착각한다. 그들은 아기에게 너무나 몰두하여, 헤로인이 들어있는 진짜 소포가 도착했을 때 그것을 보지 못한다. 며칠이 지난 후, 두 남자가 지나가다가 헤로인 꾸러미를 집어들고 마이클과 "쉿"에 대해 엇갈린 대화를 한다. 마이클은 말한다. "며칠 동안 저 쉿이 이곳에 있었어요." 남자들이 묻는다. "저, 당신이 저 숏을 도로 갖다 놓았어요?" 영화는 실제로 숏의 사실성에 사로잡히게 된다. 경찰관의 말이 집 앞 도로를 "더럽혀놓는다." 마이클이 아기기저귀 속에 헤로인을 감춘다. 마약수사팀장은 아기를 안았을 때 기저귀를 갈 필요가 있다고 생각한다. 그리하여 헤로인은 "더러운 기저귀들과 함께 쓰레기통"에 들어가게 된다. 그리고 마침내 세 남자는 범인들을 유인하려는 노력을 하지만 거의 실패한다. 중요한 순간 잭이 아기기저귀를 갈기 위해 자동차로 돌아오기 때문이다. 아기는 다시 한 번 "똥 쌌다."

배설물과 아기를 같은 것으로 보는 것("숏"으로 오인된 아기, 헤로인heroin으로 오인된 여주인공)은 이 영화의 중심농담으로서, 유아기부터 시작된 흔한 판타지다. 아기는 처음에 배설물을 "선물"로 본다. 나중에 그들은 "'베이비'의 의미를 알게 된다. 유아성이론 중 하나에 의하면 아기들은 먹음으로써 생기며 내장을 통해 태어난다."[4] 적어도 단테만큼이나 오래된 "배설강이론"(한 전통적 신화에 의하면, 악마는 아기를 항문으로 배설하듯 낳는다)은 특히 여성의 재생산기능을 빼앗으려는 남성판타지를 촉진하는 데 적합하다. 영화에서 이 판타지는 너무도 솔직하게 표현된다. 우리는 다음과 같이 생각해 볼 수도 있다. 일찍이 아이는 항문 에로티시즘과 부수적인 판타지를 포기하도록 강요되었기 때문에 박탈감이 생기게 되었다. 이러한 박탈감은, 남성에게는 거부된 특정쾌락과 특권을 여성이 소유하는 것에 대한 남성의 선망을 심화시킨다. 프로이트가 인용한 루 안드레아스 살로메는 "그때부터, '항문적'인 것은 인생에서 거부되고 배제되어야 할 모든 것의 상징으로 남아있다"고 지적한다. 그 이유는 다음과 같다.

항문의 활동과 그 산물로부터 쾌락을 얻는 것에 대한 금지는 유아가 자신의 본능적 충동에 적대적인 환경을 일별하게 되는 최초의 경험이다. 그에 따라 유아는 낯선 존재와 자신을 분리시키는 법을 배우게 되고, 쾌락의 가능성에 대한 최초의 "억압"을 수행한다.[5]

위 인용문에서 알 수 있듯이 아기와 내장을 포함하는 퇴행적 판타지는 거세불안을 결코 막지 못하고 오히려 반대로 더 악화시킨다. 사실상 퇴행적 판타지는 거세불안의 원형이다. 그러나 이러한 점은 페미니스트들이 점차 남성성에 관심을 기울이는 지금과 같은 시기에 충분히 강조되기 힘들다. 페미니스트들은 영화이론과 정신분석에서 거세의 우위성을 추방할 방법을 찾고, 남성 주체성의 "비남근적" 가치를 소리 없는 페미니스트로서 인정한다. "'배설물,' '아이,' '페니스'는 하나의 통일체, 무의식적 개념을 이룬다. 즉, 몸에서 분리될 수 있는 작은 것의 개념이다"[6](라캉의 오브제 프티 아)라고 프로이트는 말한다. 더 나아가 "울프 맨"이라는 사례연구에서 프로이트는 거세불안이 어떻게 "내장을 통한 여성과의 동일시"와 공존할 수 있는가에 대한 의문에 스스로 명확한 해답을 제시한다. 이러한 상황이 논리적 모순임을 인정하면서 프로이트는 이것이 "별로 큰 문제는 아니라"고 덧붙인다. 무의식은 사실상 갈등과 모순이라는 특성을 지니고 있기 때문이다. "울프 맨"을 분석하면서 프로이트는 이러한 동일시가 어떻게 실제로 공포를 **일으키는**지 보여준다. 내장을 자궁에 대체하는 것은 여성의 재생산기능을 전유하도록 함으로써 환상적으로 남성들에게 권한을 부여한다. 또한 여성 성기와 연관되어 있는 내장 자체가 거세를 의미하게 된다. 거세는 "여성성의 필수 조건"[7]이기 때문이다.

영화 속 아기가 성기 때문에 또한 "쉿"으로서 심리적으로 여성이 되고자 하는 남성의 욕망과 연관되기 때문에 중층적으로 결정되는 방식으로 거세를 의미한다면, 아기가 코믹하게 물신화된 부인의 대상이 되고 다양한 방식으로 남성화된다 해도 별로 놀랄 일이 아니다. 예를 들면, 건축가 피터가 자신의 일터인 건축현장으로 아기를 데려갔을 때, 아기는 작은 분홍색 안전모를 쓰고 있었다. 나중에 아기의 어머니가 아기를 데리고 간 후 그는 이 모자를 보며 슬퍼한다. 또 다른 장면에서 그는 부드럽고 나긋한 목소리로 신문에 난 격렬한 권투경기 기사를 아기에게 읽어준다. 그는 루스 박사가 여성의 오르가슴에 대해 말하는 것을 듣지 못하게 했던 마이클에게, 명심해야 할 것은 "말하는 내용이 아니라 말하는 방식이라고" 말한다.

"울프 맨"이 그를 통해 환상적으로 여성과의 동일시를 성취했던 항문부위의 중요성에 대해 이야기하면서 프로이트는 이 기관이 또한 이를 통해 "남성에 대한 수동적 동성애적 태도가 스스로 표현할 수 있는"[8] 수단이라고 말한다. 〈세 남자와 아기〉같은 영화가 인기 있는 이유는 부분적으로 동성사회적 욕망의 성공적 타협에 기인한다고 할 수 있다. 이 경우에는 여자아기라는 매개자를 통해 남성연대가 효과적으로 이루어진다. 보통의 경우에는 여성의 교환을 통해 이루어지지만. 아버지의 권리, 여성성에 대한 남성의 전유; 남성 동성성애가 영화 속에서 완전하게 융합되어 있다. 여성은, 아기어머니가 영화 마지막장면에서 한쪽 구석에 위치하고 있듯이 이 영화에서 철저하게 배제되어 있다.

이 마지막 장면에서 네 사람이 유모차를 밀고 화면에서 사라지면, 엘리베이터 문에 그려진 세 남자의 캐리커처가 보인다. 단지 지금, 한쪽 면에 그려진 어머니그림에 이어 정확히 남자들 가랑이 높이에 아기그림이 첨가 된다. 이는 부인의 완벽한 이미지다. 아기의 도착으로 남성의 여성동일시가 생기고, 아기의 성기는 거세불안을 의미하여 히스테리를 유발하였는데 그 아기가 이제는 위험에 처한 페니스와 동일시된다. 이미지가 분명히 말해주듯, 몸에서 분리될 수 있는 모든 작은 기관들은 완전하다. "슈퍼맨"의 동시대버전에서 그는 "모든 것을 갖고 있는" 사람이다. 페니스 **그리고** 베이비가 그 모든 것이다. 사실상, 완벽한 페니스-베이비다.

남자들이 실제로 법을 위반했다는 것은 헤로인 꾸러미를 포함하는 영화의 범죄 서브플롯이 암시한다. 남자들이 여성성을 "비합법적으로," "비정상적으로" 전유하고 있다고 할 때, 불법적 내용물이 들어있는 소포가 아기와 동시에 도착해서 혼동을 일으켰다는 사실은 매우 중요하다. 이 사건을 맡은 마약수사관은 가정을 가진 남자로 밝혀진다. 그는 한 장면에서 아기를 달라고 한다. 아기의 기저귀에는 헤로인이 들어있다. 마이클이 거절하려고 하는데 기저귀에 헤로인이 들어있는 것을 모르는 피터는 아기를 수사관에게 주도록 마이클을 압박한다. 나중에 남자들은 진짜 범인들을 함정에 빠뜨려서 법을 달래고자 노력한다. 이 계획은 앞에서 보았듯이 아기아버지가 임산부로 가장하는 것을 포함한다. 경찰이 도착하는 장면에서, 마약담당형사는 남자들에게 감사하면서 다시 한 번 아기를 달라고 부탁한다. 그러나 이때는 남자들이 차례로 "노"라고 말하며 의기양양하게 거절한다. 주인공들이 아버지 및 그가 표상하는 거세를 받아들이는 많은 다른 헐리웃 영화들과는 달리, 이 영화에서 남자들은 결국 아버지의 권위를 거부하고 계속 거세를 부인한다. 즉, 그들은 부성의 상태는 포용하지만 성장하기는 거절한다.

〈세 남자와 아기〉는 여러 층위에서 심각하게 퇴행적인 영화다. 이미

앞에서 중심적 농담을 고도로 응축되고 중층적인 꿈 이미지로 분석하면서 보여주려 했듯, 심리적 층위에서 이 영화는 항문기로의 퇴행을 포함한다. 사회적 서사적 층위에서는, 상징적 아버지를 부정하고 거세를 거부하려는 욕망을 포함한다. 이러한 피터 팬 환상은 영화 마지막에 일종의 웬디 캐릭터와 합쳐진다. 웬디는 어떤 남자의 욕망의 대상도 아니고 영원히 아기와 함께 놀려는 집단의 일부다. (심지어 피터가 젖병 꼭지에서 우유를 맛보고는 그것을 자신의 커피에 붓는 장면이 있을 정도다.) 대중예술이 "문화의 유아화" 현상을 포함한다는 것은 흔히들 말해왔다. 예들 들어, 에리얼 도프먼은 아이들과 아이들 문화에 투사된 성인의 가치관 뿐 아니라 "매스미디어가 성인들에게 발산하는 것 같은 유아화"[9]도 지적한다. 도프먼보다 훨씬 이전에 T. W. 아도르노는 유행가 가사를 분석하면서 동일한 유아화과정에 주목하였다. 하지만 아도르노는 그 과정에 일어나는 최근의 포스트모던적 비틀기를 예상하지는 못했다. 이 영화에서 "아기"에게 말하는 노래 가사는 **문자 그대로** 아기를 지칭한다. ("어린 아기는 당신을 꽉 붙잡고 싶어 해/ 난 잘 자라는 인사를 하고 싶지 않아") 물론 다년간 은유성에서 획득해온 성적 의미를 지니고 있다.[10]

이 영화의 중심에 패러독스가 있다는 것은 명백하다. 자신들이 되고자 하는 종류의 아버지(어머니, 유모의 역할도 하는 아버지)가 되기 위해서, 남자들은 실제로 법을 대표하는 아버지를 부정해야 한다. 이 점에서 이 영화를 존 포드의 〈3인의 대부〉와 비교하는 것은 흥미로운 일이다. 〈3인의 대부〉는 세 명의 범법자가 사막에서 도피 중 만난 여자에게서 한 남자아기를 떠맡게 된다. 죽기 직전, 여자는 아기에게 세 남자 이름을 따서 로버트 윌리엄 페드로 하이타워라고 이름지어준다.(존 웨인이 로버트 하이타워고, 이 이름이 지닌 남근적 의미는 설명이 필요 없을 정도다.) 아기를 건네받은 순간, 남자들은 회개한 캐릭터가 되고, 그들의 유일한 임무는 사막에서 아기를 새 예루살렘으로 데리고 가는 것이다. (영화는 명백하게 아기예수신화를 이용한다.) 이 여행 중 이들은 점차 성서의 인도를 받게 된다. 윌리엄과 페드로는 여행 도중 죽지만, 유령의 모습으로 되돌아와서 하이타워가 탈진해서 쓰러지려는 순간 힘을 불어넣어준다.

희생, 구원, 성서적 아버지 법에 심취해 있는 〈3인의 대부〉는 아기가 남자고 오이디푸스가 문제가 될 때, 그 서사가 어떻게 극적으로 바뀌는지 시사한다. 그러나 이 영화에서조차도 서사적 불안정성과 혼란의 순간들이 있다. 이는 남자들이 어떤 의미에서 어머니 역할을 하게 되어 "남자다움을 잃을" 위험에 처해있다는 사실로 인해 촉발된 것이다. 이 영화의 숱한 농담은 수유 같은 여성의 역할을 남성이 수행하지 못하는 것과 연관되어 있다. 영화의 전제 자체가 야기시키는 불안감은 또한 이름 문제와 관련된 영화의 다른 주요 유머 소재에서 찾아볼 수 있다. 영화 앞부분에서 남자들은 보안관(워드 본드)을 만난다. 그의 문패에는 "B. 스위트"라는 이름이 새겨져 있다. 하이타워는 이 이름을 보고 포복절도한다. 스위트의 아내가 남편을 펄리라는 여자이름으로 부를 때 다시 한 번 웃는다. 스위트는 **자신을** 벅이라고 부르지만. 나중에 농담은 하이타워에게로 이어져, 그의 재판에서 판사는 그의 미들 네임이 마마듀크임을 밝힌다. 영화의 중간부분을 거쳐 마침내 연속적인 개그가 아기의 이름을 두고 벌어진다. 하이타워는 아기를 "리틀 로버트"라고 부르고, 두 번째 남자는 "로버트 **윌리엄**," 세 번째 남자는 "로버트 윌리엄 **페드로**"라고 고집한다(이는 〈세 남자와 아기〉가 여성이름 메리를 사용한 것과 비교할 수 있다). 그렇다면 이 영화는

"아버지" 이름을 물려주려는 생각에 집착하고 있다. 이는 분명 남자아기에게만 표현될 수 있는 관심이다. 한편 동시에 희극적인 이름장난을 통해 남성정체성의 불안정성과 세 남자의 밀접한 동성사회적 관계에 대한 불편함을 드러낸다. 이 남자들의 "결혼"은 아들에게 주어진 혼합형 이름을 통해 암시된다.

〈3인의 대부〉에서 특히 코미디의 히스테리로 유명한 대목이 있다. 남자들이 처음으로 아기 돌보는 법을 배울 때 책에서 아기 몸을 오일로 문질러야 한다는 것을 배운다. 다소 긴 클로즈업으로 아기의 등을 오일로 바르는 하이타워의 손이 비춰지고, 다른 남자들의 웃음소리가 사운드트랙을 채운다. 이 긴 웃음소리는 보이는 영상에 적합한 반응수준에서 심하게 벗어나 있다. 포드의 서부라는 억압적 세계 한 가운데 있는 이 노출된 벌거벗은 나약한 몸의 모습은 이러한 히스테리 반응을 촉발한다. 이것이 몇 가지 강한 금기를 위반하는 것처럼 보이기 때문이다. 페도필리아, 동성애, 관능성 자체, 즉, 부모와 아기가 신체 접촉할 때 느끼는 친밀한 쾌감에 대한 금기가 그것이다. 존 포드에 관한 가장 유명한 논문, 『까이에 뒤 시네마』 모음집에 실린 획기적 논문 「젊은 미스터 링컨」에 의하면, 포드영화에 나오는 이러한 코미디의 순간들은 "우주의 끊임없는 무질서"에 대한 표상이다. 이는 관념적인 법the Ideal Law의 "거세행위"를 전복하는 무질서다. 그리하여 이 순간들은 가부장적 질서를 무너뜨릴 수 있는 욕망을 가리키기 때문에 인정받을 수 있다.[11]

지금 1980년대에 『까이에』 편집자들도 인정했을 (매우 코믹한)영화가 있는데, 이는 그 자신의 억압적 거세 기능에서 아버지를 구출하고 아이에 대한 그의 욕망을 인정하는 영화다. 물론 이 부정한 욕망이 코미디장르에서 쉽게 구현될 수 있다는 사실을 인정하는 것은 중요하다. 코미디는 그 관심사의 심각함을 우리가 거부하도록 허용함으로써 부인을 용이하게 한다. 이리하여, 코미디는 카니발의 영역으로서, 우리의 집단적 불안, 두려움, 소망과 관련한 표현의 자유를 늘 허용해왔다(이는 장르문제를 경시하는 경향이 있는 개성파 비평가들에 의해 종종 무시되는 사실이다. 이리하여, 하워드 혹스의 코미디는 남성 모험영화를 뒤집기함으로써 독창적이라고 여겨진다. 피-위 허만과 제리 루이스는 전형적인 남성히스테리환자로 간주된다). 그러나, 장르로서 코미디가 전복성을 지니고 있다는 주장에 내재하는 악명 높은 문제점에도 불구하고, 페미니스트들 자신은 코미디와 카니발의 영역이 유토피아적 욕망을 펼치고, 지배적 제도를 이념적 심리적으로 파괴하기 위한 중요한 활동무대임을 발견하였다. 줄리아 크리스테바의 이론을 받아들이는 줄리엣 미첼과 로라 멀비 같은 비평가들은(멀비는 미하일 바흐친도 받아들임) 카니발과 전통적으로 어머니 영역인 전외디푸스의 관계를 논의하였다. 그리고 이러한 관계가 규범, 계급, 확립된 제도에 도전함으로써 상징질서를 기호적으로 파괴하는 방식을 논의하였다.[12] 〈세 남자와 아기〉는 심리적 사회적 범주(젠더, 나이 등과 관련한)에 대한 카니발적 도전, 상징질서에 의해 금지된 쾌락 단념의 거부와 같은 방식으로 이러한 이론들의 통찰을 확인한다. 그러나 이 영화가 사실상 전외디푸스 단계에 위치한다고 해도, 분명 모성에 대한 유토피아적 축하와는 거리가 멀다. 반대로, (계속 숫자가 늘어나는)아버지들이 어머니의 전통적 영역을 가차 없이 침입하는 것을 보여준다.

일종의 전외디푸스적 아버지/아이 관계로 볼 수 있는 것을 위해 이 영화가 표현하는 욕망은 흥미롭게도 동시대 비평이론의 발전과 상응한다.

페미니즘영화이론가 로라 멀비가 미국을 투어한 오이디푸스 왕 신화에 대한 강연은 마리 발메리의 연구에 기초한다. 발메리의 『정신을 분석하는 정신분석학』은 오이디푸스 왕이 정신분석학에 대해 꽉 쥐고 있는 가르침을 더 깊이 이해하고자 하며, 오이디푸스의 아버지 라이오스 이야기에서 그 해답을 발견한다("오이디푸스는 아직도 우리에게 가르칠 것을 더 갖고 있다"라는 불길한 제목의 장을 특히 참조하라).[13] 멀비는 발메리의 통찰을 사용하여 아버지를 전외디푸스적 관계로 개입시키는 방식을 발견하고자 하였다. 그런데 이는 이미 줄리아 크리스테바가 이론화한 사실이다. 『사랑 이야기』 첫 장에서 크리스테바는 "상상적 부성" 개념에 대해 "따스하지만 눈부신, 길들여진 부성"이라고 서정적으로 표현한다. 이는 주체가 오이디푸스적 성향으로 들어가는 것을 보장하지만, "또한 장난스러우면서 고상할 수 있다." 크리스테바는 이러한 존재에 대한 욕망을 유려한 필치로 표현한다.

> 우리 근대문명의 바람과 높은 파도를 거스르며, 그의 이름을 통해 분리, 판단, 정체성을 가져오는 엄격한 아버지의 필요성을 주장하는 것은 필연적이며 경건한 소망이다. 그러나 이러한 아버지의 엄격함에 충격을 가한다고 해서 우리가 고아나 정신병자가 되는 것은 결코 아니며, 매우 오래되고 상상적인 부성의 다양하고 다채로운 운명을 드러낼 뿐이다.[14]

베이비 엠의 경우, 이러한 "엄격함"을 흔들어놓고자 하는 유사한 욕망이, 많은 페미니스트로 하여금 미스터 스턴 자체를 지지하고 아이의 생물학적 어머니 메리 베스 화이트헤드의 주장을 거절하도록 이끌었다. 메리고든 같은 여성은 『미즈』 매거진 에세이에서 남성이 아이를 양육할 필요성에 대해 강력하게 주장한다. 그런데 이러한 주장은 재니스 돈과 드본 호지스가 지적하듯, 아이러니컬하게도 자연과 상징질서 둘 다와 그녀를 연결시킨다. 즉, "생식을 위한 남성의 충동적 욕구를 옹호하는 판사"[15]와 동맹을 맺은 셈이다.

남근적 부성의 엄격한 개념에 대한 대안을 찾고자 하는 욕망을 온전히 이해할 수 있지만, 페미니스트들은 이러한 대안을 승인함에 있어 가부장적 구조를 무너뜨리는지 혹은 반대로 가부장제가 망하지 않도록 버팀대로 받치는지 명확하게 할 필요가 있다. 후자의 경우, 아이러니컬하게도 고대문명의 폐허 **속으로** 이 대안을 이전시킨다. 프로이트는 딸과 어머니와의 전외디푸스적 관계의 발견을 근대문명 밑에 묻힌 고대문명의 고고학적 발견에 비유한다.[16] 이제, 어머니와 함께, 크리스테바는 "사랑스러운 삶이 유지될 수 있는 한도 내에서, 심리적 생활의 조건으로서 제 3자를 소개하는 고대의 아버지(34)"에게 자리를 내줄 것이다. 크리스테바의 기획에서 여성은 여전히 한 자리(그러나, 크리스테바에 의하면 이 고대의 아버지는 양쪽 부모와 같기 때문에 여성의 이 자리는 없어도 될지 모른다)를 차지하고 있지만, 이는 매우 전통적인 자리에 불과하다. 남성 타자에 대한 여성의 욕망이 아이로 하여금 "사랑스러운 삶"을 시작하도록 하는 자리인 것이다. (그러나, 보다 최근 연구에서 크리스테바의 끝없이 상승하는 여성혐오는 심리적으로 어머니를 제거하도록 요구하는 지경에 이른다. "어머니살해는 매우 필요한 일이다"라고 그녀는 선언한다. 그리고 부성적 인물을 상상계 영역으로 개입시킴으로써 아버지 지배의 심리적 연장을 꾀한다.[17]) 그러나 크리스테바가 종종 여성에게 허용하는 역할조차도 영화에서 보았듯이 남자들이 혼자 또 같이 할 수 있는 역할이다. 사실상 영화 속 남자들은 끊임없이 아버지**로서**의 이미지를 갈망한다. 어머니와 아기들로 둘러싸인 수영장에서 그들은 메리와 노는 자신들의 사진을 찍는다. 그리고 아기가 떠나자 한 남자는 아기와 자신의 비디오테입을 보며 외로운 시간을 달랜다.

그럼에도 불구하고, 선택적이기는 하지만 여성이 영화에서 완전히 부재하는 것은 아니다. 그들은 남성의 모성전유를 합법화하고 보장하는 역할을 한다. 남자들이 아기와 다양한 활동을 하는 것을 보여주는 몽타주에서, 아기 자체 뿐 아니라 부성의 "따스하고" "눈부신" "다채로운 운명"의 현신에 매혹된 것으로 보이는 여자들이 이들을 둘러싼다. 요컨대 여자들은 크리스테바가 부여한 것과 비슷한 역할을 한다. 그리고 그녀 자신이 이론화한 여성과 일치한다. 즉, 아버지를 너무도 욕망하여, 아버지를 (말하자면, 그 자신으로부터)구하기를 갈망하며, 가부장적 영역확장을 인정하고 이 영역 안에서 자신의 역할감소를 용인하는 여성과 일치한다.

이는 또한 이 영화를 보는 여성관객의 역할이다. 내가 지금까지 보여주려고 했듯이, 영화는 전적으로 남성판타지와 두려움에 사로잡혀 있지만, 여성관객은 남성만큼이나 이 영화에 재미를 느끼고 깊이 감동한다. 아마 더할지도 모른다. 분명히 이렇게 끌리는 이유는 복합적이다. 여러 관객에 대한 나의 경험으로 볼 때, 영화 시작부분에서 많은 웃음은 아기를 다룰 때 남자들이 보여주는 무능함이 그 대상이다. 끝에 가면 상황의 페이소스가 다른 모든 반응을 확실히 압도해버린다. 또한 분명히 영화는 여성들이 남성에 대해 갖는 정당한 욕망을 말한다. 남자들이 인간관계를 보다 폭넓게하고, 보다 양육적인 사람이 되고, 육아에 보다 책임지기를 원한다. 동시에 영화는 이러한 페미니즘강령의 측면이 지니는 문제점과 그 한계를 암시한다. 몇 년 전, 도로시 디너슈타인과 낸시 초도로우는 남자들이 부모역할을 보다 광범위하게 할 필요가 있음을 강력하게 촉구하였다. 그러한 발전을 통해 여성은 완전한 인간으로서 심리적 사회적 자각을 하게 될 것이라고 그들은 믿었다. 그러나 〈세 남자와 아기〉는 이러한 해결책이 여성혐오 문제 해소에 불충분하다는 사실을 증명한다. 페미니즘이 문제제기하는 것과 같이, 여성이 주변화 되는 방식으로 남자들이 육아에 많이 참여하는 것은 가능하다고 영화는 보여준다. 〈세 남자와 아기〉, 〈세 남자와 아기바구니〉같은 영화, 〈나의 두 아빠〉(아버지일 가능성이 있는 두 남자와 사는 한 소녀 이야기)와 〈풀 하우스〉(세 남자와 **세** 어린 소녀 이야기)같은 텔레비전 프로그램의 효과는 단지, 이미 가부장제 하에서 많이 지니고 있는 남자들에게 선택의 폭을 더욱 넓혀 주는 것이다. 이들은 진짜 아버지, "상상적" 아버지, 대부, **그리고**, 이 용어의 옛날 의미로, 대리모가 될 수 있다. 이 모든 경우, 남자들에 의해서만 양육되는 아이들이 여아라는 사실은 딸들이 페미니즘에서 멀어지도록 유혹받고 있음을 암시한다. 이들은 다양한 부성이 너무도 "눈부셔서" 그것이 누구의 이익을 위한 것인지 알 수 없게 만들어버리는 세계로 들어가게 된다.

6장

믿을 수 없이 작아지는 히(허)맨

남성퇴행, 남성의 몸, 그리고 영화

여성해방 시대에도 우리사회 남성들에 대한 압력은 엄청나다. 수행하고, 성공하고, 여성과 "겨루고," 비현실적이어서 요절을 유발하기도 하는 이미지를 유지해야 한다. 누가 이것을 필요로 하겠는가? 점점 그 숫자가 늘어나는 용감한 남성들이 이러한 압력에서 완전히 탈출하기 위해 노력하고 있다. 즉, 아기가 되고자 한다.*

인터뷰에서 자신의 섹슈얼리티에 관한 질문을 받고 보이 조지는 대답했다. "누구나 그러하듯이 나는 섹스, 음식, 사랑을 좋아한다. 나는 단지 남성 혹은 여성을 믿지 않을 뿐이다. 나는 특별히 남성적이지도 않고, 확실히 여성적이지도 않다. 그러나 그게 문제라고 생각하지 않는다."[1] 완벽한

---

* 포르노 매거진 『스왱크』, 기저귀 페티시가 있는 사람들(여자에 의해 기저귀 채워지는 것을 좋아하는 남자)에 대해 논의하면서, 바바라 에렌라이히의 『남자들의 마음』에 인용됨

포스트페미니즘적 발언으로 보이 조지는 이렇듯 부정하는 행위를 통해 성차 **그리고** 남성/여성의 위계 순위를 확인한다. 이러한 태도는 바로 앞 장에서 본, 남자가 여성성을 전유하는 동시에 그것을 경멸할 수 있다는 사실과 일치한다. 이러한 태도가 페티시 성격을 띠고 있고 부인전략에 따라 작용하는 한, 이는 다양한 비평가들에 의해 이론화된 보다 큰 "포스트모던" 문화의 일부를 형성한다. 부인은 종종 남성이 여성을, 성인이 아이들을 지배하는 권력구조를 바꾸지 않고도 사람은 모든 것을 가질 수 있고 모든 것**일** 수 있다는 환상을 포함한다. 이는 남성과 여성, 아버지와 어머니, 성인과 아이가 동시에 될 수 있다는 환상을 의미한다. 이와 관련하여, 라캉에 있어 성차의 정의가 "존재"와 "소유"(남근) 간의 구분이라는 사실이 떠오른다. 우리문화는 이러한 선택을 더 이상 강요하지 않는다. 적어도 남성주체와 관련해서는 그러하다.

　　라캉의 주요 가르침 중 하나는 아무도 실제로 "남근phallus"을 소유하지 않는다는 것이다. 남근이라는 용어는 여성 **혹은** 남성, 어떤 개인도 실현할 수 없는 아버지의 능력과 권력을 지칭한다. 카자 실버만이 주목하듯, 남성주체는 여성주체보다 남근이 의미하는 상징질서에 접근하기 용이하다. 그리하여 "가부장적 사회에서 남성 주체성을 정의하는 문화적 특권과 긍정적 가치"[2]에 접근하기 쉽다. 그럼에도 불구하고, 라캉적 페미니스트들은 남근과 페니스의 차이를 주장하고 가부장적 재현 중심에 있는 결핍을 폭로하는 것이 가치 있는 일임을 발견하였으며, 가부장적 재현을 유지하고자 하는 권력구조의 안정정을 무너뜨리고자 하였다.[3] 가장 크고 영향력 있는 재현시스템인 헐리웃 시네마Hollywood Cinema가 남근권력의 영구적 신화에 끊임없이 헌신해왔기 때문에(예를 들면, 존 웨인에서 실베스터 스탤론에 이르는 히맨의 묘사에서), "허맨"은 성차의 구분을 공공연히 거부하고 그의 남근적 권력의 결핍을 과시하면서 이들 페미니스트를 진정한 투사로 생각할 것이다.

　문화비평가들의 높은 관심을 이끌어낸 것은 피위 허먼의 텔레비전 쇼지만, 〈빅 탑 피위〉라는 영화의 한 에피소드는 폴 루벤스의 캐릭터가 남성성의 전통적 개념에 저항하고, 사실상 고전적인 헐리웃 시네마의 전통적인 오이디푸스적 서사를 알린 방식을 완벽하게 보여준다. 이 영화에서 피위는 이탈리아 그네 곡예사 지나와 사랑에 빠진다. 지나는 처음으로 둘이 함께 잠자기 직전, 그가 서커스에 참여할 수 있도록 그녀의 (죽은)아버지의 의상을 그에게 준다. 이들이 키스한 후 카메라는 터널 속으로 들어가는 기차, 불꽃놀이, 여자 머드레슬러들을 보여주고 암전한다. 다음날 아침, 자신의 농장에서 대형 채소재배실험을 해왔던 피위는 기쁨에 찬 모습으로 지나 아버지의 의상을 입고 온실로 들어간다. 그는 자신이 조제한 특수한 물약을 핫도그 나무에 준다. 그러나 커지기는커녕 핫도그들은 칵테일용 비엔나소시지 크기로 오그라든다. 한편, 심술궂고 늙은 마을사람들이 그 마을에서 서커스공연을 못하게 방해한다. 그러나 피위는 그들에게 비엔나소시지를 제공한다. 그것을 먹은 어른들은 아이처럼 몸이 작아져서 신나하며 서커스를 보러 달려간다.

　많은 대중문화에서 공급되는 남근적 섹슈얼리티의 환상적 개념 뿐 아니라 완전하게 오이디푸스화된 남성성에 대한 피위의 거부는 동시대 "젠더 연구"에서 표현되는 특정 관심사에 대한 코믹한 상응물로 볼 수 있다. 예를 들어, 작은 비엔나소시지를 갖고 있는 피위처럼, 영화이론가 피터 레만은 『젠더즈』 최근호에서 남성성의 남근적 개념에 반대한다. 그는 페미니스트들이 비평과 판타지 모두에서 페니스를 남근으로부터 분리시킬 필요가 있다고 주장한다. 그리고 암암리에 남근을 거부하고 페니스를 인정할 필요가 있다고 말한다. 레만의 에세이는 오시마의 영화 〈감각의 제국〉을 하드코어 포르노와 비교한다. 〈감각의 제국〉은 "포르노가 전혀 상관하지 않는 여성욕망에 대해 말한다"[4]고 그는 주장한다. 이 욕망은 거의 전적으로 "[남성의] 페니스"를 중심에 두지만 포르노적 상상력과는 다르게 "과장스럽게 큰 페니스"를 피함으로써 페미니스트들이 인정하는 방식으로 재현된다(p.99). 결론에서 레만은 일부 여성이 여전히 남근적 남성성에 매혹되는 현실을 개탄한다. 특히 그는 비디오테입 〈딕 토크〉에 출연하는 여자들이 "강력하게 지배하고 통제하는 남성의 몸에 이끌리는 방식"에 의문을 제기하지 않고, "끊임없이" 그들의 "큰 페니스와 단단한 찌르기"에 대한 욕망을 표현한다고 비난한다(p.108). 여성들이 여성욕망을 구성하는 것이 무엇인지 알기 위해 오시마를 필요로 한다는 레만의 암시가 부적절한 것은 무시하고, 남근을 논의함에 있어 상징성과 해부학적 특징을 혼동하는 그의 경향도 무시하고, 적어도 우리는 레만이 남성의 몸에 대해 이야기하기 시작했다는 사실에 점수를 줄 수 있다. 나는 이 에세이에서 그의 도전에 반문한다. 크기가 무슨 차이를 만드는가? 또한, 남성적 퇴행, 즉 "커"지는 것을 거부하거나 유아시절로 되돌아가려는 욕망은 최근 왜 그렇게 인기 있는 주제가 되었으며, 페미니즘을 위한 이러한 발전에는 무엇이 있는가? 전통적인 가부장적 이미지와 책략에 저항하는 남성성의 다양한 재현이 어떻게 페미니즘 프로젝트에 기여하는지 혹은 반대로 망치는지 생각해 봄으로써 나는 전반적으로 앞의 두 장의 방향을 따라 질문을 계속하고자 한다.

동시대 영화분석을 시작하기에 앞서, 본 장에서 제기할 문제에 대한 배경으로 1950년대 영화 한 편을 논의하고자 한다. 1950년대는 많은 동시대문화의 퇴행적 판타지가 열망하는 시기다. 오늘날 영화 〈믿을 수 없이 작아지는 남자〉는 유머러스하게 느껴질 수도 있다. 그러나 이 영화의 스크립트는 남성의 왜소화에 대한 매우 실존적인 비극이다. 본질적으로 80년대 남성성의 인물인 피위 허먼은 이 시나리오를 이번에는 소극으로 다시 쓰게 된다. 1950년대를 여성적 신비의 시대이자 "가정의 신비"가 통치이념의 일부가 된 시대, 바바라 에렌라이히가 "브레드위너 윤리"라고 부르는 것이 남자들에게 강요되어 남자들은 안정적인 일자리를 유지하고, 가족을 부양하고, 가능한 한 가족과 많은 시간을 보냄으로써 "성숙함"을 과시하도록 독려되는 시대로 볼 수 있다면, 영화 〈믿을 수 없이 작아지는 남자〉는 미국남성의 판타지라이프에 너무도 소중한 모험의 가능성 상실과 남성역할의 축소에 대한 불안에서 나온 반응이라고 볼 수 있다.[5] 영화는 스콧 캐리와 그의 아내가 휴가를 떠나 배에서 빈둥거리는 것으로 시작된다. 남편은 아내에게 맥주를 갖다 달라고 부탁한다. 처음에 그녀는 장난스럽게 거절하지만, 마침내 응한다. 그녀가 선실에 있는 동안 배는 불길한 안개 속으로 항해한다. 결국 이 안개가 남편의 상태의 원인임이 밝혀지게 된다. 어떤 의미에서 이 영화는 가벼운 오프닝장면에서 시작된 가정단위 내의 남성권위에 제기된 의문에 대한 응답으로 간주될 수 있다 (페미니즘비평가로서 이 남자가 스스로 맥주를 가져 왔다면 그의 비극은 피할 수 있었고 그의 아내가 희생되었을 것이라고 지적하고 싶은 유혹을 느낀다. 그러나 "믿을 수 없이 작아지는 여자"의 가능성을 즐길 정도로 여성의 역할이 커지려면 세상은 거의 25년을 기다려야 할 것이다).

캐리는 곧 작아지기 시작하여 마침내 인형의 집에 머물 수밖에 없게 된다. 어느날 부치(!)라는 이름의 고양이가 그를 발견하고 인형의 집 주변을 뛰어다닌다. 이 영화는 50년대 남성의 불안에 대해 매우 적절한 질문을 제기한다. "당신 사람이야 생쥐야?" 이것은 전형적인 "거세하는 아내"가 하는 질문이다. 사실상, 이 영화는 주인공과 생쥐 간의 이러한 비유를 진정한 모티프로 삼고 있다. 예를 들어, 고양이에게 쫓겨 계단에서 지하실로 떨어진 후, 캐리는 치즈조각을 얻기 위해 쥐덫을 작동시키려고 한다. 이 치즈는 그가 지하실이라는 거친 곳에서 생존하기 위해 필요한 음식을 제공할 것이다. 50년대의 순수한 공간인 지하실은 아빠가 일상적인 가족생활에서 벗어나 자신의 쇠약해진 남성성을 강화해줄 취미를 혼자 즐기는 곳이다. 캐리는 지하실에서 수많은 모험을 하게 된다. 이 모험 중에는 가장 흔하게 교외에서 발생하는 재난의 하나인 홍수에 잠긴 지하실도 포함된다. 이 영화에서 매우 충격적인 장면은 지하실에서 물이 빠지기 전에 발생한다. 진부한 50년대 중산층 존재의 물결에 밀려 심하게 흔들리는 한 조각 표류화물처럼 스콧 캐리는 바닥 한 가운데 폭우 배수관 위에 탈진한 모습으로 누워 있다.

그러다가 캐리는 점차 소위 "나의 지하실 세계의 자원들" 사용법을 배우면서 자신의 남성성을 회복하고자 노력한다. 새는 곳은 홍수 나기 전에 그에게 물을 공급한다. 성냥상자는 집으로 사용된다. 핀쿠션에서 나온 핀은 무기로 전환된다.[6] 캐리는 자신의 무기들을 보며 말한다. "이 금속조각들 덕에 나는 다시 남자가 되었어." 최후의 결투에서 캐리는 여자들의 가사도구로 스스로 고안해서 만든 "무기"를 사용하여 무시무시한 거미에 맞선다. 푸익의 소설에서 보았듯이 거미는 흔히 여성적 덫의 이미지로 나온다. "나의 적은 불멸의 존재 같았어. 온갖 두려움이 뭉쳐 하나의 무시무시한 칠흑같은 공포로 변한 것 같았지." 캐리는 이 괴물을 찌르는 데 성공하고, 거미줄에 걸린 케익조각으로 다가간다. "내가 얻은 전리품이야"라고 그는 말한다. 그러나 카프카의 "변신"에 나오는 그레고르 삼사처럼 그는 더 이상 배고픔을 느끼지 못한다는 사실을 깨닫는다. "내 몸이 존재하는 것을 멈춘 것 같았다." 계속 몸이 작아지고 있음에도 불구하고 그는 "몸이 작아진다는 무시무시한 두려움"도 사라졌다는 사실을 발견한다. "무엇이 되는 거지?" 그는 생각한다. "무한소." 마지막 현현의 순간, 우주로 사라지면서 그는 몹시 기뻐한다.

너무나 가깝다. 무한소와 무한이. 그러나 갑자기 나는 이들이 같은 개념의 두 끝이라는 사실을 깨달았다. 믿을 수 없이 작은 것과 믿을 수 없이 큰 것은 결국 거대한 원의 닫힘처럼 만나게 된다. 그렇다. 가장 작은 것보다 더 작은 나도 무언가를 의미하였다. 신에게 제로는 없다. 나는 여전히 존재한다.

이 영화를 카프카의 소설 "변신"과 비교한다 할지라도, 둘 사이에 매우 중요한 차이가 있음을 주목하게 된다. 카프카 소설에서 그레고르 **자신은** 괴상한 몸으로 변하여 마침내 굶주림과 부패에 내맡겨 자신을 희생시킴으로써 부르주아가정이 소생하도록 한다. 그레고르의 누이가 아름다운 처녀로 성장하여 결혼할 수 있게 되었다는 사실을 부모가 깨달은 후(그레고르의 죽음은 근친상간금기를 뚜렷하게 회복시켰다) 이어지는 이 소설의 마지막 문장이 통렬하게 다가온다. "드라이브가 끝나고 그들의 딸이 맨 처음 일어나서 그녀의 젊은 몸을 쭉 펴자, 그것은 새로운 꿈과 좋은 목적을 확인하는 것 같았다."[7] 이와 반대로 〈믿을 수 없이 작아지는 남자〉에서 캐리는 자신에게 타자로 남아있는 괴물의 몸을 파괴한다. 그리고 동시에 자신의 부르주아 존재를 초월하고자(실제로는 부인하고자) 노력한다. 몸이 사라지는 과정 자체에서 그는 자신의 비극적 숭고함을 깨닫는다. 그리하여 카자 실버만이 영화의 보이스에 대해서 훌륭하게 설명한 것을 확인한다. 즉, 서사적 영화는 흔히 여성을 몸으로 환원시켜 힘을 빼앗는 반면, 남성의 힘은 그의 존재가 보이는 것의 영역에서 벗어나 순수한 목소리로 화할 때 더욱 커진다. 이러한 점에서 보이스오버는 특권적 영화장치로서, 굳건하게 서사를 통제하는 남성주인공에게 일종의 신적(즉, 남근적) 권위를 부여한다.[8]

믿을 수 없이 작아지는 남자가 몸의 사라짐을 겪으면서 존재를 확인하는 것은, 피위 허먼 같은 캐릭터가 "성적 역할과 성별화된 정체성"을 재정의할 수 있도록 돕는다고 주장하는 페미니스트들에게 경고로 작용할 수 있다. "믿을 수 없게 작은 것과 믿을 수 없게 큰 것"이 정말로 "같은 개념의 두 끝"이라면, 이 둘이 모두 실제로 크기에 대한 매우 남성적인 선입관(〈피위의 대모험과 빅 탑 피위〉라는 영화 제목을 보라)의 일부라면, 피위 허먼 같은 캐릭터가 우리시대에 너무도 유행하는 히맨 타입에 대한 순수한 대안이라는 결론을 내리기 힘들어진다. 사실상 미니어처와 거대한 것은 **만난다**는 사실에 주목해야 한다. 예를 들어 아놀드 슈왈츠제네거와 대니 드비토가 출연한 〈트윈스〉 같은 영화는 동시대 대중문화를 특징짓는 남성성의 다양한 이미지의 원을 이렇게 종결한다.

남성성재현의 이 두 극단은 다양한 이유로 만난다. 남근적 남성과 피위적 남성은 가부장 사회에서 여성에게 거부된 "문화적 특권"을 사용할 수 있을 뿐 아니라 놀랍게도 남근적 남성의 마초적 자세는 작아지는 남자의 줄어드는 키가 거세의 위협을 가하는 만큼이나 실제로 그를 여성화한다. 라캉은 "욕망의 남근적 표시에 내재한 페어드랭웅 때문에 여성성이 가면 속에 피신해야 한다는 사실은, 사내다움의 과시 자체가 여성적인 것으로 보이는 이상한 결과를 낳는다."[9]고 말한다. 이리하여 〈트윈스〉 같은 영화나 이 책에서 내가 분석하고 있는 다른 영화들에서, 보통 자연적으로 주어지는 것으로 간주되는 남성 몸의 문제화를 볼 수 있다. 이러한 발전은 페미니즘에 있어 매우 흥미롭지만, 관객으로 하여금 그 중요성을 회피하게 만드는 많은 형태의 부인을 발생시킨다.

라캉 인용문이 시사하듯, 남성성이 가면으로 기능한다는 것은 "남성 역할"에 대해서 말하는 사회학자들이 유행시킨 생각이다. 그러나 이 개념은 "매스커레이드로서의 여성성" 개념을 열광적으로 받아들인 정신분석비평가들의 관심을 받지 못했다.[10] 남성의 "역할"이 보통 남자라면 거부하고 싶어 할(아마도 문화적 특권은 포기하지 않고) 속성과 연관되어 있다는 사실은 본 장 에피그래프에 명확하게 희극적으로 표현되어 있다. 남자들은 아기가 되려고 한다. 에렌라이히의 연구는 지난 30년간 남성성이 수행, 책임, 성인으로부터 벗어나려는 정도를 보여줌으로써 이러한 현상에 역사적 맥락을 부여한다. 요컨대 남자들은 점점 남성성의 두 극단 사이에 있는 중간지대를 없애는 반란에 참여해왔다. 이 두 극단은 흔히 여성과 가정생활을 거부하면서 만난다.

히트한 영화 〈빅〉은 처음에는 〈믿을 수 없이 작아지는 남자〉와 반대인 것처럼 보이지만, 남자는 아동기 혹은 "유아기"로 후퇴함으로써 궁극적 탈출을 꾀할 수 있다는 개념을 확실히 한다. 이 영화의 주인공 조시는 13

세 소년이다. 이 나이는 몸의 주요한 변화를 경험하기 시작하는 때다. 영화 시작부분에서 조시는 커지고 싶어 한다. 자신보다 키가 큰 소녀와 카니발 라이드하는 것을 허락받지 못했기 때문이다. 그는 곧 자신이 30세 남자의 몸을 하고 있음을 발견한다. 의미심장하게도, 성인의 몸을 한 그의 첫 경험은 그를 침입자로 오해하고 큰 나이프(다시 생쥐 모티프)를 휘두르는 어머니에게 쫓기며 집 주변을 뛰어다니는 것이다(같은 여배우가 〈마피아와 결혼하다〉에 나오는 갱의 "괴롭히는ballbusting" 아내 역을 함). 자신의 어린 친구 빌리의 도움으로 조시는 그의 소망을 들어준 카니발머신을 찾으러 도시로 간다. 그러던 중 그는 장난감회사에서 일자리를 구하게 되고, 그곳에서 마음씨 좋은 사장의 다정한 눈길 아래 임원이 되어 장난감에 대한 소년으로서의 지식을 상업적 목적에 활용한다. 여성임원 수전은 조시에게 반한다. 그녀는 자신의 질투하는 연인에게 조시가 "성인"이라서 매력이 있다고 설명한다. 이 영화의 유머는 아이가 어른보다 더 성숙해 보이며 어른의 완곡하고 모호하고 복합적인 언어를 조시가 문자 그대로 이해하는 것에서 발생한다. (수전은 조시와 밤을 보내는 이야기를 한다. 그런데 그는 묻는다. "외박한다구요?") 이러한 장치는 결코 새로운 것이 아니다. 이것은 미국 소년의 고전 『허클베리 핀의 모험』의 구조원리다. 이 소설은 아이와 노예의 천진함과 순수함이 성인사회의 타락과 위선에 맞서게 한다. 한 세기 전의 이러한 장치의 효과는 어린 시절의 천진함과 순수함의 이념적 개념에 주로 달려 있다. 이 개념은 특히 1970년대에 악마같은 아이에 대한 강박관념으로 대체되었다. 하지만 작아지는 남자를 바꿔 말하면 천사와 악마는 같은 개념의 두 끝이라는 것은 틀림없이 사실이다. 그리하여 어린 시절을 감상적으로 만든 버전은 복수하러 돌아왔다.

조시와 수전은 섹스를 하기 시작한다. 첫 날, 수전이 블라우스를 벗자, 조시는 그녀의 가슴을 보고 완전히 사로잡힌다. 그러나 이 영화의 전환점은 수전이 그들의 관계를 생각해 달라고 함으로써 조시를 혼란스럽게 하는 순간 찾아온다. 바로 다음 장면에서 조시와 빌리는 싸운다. 이제 더 이상 조시가 친구와 놀아줄 시간이 전혀 없기 때문이다. 처음으로 조시는 자신의 일에 대한 책임에 몰두하는 것으로 보인다. 기업세계에서 일하는 다른 많은 어른 남자들처럼 냉담하고 지루해지는 과정에 들어선 것이다. 위험을 깨닫고, 혼란을 초래한 성인의 몸을 벗어던질 생각을 하며, 조시는 아이로 돌아갈 결심을 한다. 이리하여, 그의 모험이 "거세하는" 여자에 의해 쫓기면서 시작된 것처럼, 수행과 복잡함에 대한 여자의 요구는 이 도망을 어린 시절로 갑자기 되돌린다. 그리고 문자적인 것이라는 변명거리가 있기 때문에 훨씬 더 순진하게 느껴질 수 있는 동성사회적 관계로 빠뜨린다. 조시가 수전에게 자신이 아이라고 고백하자, 그녀는 화를 내며 응수한다. "아이 아닌 사람이 어딨어요? 우리 모두의 내면에는 두려움에 떠는 아이가 있는 거 몰라요?" 그는 말한다. "이해하지 못하시는군. 난 **진짜** 열세 살이라니까요." 그러므로, 조시가 여자연인보다 남자친구를 선택한 것은 겉으로 보기와는 달리 별 문제가 되지 않는다. 그는 단지 열세 살짜리 소년이고 친구들과 함께 있고 싶은 것이다. 이 대화 직후, 빌리와 수전은 엘리베이터에서 만난다. 이 에피소드는 분명 여자와 소년의 교환을 의미한다. 문자적인 것의 변명거리는 영화를 **보는 사람**으로 하여금 이의 성 정치학이 주는 불쾌함을 부인할 수 있게 한다. 결국, 영화는 **정말로** 남자의 몸에 갇힌 13세 소년에 관한 것이기 때문에, 꾸밈없는 제목 자체에 드러난 남성성 개념의 우둔함을 비판하는 것은 요점을 벗어난 것이다. 이리하여 성인의 책임을 벗어나는 것의 바람직함에 관한 이 영화는 **스스로** 설명 가능성을 벗어나고 자 노력한다. 그럼에도 불구하고 조시가 "성인"됨이 무엇을 의미하는지 보여주는 모델이라는 메시지를 전달한다.

마지막 장면에서, 수전은 조시를 어린 시절의 집으로 데려다 준다. 그 리고 그가 차에서 내려 아이 크기로 작아져서 집으로 들어가는 것을 보며 미소짓는다. 관객에게 더 이상 보이지 않는다는 점에서 작아지는 남자랑 닮은 조시는 이렇게 말한다. "엄마, 너무나 보고 싶었어요." 시간과 변화를 거부함으로써 조시는 집이라는 닫힌 장소로 되돌아온다. 이 장소는 주리 로트만Jurij Lotman이 그의 서사 연구에서 "여자"와 동일시한 곳이다. 이 영 화가 흥미로운 이유는 이것이 서사구조의 측면을 너무도 명확하게 드러내 는 방식에 있다. 보통의 경우 서사 조는 보다 감추어져서 그것을 발견하고 자 하는 정교한 서사학자들의 해석작업을 필요로 하게 된다. 엔딩은 어머 니에게로 되돌아감을 의미한다. 이는 자궁으로의 회귀와 동일한 것이다.[11]

여성의 사랑이 남성의 퇴행을 욕망하는 어머니와 공모하고 있음은 수 전이 남자가 자신에게서 멀어져가는 모습을 인정하는 눈길로 바라보는 마 지막장면에서 드러난다. (혹자는 〈배트맨〉 마지막장면에서 브루스 웨인이 당분간 그녀와 함께 하지 **않을** 것이라는 말을 듣고 짓는 킴 베이싱어/비키 베일의 기쁨의 미소를 떠올릴지도 모른다). 이 장면은 중요한 측면에서 이 영화 자체를 상징한다. 〈빅〉은 실제로 페니 마샬이라는 여성이 감독하였 다. 그녀는 텔레비전 프로그램 〈해피 데이즈〉에 출연한 적이 있고, 이후 〈래번과 셜리〉에서 1950년대라는, 미국 스스로 상상해낸 순진한 과거에 집착하는 것과 밀접하게 연관되어 있다. 이리하여 우리는 다시 한 번 인간 관계가 상대적으로 복잡하지 않았던 시대의 노스탤지어에 여성이 참여함으로써, 자신의 주변화를 관장하는 모습을 보게 된다. 이러한 단순성의 대가는 자기자신의 억압이다.

전에도 보여준 바처럼, 이것은 페미니스트비평가가 해온 역할이기도 하다. 이의 중요한 예는 『카메라 옵스큐라』에서 발행한 "남성성"에 대한 최근 특별호다. 이는 포스트모던 문화가 너무도 좋아하는 피위 허먼, 아이/남자, 여자/남자 같은 혼성적 존재에 관한 사건기록을 포함한다.[12] 여기에 실린 논문들은 주장한다. (여성과 게이섹슈얼리티를 부정하는 사춘기의 순진함 개념에 의존하는 〈빅〉과 달리)피위 허먼의 매력은 동성애 게이 서브텍스트(역주: 텍스트 배후의 의미)가 사춘기 순진함을 뒤집어서 "도덕적으로 격리되고 보호되는 아이의 영역 바로 근방에서 남성성을 다시 재현하는"(p.151) 방식에 있다. 〈빅〉에서는 문자적인 것의 알리바이가 영화의 동성애적 서브텍스트를 순진하게 보이도록 하지만, 피위 허먼의 영화와 텔레비전 쇼는 문자적 의미를 전복하여 언어와 행위에 성애화된 이중의미를 부과한다. 이리하여 콘스탄스 펜리는 피위 허먼의 작품에서 남성성에 대한 페미니즘적 해체를 간파한다.

> 어린 시절을 단순하고 행복하다고 생각하는 성인의 판타지는 순진함이라는 생각 자체를 지닐 필요가 있는 사람들에게 순진함의 가능성을 제공하는 판타지다. 이러한 판타지를 검토하지 않고 방치하면, 남성성의 판타지도 그렇게 될 것이다.(p.151)

이러한 주장은 페미니즘적 시각에서 볼 때 문제가 매우 크다고 생각한다. 이는 남성성 자체, 즉, 이성애적 남성성이 미국사회에서 "아이 영역

근방에서" **종종** 만들어지는 정도를 무시하기 때문이다. 헉 핀은 그곳을 향해 "떠났고," 반대로 여자들은 문명화된 성인사회의 전형적인 억압적 힘을 재현해왔다. 남자는 자신의 영원한 젊음을 누리기 위해 이러한 성인사회를 거부한다. 피위 허먼의 작품이 게이텍스트를 구성하는 토대로 사용한 것은 영화 〈빅〉이 위치해 있는 이러한 전통이다. 예를 들어, 텔레비전 프로그램의 한 에피소드를 묘사하자면, 다른 인물들이 소꿉놀이할 때 피위는 아빠가 되는 것에 저항한다. 그러다가 그가 한 여자에게 키스해야 했을 때 놀이는 끝난다. 한 해설자가 묻는다.

> 피위, 여자와 사귄다는 생각만 해도 짜증내는 어린 마초 소년, 혹은 여자 한테 아예 관심이 없는 다른 종류의 소년일까? 영화 〈피위의 대모험〉은 피위가 도티의 유혹에 저항하며 자신에게는 그녀가 "이해할 수도, 이해해서도 안 되는" 무언가가 있다고 설명한다.[13]

그리고 펜리는 이 프로그램과 동성애의 관련을 묘사하면서 에피소드 하나를 인용한다. 피위는 남자 레슬러와 함께 춤추기 위해 미스 이본느를 거절한다. 아이들은 이러한 장면을 "이성과 '불쾌한 것'을 스스로 거부하는 적절한 재현으로서" 받아들인다고 펜리는 말한다. 한편 어른들은 이 프로그램의 게이 서브텍스트를 가볍게 받아들일 수 있다(p.136). 그러나 내가 보기에 여자 **그리고** 게이들 모두에게 문제가 되는 것은 펜리가 칭찬하는 이러한 측면이다. 게이의 경우, 동성애는 발달장애의 결과물이며 남성이 여성이라는 "성숙한" 대상 선택을 외면하는 현상이라는 (대중적 편견과 미국의 정신병학회가 주장하는) 생각을 영속화하기 때문이다. 어린아이가

"이성과 '불쾌한 것'을 스스로 거부"하는 것에 대해 가볍게 언급함으로써 펜리는 자신이 비판하는 아동기 순진성신화에 대한 희생자로 전락한다. 여아보다 남아에게 더 강하게 나타나는 이 거부하는 태도가 가부장적 이데올로기의 여성혐오와 일치하며, 프로이트가 "정상적" 남성성의 특징으로 파악한 여성에 대한 경멸을 드러낸다는 사실을 무시하고 있기 때문이다. 어린 소년들은 정말로 어린 소녀들을 보면 "짜증낸다."

　단순히 성인의 남성성을 거부한다는 점에서 피위가 페미니즘 관점에서 볼 때 인정받을 수 없다 하더라도, 피위의 남성/여성 경계에 대한 전복적 위반을 위해 보다 설득력 있는 사례가 만들어 질 수 있을지 모른다. 피위 보이는 소년이자 남자이며 동시에 남성이자 여성이기 때문이다. 제리 루이스처럼, 그러나 제리의 불안은 없는 채로, 피위는 히스테리에 걸린 남성 몸의 이미지를 보여준다. 그는 젠더 범주의 고정성을 불안정하게 하는 방식으로 남성성과 여성성 사이를 왕복한다. 피위가 여자옷을 입고 여자 몸짓을 하며 여자가 되는 놀이를 하는 한, 그는 게이캠프의 중심을 이루는 여성 분장의 오랜 전통에 참여하는 것이다. 게이 캠프는 피위 지지자들이 매우 자주 거론하는 범주다. 한 해설자에 따르면, 캠프는 "우리 사회가 여성을 억압하고 남성을 억압하는 데 사용하는 제한적인 성역할과 성정체성이라는 우주론 전체를 놀려먹는 방식이다." 캠프는 "깨달음의 충격"을 제공한다. "우리 각자가 진지하게 수행하도록 강요되는 역할들의 부조리함을 깨닫는 것"[14]이다. 그러므로 〈빅〉같은 영화가 문자적인 것의 알리바이에 의존함으로써 설명 가능성에서 벗어나려고 애쓴다면, 피위 허먼 같은 캠프텍스트는 비유적인 것의 알리바이에 의존함으로써 설명 가능성에서 벗어나려고 애쓴다고 할 수 있다. 사실상 알리바이의 알리바이에 의존하는 것이다. 어떤 것도 겉으로 보이는 것과 다르다. 아무것도 진지하게 받아들여서는 안 된다.[15] 극단으로 가면 캠프는 문자적인 것의 범주를 완전히 폐지한다. 그리하여 캠프 지지자들은 스타일이 내용을 대체하는 방식을 강조한다. 캠프는 "존재보다는 퍼포먼스를 의미한다… 강조점은 **존재**에서 어떻게 **보이느냐**로 변한다. **무엇이** 행해지고 있느냐에서 **어떻게** 행해지고 있느냐로 변한다."[16] 이러한 점에서 캠프는 포스트모던미학 일반과 일치한다. 포스트모던미학은 패러디와 패스티시에 관심을 두고, 의미와 "실제"[17]보다 이미지와 스펙터클의 승리를 재현하는 것으로 유명하다.

캠프와 포스트모던미학에서 "존재보다는 퍼포먼스"를 강조하는 것은 재현이론에서 "여성적인 것"에 특권을 부여하는 성향과 일치한다. 여성성은 매스커레이드와 연관 있고, 매스커레이드(비유성, 텍스트성 등)는 여성적인 것으로 보이기 때문이다. 이리하여 여성성은 자신의 공포를 상실하고, 마법의 먼지처럼 문화 전반에 안착한 것처럼 보인다. 그 과정에 남성성 자체를 히맨에서 허맨으로 변화시킨 것처럼 보인다. 들뢰즈와 가타리의 표현대로, 모든 사람은 "여성이 될" 수 있다. 그들의 관점에서 보면 이것이 "기관 없는 몸"[18]이 되는 것과 일치한다.

특수하게 성별화된 몸에 대한 포스트모던적 거부는 틀림없이 일부 페미니스트들에게, 특히 모니크 위티그 같은 급진적 반본질주의자들에게 매력이 될 것이다. 이들은 여성에 대한 생물학적 범주는 여성에 대한 가부장적 억압의 원인이었기 때문에 페미니스트들은 이러한 범주를 없애도록 노력해야 한다고 주장해왔다.[19] 영화제작자 발리 엑스포트Valie Export는 페미니스트들이 "몸의 상실을 거부할 수 없다"고 주장하면서 이와 비슷한 논리를 펼쳤다. "몸의 포기는 여성적 자아에서 나가는 것"[20]이라는 것이다. 가부장제에 대한 히스테리의 반란을 찬양해온 특정 프랑스페미니스트들처럼,[21] 엑스포트는 거식증이 "위대한 여성적 반란의 형식" 중 하나라고 주장하였다. 이를 통해 여성은 몸에서, 그리고 심지어는 과장된 방식으로 순응하는 것처럼 보이는, 여성에 대한 가부장적 이미지에서 벗어나려고 노력한다(p.22).

거식증을 이렇게 높이 평가하는 것은 피위 같은 현상에서 생각할 때 흥미롭다. "허맨" 피위는 일부 여성들에게 매력적인 인물이다. 그가 남성성의 대안적 타입을 구성하는 동시에 영원한 사춘기소년으로서 양성구유모델을 제공하기 때문이다. 자신의 몸에 종종 불편함을 느끼는 여성도 이 양성구유모델에는 동일시할 수 있으며 이리하여 문화에 의해 끊임없이 그들에게 강요되는 수많은 과도한 여성성 이미지에서 상상으로나마 벗어날 수 있다. 피위가 거식증을 강화하는 기능을 할 수 있다는 사실은(〈피위의 플레이하우스〉에 나오는 수많은 살아움직이는 음식장면을 떠올릴 수 있다) 놀랍게도 한 텔레비전 쇼에서 드러난다. 이 특정 프로그램에서 피위는 그 날의 암호가 "리틀"이라는 사실을 알아낸다. 암호를 말하면 플레이하우스에 있는 모든 사람이 소리를 지르고 환호한다. 곧 그는 마법을 부려서 보이지 않는 상태가 된다. 그러자 뚱뚱한 여자가 들어오더니 초콜릿 케익을 본다. 한 조각을 잘라서(사실은 케익 거의 전부를 자름) 그녀는 앉아서 먹으려고 한다. 그러나 보이지 않는 피위가 그것을 의자 위에 놓아두었기 때문에 그녀는 케익 위에 앉게 된다. 케익을 찾을 수가 없고 무슨 일이 일어났는지 알 수 없어서 그녀는 문 밖으로 걸어 나간다. 그녀의 스커트 뒤에서는 엉망이 된 초콜릿이 뚝뚝 떨어진다.

"캠프의 가장 의심스러운 캐릭터 중 하나"인 뚱뚱한 여자가 있다는 사실에 유감스러워 하면서 펜리는 〈피위의 플레이하우스〉에 괄호치고 손가락을 까닥거린다. ("〈피위의 플레이하우스〉는 속속들이 뚱뚱하지만, 아직도 더 뚱뚱해질 방법은 있다. 스티브 부인은 성질 나쁘고 어리석다. 르네 부인은 디츠ditz[sic]다.")(p.149) 그러나 뚱뚱함이 그로테스크함의 지경에까지 내몰린 여성의 "성숙한" 몸에 대한 과장을 재현하기 때문에 사실상 페미니즘의 이슈라면, 이러한 재현들은 펜리의 괄호가 우리를 믿게 하는 것처럼 텍스트의 "몸"에서 쉽게 분리될 수 없다. 정말로 뚱뚱한 여자캐릭터는 사춘기남성과 반대편에 있는 한, 프로그램의 의미를 구성하고 있다고 주장하는 것은 가능하다. 한 페미니즘비평가는 거식증의 이상적 이미지 묘사를 위해 융의 용어를 사용하면서 사춘기남성을 "순수한 남성의 사춘기정신," "보이 포레버"[22]라고 부른다.

흥미롭게도, 이 에피소드는 피위와 함께 계속된다. 그는 여전히 보이지 않는 모습으로 다른 여성 캐릭터의 드레스를 올려다보려고 한다("런던이 보이네, 프랑스가 보이네"). 이 에피소드 뿐 아니라 "소녀들은 소년들보다 빨리 성숙해진다"라고 내레이터가 말하는 만화를 인용하면서, 펜리는 이러한 요소가 성차를 관심의 영역으로 인정하기 때문에 어린이 프로그램을 발전시킨다고 주장한다. 그러나 이러한 불평등한 차이의 분배는 그다지 낙관적으로 볼 일이 아니다. 최소한 늘 "기관 없는 몸"인 남성 피위는 자신의 몸을 완전하게 없앨 수 있다. "성숙"하게 자라는 것은 여성이다. 여성은 기관(이를 남자들은 늘 "보려고" 한다) 있는 몸을 소유하고 있다. 그리고 여성은 마침내 육체의 과잉상태인 라블레적 인물로 그려진다. 자신이 탐욕스럽게 먹을 음식을 배설물처럼 뚝뚝 흘리는, 몸과 기관이 통제불능의 상태에 빠진 사람이 그 좋은 예다.

남성성과 여성성 간의 축복스러운 "왕복"에도 불구하고, 이 **두** 모드는 어느 정도 여성 혐오를 수반한다. 이것이 감추어진 게이텍스트를 위한 커버스토리로서 기능한다 해도, 피위가 도피자 판타지전통에 의존하는 한, **또한 이 전통의 중심에 있는 여성에 대한 경멸에 의문을 제기하지 않는** 한, 페미니즘은 캐릭터의 해방적 잠재력에 대한 주장을 의심해야 한다. 피위가 "여자가 될" 수 있고 동시에 희극적 과장을 통해 "여성다움"을 구성하는 특징들을 비난하는 한, 전유의 욕망과 모독의 욕구가 여성성을 향한 남성의 태도에서 어떻게 쉽사리 공존할 수 있는지 그는 드러낸다. 무엇보다도, 피위 허먼의 분석은 페미니스트들로 하여금 여성이 몸과 관련하여 처해 있는 이중속박을 볼 수 있게 한다. 문자성과 몸(예를 들면, 뚱뚱한 여자) **그리고** 비유성, 몸의 초월성(여성성과 관련 있는 분장, 퍼포먼스, 매스커레이드, 수사 등을 통한)을 재현해야 하기 때문에, 여성은 몸에 불과하며 동시에 몸이 아니다. 캠프의 또 다른 주요인물인 늙은 여배우는 이러한 이중속박의 좋은 예다. 한편으로는 스러지는 육신과 필멸의 암시, 다른 한편으로는 히스테리컬한 과잉과 패러디를 통한 공포 잠재우기가 있다.

늙은 여배우의 아이콘이 육신과 그에 대한 부정(그로테스크한 측면에서)을 재현한다면, 동일한 패러독스를 재현하는 또 다른 인물은 보다 다정한 판타지형식을 띠고 있으며, 겉으로는 매우 다르지만, 어떤 면에서 이상하게 비슷한 두 영화(〈빅 탑 피위〉와 〈욕망의 날개〉)에서 최근 등장하였다. 이 인물은 공중곡예사로서 페미니스트들의 특별한 공감을 받을 만하다. 〈스핑크스의 수수께끼〉라는 획기적인 영화 말미에 실현가능한 페미니즘적 미래의 여성욕망의 전조로서 등장하기 때문이다.

단호하게 이성애를 거부하는 〈피위의 대모험〉 속편인 〈빅 탑 피위〉

가 관습에 굴복하여 러브스토리를 보여 준다 해도, 그 로맨스는 최소한의 것이라는 사실을 강조해야 한다. 공중곡예사를 사랑하게 되는 것은 몸이 없는 여성을 사랑하는 것과 아주 흡사하다. 여하튼 그녀의 몸은 우리를 지상에 묶어두고 필멸과 결합시키는 물리적 법칙에 도전하는 것으로 나타난다. 암시적 섹스장면이 어린 시절로 **되돌아가는** 변화(모든 노인은 청년으로 회복됨)를 초래한다는 사실을 우리는 이미 목격하였다. 이는 성숙과 죽음에 대한 부정이다. 지나가 성적인 몸을 표현함에 따라, 그녀는 말하기 방식으로 거부된다. (여성의 동물기능에 대한 혐오감을 강화하는 것은, 피위의 애완용 수퇘지에게 사랑에 굶주린 암하마가 열렬히 대시하는 서브플롯이다.) 그러나, 지나가 초월을 표현함에 따라, 이러한 특징은 피위에게 빼앗긴다. 그는 여자를 희생시킨 대가로 다시 한 번 "여자가 된다." 오프닝시퀀스에서 피위는 라스베가스 나이트클럽 무대에서 "공중을 나는 그네 위의 소녀"라는 노래를 작은 목소리로 부른다. 그의 아래 관중석에 있던 여성팬들이 히스테리 발작을 일으키며 소리치고 기절한다. 그가 클럽을 떠날 때 그의 팬들은 그를 에워싼다. 그러나 갑자기 그는 위협적인 여자들 무리 위로 솟아올라 매우 편안하게 공중을 날고 있는 **자신을** 발견하게 된다. 이리하여 앞으로 영화에서 전개될 로맨스플롯에서 벗어나고자 하는 욕망을 암시한다.

공중곡예사와 사랑에 빠지는 남성판타지는 분명히 가장 진부한 판타지 중 하나다. 그리고 피위는 어느 정도 그 이미지를 전유하는 동시에 조롱하고 있다. 이러한 점에서 〈빅 탑 피위〉와 평단이 극찬한 고품격 영화 〈욕망의 날개〉의 판타지를 비교하는 것은 흥미로운 일이다. 〈욕망의 날개〉는 빔 벤더스 감독 영화로, 이 독일인 감독의 극진한 미국사랑은 이제 그 보답을 충분히 받은 것 같다. 처음 보면 놀라울 정도로 〈빅 탑 피위〉는 〈욕망의 날개〉 코믹 버전처럼 보인다. 예를 들어 두 영화는 서커스를 소재로 한다. 두 영화 모두 다시 아이되기의 바람직함에 관한 것이다. 둘 다 퇴행에 관한 것이 중심플롯이다(어른에서 아이로, 천사에서 사람으로). 둘 다 라틴계 젊은 여성 공중곡예사를 사랑하게 되는 주인공을 그린다. 무엇보다도, 두 영화 모두 남자로 존재한다는 것이 무슨 의미인지에 관해 관심을 기울인다. 『필름 쿼털리』와의 인터뷰에서 암시하듯, 벤더스는 특히 소위 "보다 친절하고 부드러운" 남성성을 만들어낸다. 이 인터뷰에서 그는 또한 자율적 여성이라는 성차별적이지 않은 이미지를 만들어냈다고 스스로 인정하였다.

〈욕망의 날개〉는 버디 영화의 수많은 변형체 중 하나로서 두 남자 천사, 다미엘과 카시엘에 관한 영화다. 이들은 베를린의 일상을 관찰하고 사람들의 생각을 들으면서 때때로 서로 그날의 사건을 보고한다. 브루노 간츠가 연기하는 다미엘은 프랑스인 공중곡예사 마리온을 사랑하게 된다. 그리하여 마침내 그는 몸을 소유한다는 것이 어떤 것인지 알기 위해서 필멸의 존재가 되기로 결심한다. "영원과 진리 너머로 김이 오르는 커피를 맛보고 차가운 손의 감촉을 느끼기 위해서."[23] 한편, 실명으로 연기하는 피터 포크는 제2차 세계대전에 관한 다큐멘터리를 만들고 있다. 그는 예전에 천사였기 때문에 다미엘과 친해진다. "당신의 모습이 보이지는 않아요. 하지만 당신이 거기 있다는 건 알아요"라고 그는 말한다. 인간의 몸을 갖게 된 다미엘은 마리온을 찾아 출발한다. 그녀는 서커스가 해체된 후에 베를린에 머물고 있다. 마침내 두 사람은 바에서 서로를 발견한다. 마리온은 사랑, 운명, 선택에 관해서 장황하게 이야기한다. ("마침내 지금, 우연

은 더 이상 없어요. 운명이 있는지는 모르겠지만, 선택은 존재해요.") 그리
고 이성애에 관해서도 말한다("남자와 여자의 이야기보다 더 위대한 이야
기는 없어요." 다미엘도 마지막 장면에서 이와 비슷한 말을 한다. "오직
우리 두 사람에 관한 놀라움, 남자와 여자에 관한 놀라움, 오로지 이것이
날 인간으로 만들어 주었어요.").

주인공이 사람에서 "천사"로 변하는 것이 아니라 천사에서 인간, 보이
지 않는 존재에서 보이는 존재로 변한다는 점에서 〈믿을 수 없이 작아지는
남자〉와는 반대의 길을 걷는 〈욕망의 날개〉는 처음 보면 우리가 지금까지
논의해온 영화들에 대한 대안을 표현하는 것 같다. 예를 들어 〈빅〉과는
달리 〈욕망의 날개〉는 시간, 필멸성, 유한성과 화해하려는 주인공을 보여
주는 것 같다. 그러나 이 영화 역시 겉보기와는 달리 남성성, 여성성, 필멸
성, 몸의 문제를 매우 피상적으로 다루며 사실상 반동적 입장에 있다는
점에서 포스트페미니즘적이라고 할 수 있다. 이러한 점에서, 영화에서 끊
임없이 콜롬보로 불리는 피터 포크가 탁월한 역할을 하는 것은 잘 어울린
다. 우리가 기억하는 콜롬보형사는 말을 더듬고, 온화하고, 다소 멍청해
보이기까지 하는 이미지를 띠고 있다. 이는 자신의 적들을 무장해제시키기
위한 습관적 행동이다. 그는 결국 가차 없이 자신의 사냥감을 궁지로 몬다.
처음에는 오만하고 상대를 깔보던 용의자가 점점 불안과 공포로 빠지는
과정을 우리는 지켜보게 된다. 말하자면 콜롬보는 남근을 소유하지 **않은**
것처럼 보이지만, 물론 결국에는 항상 그가 그것을 소유하고 있다는 사실
을 드러낸다.

콜롬보가 "인간적"이고 실수투성이인 것처럼 보이지만 실상은 실수도
하지 않고 단호하게 법을 수행하는 것처럼, 벤더스의 사람/천사들도 전통

적인 남성성 개념과는 먼 것처럼 보이다가 실제로는 가부장제에서 남자들을 위해 마련해 둔 특권을 소유하며 심지어 그것을 확대한다. 백인 남성 영화제작의 예로 든 이 영화에 대한 놀라운 분석에서 벨 훅스bell hooks는 말한다. "이 영화 전반에 걸쳐 남자 천사들은 전통적으로 남성적인 육체성을 전복하는 방식으로 자신의 몸을 사용한다. 그들의 움직임은 부드러움과 상냥함을 암시한다. 공격성이나 잔인함은 결코 보이지 않는다." 그러나 그녀는 더 나아가 천사의 자유로운 움직임을 "백인남성이 다른 사람들의 몸 공간을 무시하고 침해하는 현실"[24] 문맥 속에 위치시킨다. 천사(이들은 무구한 천사지만 우리는 이들을 백인남성인간으로 등록한다)로서 남자들은 "사람들의 몸 공간"을 식민화하고 점령하는 것에 대해 완벽한 알리바이를 갖는다. 카메라 또한 히치콕이 자주 사용하는, 높은 곳에서 내려다보는 시각에서, 끊임없이 파고드는 태도로 사람들의 몸 공간을 침해한다. 오로지 히치콕만이 영화 속에서 이러한 관음증이 도덕적으로 의심스럽다는 사실을 암시하려고 노력한다. 반대로 벤더스는 그의 플롯의 전제가 허용하는 공간과 몸을 침투할 능력이 증가한 것에 대해 자랑스러워한다. "그리하여 내내 사람들의 머릿속과 수많은 다양한 이야기 속으로 들어가는 새로운 영역이 생겼다"(p.7)라고 그는 말한다.

물론, 영화에서 우리가 느끼는 많은 즐거움은 카메라가 베를린을 훑을 때 우리에게 부여하는 초월적 위치에서 파생됨에도 불구하고, 요점은 천사한 명이 마침내 자신의 전지함을 포기하고 필멸의 존재가 되면서 제한적 시각을 받아들인다는 것이다(다미엘이 인간이 되자 카메라도 보다 지상 가까이에 위치하며 덜 움직이게 된다). 그렇다면 다음과 같은 질문이 생기게 된다. 어떤 정도로 다미엘은 몸을 부여받고 필멸의 존재가 되는 의미를 받아들였다고 말할 수 있겠는가? 영화가 줄곧 이야기하는 인간의 한계를 포함하여, 여기에서 강조되어야 할 점은 이 영화가 여러 종류의 부인으로 둘러싸여 있다는 것이다.

특히 우리는 다른 영화에서 보았던 것처럼 어린 시절과 과거로 퇴행하고자 하는 욕망을 주목할 수 있다. 예를 들어 우리는 이야기꾼 호머의 기능을 생각해 볼 수 있다. 호머는 인류의 기억으로서 기능한다(그리하여 그가 스크린에 나타났을 때, 벤더스는 종종 전쟁뉴스 영화 장면을 짜 넣는다). 영화 내내 호머는 포츠담머 플라츠를 찾아 헤맨다. 이는 그가 전쟁 전 젊었을 때 자주 가던 곳이다. 그리고 그는 평화의 서사시를 쓸 가능성에 대해 곰곰이 생각한다. 노인이 된 그는 어린 시절에 집착한다. 이는 영화와 공유하는 집착이다. 다음과 같은 말이 보이스오버로 끊임없이 후렴처럼 되풀이된다. "그가 아이였던 시절에……" 영화의 이상적인 이미지는 서커스에서 경이로움을 경험하는 아이다. 예술가로서 호머는 영원한 삶을 생각하며 스스로를 위로할 수 있다. "인류가 나를 상실하면 인류는 이야기꾼을 상실하는 것이다." 마지막에 그는 자신을 인류의 영적 지도자로 지명하며, 사람들이 "세상에서 무엇보다 나를 필요로 할 것"이라고 자신 있게 주장한다. 이렇듯 이야기꾼은 예술의 불멸성이라는 진부한 개념을 확인시키며 죽음에 맞서야 할 필요성을 없앤다. 이 스토리텔러가 벤더스 자신을 나타낸다고 할 수 있다. 호머가 어린 시절에 집착하는 것을 볼 때, 벤더스가 어떻게 관습적 서사 혹은 "스토리텔링"으로 **자신이** 돌아온 것을 정당화하는지 보는 것은 흥미로운 일이다.

스토리텔링은 가장 마음을 편하게 해주는 일이다. 그것의 토대는 사물에 의미가 있다고 장담하는 것이다. 아이들이 잠자리에서 이야기를 듣고 싶어 하는 것처럼. 아이들은 이것 혹은 저것을 알고 싶어서가 아니라, 안심하고 싶어서 이야기를 원하는 것이다. 이야기는 형식을 만들어내고, 형식은 당신이 그들에게 어떤 이야기라도 해줄 수 있다고 안심시켜 준다. 실제로 당신은 그렇게 한다. 그리하여 이야기에는 당신에게 안도감, 정체성과 의미를 주는 강력한 무언가가 있다(p.6).

그러나 물론, 이러한 서사는 세상을 실제로 바꾸고 싶어 하는 정치화된 아방가르드 영화제작자 이론가집단이 불과 얼마 전에 서사 방식으로 **비난했던** 바로 그것이다. 거주민들의 능동적이고 책임 있고 성숙한 참여를 절대적으로 필요로 하는 세상, 안정적인 "정체성" 개념 자체가 억압적 이데올로기로 작용하는 세상에서, 서사의 퇴행적이고 거짓으로 안심시키는 성질은 비난받았다. 이러한 서사는 우리로 하여금 자기만족에 빠지게 하고, 정체성과 완전함이라는 가짜 느낌을 갖도록 만들기 때문이다.

벤더스 이야기의 서사구조를 생각할 때, 〈콜롬보〉가 다시 떠오른다. 이는 탐정 이야기의 고전적 구조를 벗어난 것으로 유명하다. 시청자는 처음부터 "누가 범행을 저질렀는지" 알고 있기 때문에 콜롬보가 똑똑하게 사건을 해결하는 모습에 온전히 집중할 수 있다. 이렇듯 이 드라마의 형식 자체가 운명의 느낌을 전달하며, 콜롬보는 운명의 현신이다. 〈욕망의 날개〉도 남자와 여자의 기적적 만남에 운명의 개념을 부여한다. 이 만남은 오로지 서사적 명령에 의해서 이루어진다. 여자는 술집으로 걸어 들어온다. 그리고 그 남자를 전에 전혀 본 적이 없음에도 불구하고 그가 문자 그대로 자신의 꿈속에 나타났던 남자임을 안다. 영화가 열린 결과를 인정하고 있음에도 불구하고(스크린에 나타난 마지막 글귀는 "다음 회에 계속" 이며, 스토리텔러는 "우리는 해상 근무 중"이라고 선언한다), 구조 자체에서 필멸성의 공포를 제거한다. 이는 정확히 말해서 우연성의 공포다. "우연은 더 이상 없어요"라고 여자는 말한다. "보세요. 내 눈은 필연의 화신이예요. 광장에 있는 모든 사람의 미래를 담고 있어요."

여자가 이 영화에서 완전히 관습적인 방식으로 인류의 "미래" 뿐 아니라 회귀장소, 노스텔지어장소로서 기능한다는 사실은 마리온과 자고 난 후 다미엘이 하는 마지막 말에서 드러난다. (사랑의 육체적 행위는 의미심장하게도 스크린 밖에서 일어난다.) 그녀가 로프 위에서 연기할 때, 다미엘은 밑에 서서 로프를 잡고 위를 쳐다보며 깊이 생각한다. "나는 그녀 안에 있었고 그녀는 나를 감싸고 있었지… 필멸의 아이가 창조된 것은 아니지만 불멸의 이미지가 창조되었지. 나는 어제 밤 놀라운 일을 배웠어. 그녀는 나를 집으로 데려갔고 나는 나의 집을 찾았어. 이 일은 일어났어. 일단 일어났으니까 영원히 지속될 거야." 이 대목에서 어머니와 자궁으로 돌아온 〈빅〉이 떠오른다. 〈욕망의 날개〉 전편에 걸쳐, 여성의 몸은 시선의 욕망/대상의 대상으로서 기능한다. 여자의 생각을 들어 보면, 그녀는 실제로 남자의 시선을 욕망하고 있다. ("나는 단지 준비만 하면 되는 거야. 그러면 세상 모든 남자들이 나를 보게 될 거야. 갈망. 나를 휘저어줄 사랑의 파도를 갈망하는 것") 그리고 그녀가 이러한 갈망을 불러일으키면 그 이미지는 간간이 흑백에서 컬러로 변한다. 천사가 남자로 변하는 것은 이 대리천사의 몸에 대한 그의 강렬한 욕망 때문이다(그보다 25세나 젊은 여자의 몸. 필멸을 받아들이기에 너무 젊은). 그러나 끝날 무렵, 자궁을 지닌 그 여자는 **불**멸성에 대한 보장으로서 기능하게 된다. "영원"은, 두 사람이 그 전날 밤 만들어낸 "불멸의" 이미지가, 그가 죽어도 그와 함께 있으리라는 다미엘의 선언이 지니는 공포를 경감시킨다.

모순의 인물로서 공중곡예사는 그것을 두 가지 방식으로 가지려는 이 영화의 욕망을 상징한다. 과거의 공포를 기억하려는 고통스러운 작업을 수행하고자 하며, 남성성과 여성성의 개념을 수정하며, 몸과 몸의 필멸성과 화해하며, 자유와 책임이라는 이상을 지지하며("필연을 선택할 시간이예요" 라고 마리온은 말한다), 영화는 단순한 이야기와 어머니의 자궁을 향한 노스텔지어로 스스로를 위로한다. 또한 한 남자와 한 여자가 "그 후 항상 행복하게" 살았다는, 서사의 바탕에 깔린 "운명"이라는 낡아빠진 개념으로 스스로를 위로한다. 벤더스가 늙은 간츠 반대편에 있는 자신의 젊은 여자친구를 캐스팅했다면, 이 영화가 중년의 위기에 처한 감독의 다큐라고 생각하고 싶은 유혹을 느끼게 될 것이다. 그는 더 이상 젊은 매버릭이 아니라 세속적 성공을 거둔 사람이다. 그러나 이러한 성공과 대중의 지지와 예술의 불멸성에 대한 갈망에도 불구하고, 그의 엄격한 기준은 여전히 그대로 남아 있으며, 그가 제기하는 질문은 여전히 어려우며, 그의 사회적 양심은 여전히 날카롭게 살아있다. 사실상 최종 분석에서, 이 영화와 퇴행을 다루는 다른 많은 영화들의 매력은 전체 베이비붐 세대의 집단적 중년의 위기를 표현한다는 점에 있다.

본 장에서 논의한 모든 영화들은 그 핵심에 몸의 인간적 한계를 벗어나고자 하는 남성 욕망이 있다. 전능한 슈퍼히어로의 이미지인 남근 뒤에 있는 상처받기 쉽고 유한한 남성인 페니스(이러한 예로 주인공의 인간성과 나약함을 강조하는 〈배트맨〉과 〈예수의 마지막 유혹〉같은 슈퍼히어로로를 리메이크한 동시대 영화들을 주목할 수 있다)를 드러내고자 하는 이들의 명백한 관심에도 불구하고, 이 영화들은 옛날 영화들만큼이나 모호하고 여성에게 억압적이다. 여성은 늘 몸에 대한 남성의 모순감정이라는 짐을 지도록 되어 있다.

최근 장-프랑수아 리오타르는 철학적 질문을 제기하였다. "생각은 몸 없이 계속될 수 있는가?" 그리고 작아지는 남자와 반대편 입장을 취하면서 부정적인 답변을 한다. 리오타르에 의하면, 생각하기는 몸 밖이 아니라 몸 내부에서 오는 고통을 포함한다. "고통은 우유부단하기로 결심한, 참을성 있기로 결정한, 생각 자체다……. 그러므로 생각하기의 고통은 시간의 고통, 일어나는 일의 고통," 그리고, 필멸의 고통이다.[25] 흥미롭게도 리오타르는 자신의 에세이를 두 부분으로 나눈다. 몸 없는 생각에 대한 철학자의 꿈을 다룬 첫째 부분은 "그He"라는 제목이 붙어 있다. "그녀She"라는 제목이 붙은 두 번째는 **젠더화된** 몸의 중요성을 논의한다. 리오타르에 의하면 생각은 결핍을 인식할 때 비로소 시작된다. 결핍은 "몸 속, 내부 깊숙이, 마음속에 존재한다… 교묘하게 도망 다녀서, 파악하기 불가능하다." 이는 리오타르가 "내재 속 초월"(p.85)이라고 부르는 상태다. 리오타르가 암시하는 것은 젠더화되는 것은 여성의 몸뿐이라는 사실이다(모니크 위티그가 그녀의 에세이 "젠더의 표시"에서 주장한 것처럼). 여성의 몸은 "결핍"의 투영을 위한 장소로서, 사실상, "내재 속 초월"의 현신으로서 기능한다. "내재 속 초월"이라는 말은 여자 공중곡예사, 예술에서 일반적으로 재현되는 여자Woman의 중요성을 완벽하게 포착한다.

리오타르의 에세이가 실린 저널의 같은 호에, 앞에서 논의한 바 있는 발리 엑스포트의 에세이도 실려 있다. 엑스포트는 리오타르와는 반대로 가부장적 재현시스템 속에 있는 여성의 몸에 가해지는 폭력의 문제를 전경화하며, 리오타르가 찬양하는 젠더화된 몸의 종말을 요구한다. 그리고 우리가 앞에서 보았듯이, 거식증에서 이러한 몸에 대한 여성의 바람직한 거부를 발견한다. 그러나 페미니스트들은 질병을 찬양하는 낭만적인 충동을 거부해야 한다고 생각한다. 거식증은 단지 여성에 대한 가부장제의 모순적 이미지("내재 속 초월")를 반영할 뿐이다. 한편 거식증은 "자아"를 "구체적으로, 몸으로서" 보지만, 다른 한편으로는 "순전히 낯선 욕망의 통로를 벗어나는 방법으로서 몸에서 벗어나고자" 욕망한다.[26] "시간의 고통"에 대한 거식증적 거부, 성장과 성숙에 대한 저항이 포스트모더니즘 자체의 특징일 뿐 아니라, 실제로 오늘날 일부 **남성성**의 특징이라는 점을 우리는 이해할 필요가 있다. 포스트모더니즘은 몸의 이미지를 이미지로서 탐닉하며, 시간의 흐름, 역사 자체를 멈추고자 한다.

물론 이러한 역사의 거부는 프레드릭 제임슨에 의해 논의되어 왔다. 그는 동시대문화에 스며있는 노스텔지어를 지적해 왔다.[27] 실제로 우리가 검토해 온 작품들에서, 노스텔지어는 명백하게 주제역할을 한다. 특히 포스트모던운동에서 영화는 예술이 언제나 퇴행적 판타지를 포함한다는 프로이트의 주장을 무화시키고 퇴행 자체의 판타지에 중점을 둔다. 서사의 죽음을 선언하는 포스트모더니즘의 경향에도 불구하고, 노스텔지어는 궁극적으로 서사 자체에, 벤더스에 의해 표현된, 스토리텔링이라는 상실된 예술에 대한 욕망에 초점을 맞추게 될 것이라는 사실은 너무도 예측가능한 일이었다. 여성은 서사와 더불어 그녀의 전통적 자리로, 정확히 말해서, 남성이 시간의 흐름을 멈추기 위해 물러날 수 있는 모태의 자리로 돌아올 것이라는 사실도 예측 가능하였다. 그러나 지금까지 살펴보았듯이, 피위 허먼 영화들과 〈피위의 플레이하우스〉같은 패러디, 반서사적 모방 작품에서조차도 상황은 여성에게 더 나을 것이 없다. 이들 영화 속에서 여성의 몸은 영원히 젊은 남성이 거부할 시간의 무게를 짊어지게 되어 있다. 그리하여, 문제가 되는 텍스트가 서사든, 포스트모던예술의 특징인 반서사든 상관없이, 노스탤지어는 많은 남성이론가들이 고려하지 않은 방식으로 성차에 묶여 있다.[28]

그러나 페미니스트들은 남성들에게 남성의 몸과 화해하라고 요구하며 자신들의 몸이 가부장제에서 기능해온 방식을 계속 연구하고 있다. 늙은 몸, 괴상한 몸, 거식증의 몸 등에 관한 연구는 여성이 가부장제에서 희생제물로 계속되는 것을 거부하는 방식의 일환이다.[29] 여성의 의식화라는 지속적인 프로젝트로서, 여성의 몸에 대한 조작을 분석하는 것은 오늘날 페미니즘이 직면한 가장 긴급한 임무라고 이 책은 암시한다. 그리고 이러한 극단적 조작이 종말을 고하는 것은, 정확히 말하자면 시간의 문제가 될 것 같다.

3부 인종, 젠더, 섹슈얼리티

✳ 7장

영화와 검은 대륙
대중영화 속 인종과 젠더

초기 유성영화 〈재즈 싱어〉에는 인종, 젠더, 민족 문제가 유별난 방식으로 섞여 있다. 유태인 아들로 분한 알 욜슨Al Jolson은 영화 마지막에서 연극을 위해 검은 얼굴을 한 채 "먼 옛날이 부르는 소리, 내 민족의 외침 소리"를 듣는다. 그는 자신의 어머니에게 "흑인유모"라는 노래를 불러드린 뒤 집으로 달려간다. 그리고는 즉흥적으로 임종을 앞둔 아버지가 하시던, 합창지휘자 역할을 맡기로 약속한다.

그 후, 아들이 쇼 비즈니스계로 돌아오는 것으로 영화는 끝난다. 이 종결부는 연극무대의 영화 버전으로 덧붙여진 것이다.

그리하여 영화와 연극, 두 세계 모두에서 최고라는 찬사를 받게 된다. 물론 여기에는 헐리웃 영화와 친숙한 오이디푸스적 주제가 있다. 〈재즈 싱어〉의 경우, 아들이 아버지 역할을 계승하는 것은 엄격하고 고집 센 가부장적 태도를 수정하는 결과를 낳는다. 이 영화는 이 시대의 동화정책적 이데올로기들을 조화시키고 있다. 어머니는 주인공의 성장과 문화순응 과정에서 중심인물이 된다. 아이에 대한 무조건적 사랑 속에서 그녀는 아버지와 아들, 구세계와 신세계, 문화차이에 대한 욕망과 문화통합에 대한 욕망 사이에서 이들을 매개하는 세력으로 작용할 수 있다.[1]

그러나 이 영화 속에서 어머니가 유일한 중개자는 아니다. 백인과 **그의** 드라마를 위해 그녀가 간직하고 있는 의미 속에서만 자신의 존재의미를 갖는 유일한 사람이 아니다. 물론, 이러한 또 다른 인물로 흑인이 있다. 그는 "인종"이라는 변함없는 사실을 대표하기 위해 환유적으로 소환되었다. 이리하여 동화정책 연속체의 한 극을 형성하게 된다. 다른 극에는 욜슨 캐릭터의 **비유태인** 여자친구가 서 있다. 이 영화가 사용하고 있는 본질주의적 인종개념이 매스커레이드를 통해, 그리고 환상의 공간인 극장에서 주장되고 있다는 사실은 아이러니컬하다. 말하자면, 재즈싱어는 흑인의 피부와 흑인의 목소리를 하고 다른 인종의 역할을 **마임으로** 하는 과정에서 유태인으로서의 자신의 인종적 **진정성**을 깨닫는다. 그리하여 영화는 페티시의 영역에 정직하게 위치하게 된다. 이리하여 뿌리 깊은, 인종적 차이라는 개념이 인정되는 동시에 부정된다.

호미 바바의 최근 연구는 전반적인 식민주의담론이 어떻게 모방과정을 포함하는지 보여주었다. 모방은 정신분석학적으로 페티시화 메커니즘, 현존과 부재의 놀이와 연관된다. 바바는 하나의 국가가 자신의 구조, 가치, 언어를 식민화된 국가에 부과하는 것이 모방이라고 말한다. 부과란 차이를 완전히 없애는 것이 아니라, "거의 같지만, 완전히 같지는 않은 차이에 대한 주체의 욕망"을 말한다. 그리하여 바바는 끊임없이 **반대감정 병존**을 강조한다.[2] 바바의 용어는 영국제국을 의미하지만, 이 용어들은 미국상황에도 똑같이 적용된다. 토마스 크립스가 미국영화에 등장하는 흑인들에 대한 연구서에서 지적하듯, 지배문화와 그 재현들과의 관계에서 흑인들의 위치는 "반대감정 병존"의 것이었다. 흑인들은 "미국문화를 흡수했지만 미국문화가 흑인문화를 흡수할 것을 기대할 수는 없었다."[3] 더욱이 크립스 자신은 영국의 식민지 체제가 "사회적 통합은 거부하면서 문화적 동화를 장려하는" 방식이 "미국의 인종정책과 닮았다고" 지적한다(p.313) 이 같은 정책으로 인한 우스꽝스러운 결과는 예를 들어 "인종영화"라고 일컬어지는 영화에서 종종 백인 없이 꾸려가야 한다는 것이다. "백인 없이, 극적 구성요소를 위해 흑인 캐릭터들이 백인의 인종분리정책을 계승한 세계를 창조하였다. 그리하여 비현실적인 흑인경찰, 요리사, 판사, 배심원들이 궁지에 처해 있는 흑인 희생자들을 비난하는 방식으로 상호작용하였다." 그러나 크립스가 문제로 지적하는 사실성의 결여는 두 가지 방식으로 나타날 수 있다. 백인영화에 대한 이러한 모방이 어떻게 쉽사리 모델 자체를 반영할 수 있는지, 그것을 조롱하고, 낯설게 하고, "삶의 모방"으로서의 정확성을 의심함으로써, 간파하는 것은 쉬운 일이기 때문이다(p.322-23).

에디 머피의 〈미국에 가다〉는 흑인의 백인에 대한 모방이 유머와 텍스트의 기본구조원리가 되는 동시대 영화의 예가 된다. 이 영화에서 프라이스 아킴은 자신이 선택할 여왕을 찾기 위해 미국으로 간다. 그가 찾는 여자는, 자신의 아내가 될 운명을 지니고 태어나 그런 식으로 훈련받은 여자가 아니다. 그는 "자신의 마음"을 지니고 있는 여자를 찾기 위해 미국으로 가는 것이다.

미국에 도착하자마자 아킴 왕자는 빈곤한 흑인의 세상을 발견하게 된다. 그러나 영화는 잽싸게 이 세계를 지나친다. 그리곤 맥도웰이라고 불리는, 햄버거가게 주인이 대표하는 중산층 흑인사회로 들어간다. 아킴은 이 집 딸을 아내로 선택하게 된다. 가게주인은 그의 사업과 맥도널드 프랜차이즈 간의 차이를 설명한다. "그들은 금빛 아치지만, 우리는 금빛 아크라네……. 그들의 롤에는 참깨가 들어가지만, 우리 것은 아니지." 즉, 차이 없는 구분이다. 모방 자체가 전경화되는 이 농담은 다양한 방식으로 해석된다고 말할 수 있다. 잠재적으로 흑인 중산층 야망에 대한 백인모델을 조롱할 뿐만 아니라, 적어도 편견을 지닌 백인관객들 눈에는, 백인자본주의를 "진정한 것"으로 인정하고 그에 대한 흑인들의 열망을 우스꽝스럽고 불쌍한 것으로 드러내는 것으로 보일 수 있다.

모방이 텍스트를 통해 작용하는 또 다른 의미도 있다. 이 영화가 스크루볼 코미디 장르에 속한다고 말할 수 있다면, 이 영화는 마임이라는 비현실적 판타지에 참여하는 셈이 된다. 백인과 관련해서도 비현실적이지만 흑인과의 관계에서는 더욱 비현실적이다. 〈마이 맨 고드프리〉에 나오는 고전적 스크루볼 주인공 고드프리를 떠올리게 하는 몸짓으로 아킴은 자신이 사랑하는 (어머니 없는)여자의 아버지 마음을 사기 위해 땡전 한 푼 없는 마루닦이로 변장한다. 이는 이발사의 충고에 따른 것이다. "딸과 잘 되고 싶으면, 아버지와 사이가 좋아야 한다." 이 영화는 분명히 오이디푸스적 드라마의 경계 안에 정직하게 위치해 있다. 유일한 비틀기는 아킴의 진짜 아버지의 도착이 미래의 장인 마음을 얻는 결정적 사건이 된다는 것이다. 미래의 장인은 딸의 구애자가 부유한 왕족임을 알고 몹시 놀란다. 이렇듯 이 영화의 주요 갈등은 인종 간의, 혹은 계급 간의 갈등이 아니라, 부유한 흑인미국인과 훨씬 더 부유한 아프리카인들 간의 갈등이다. 영화는 이 장르의 전통적 해법에 따라 결혼으로 끝맺음으로써 갈등을 해결한다. 버거 퀸과 미래의 아프리카 왕의 결혼은 두 세계의 조화로운 결합을 약속한다(맥도웰이 대표하는 백인 미국사회에 대한 흑인의 모방, 왕족이 대표하는 흑인 아프리카국가). 그러나 이러한 결합은 제3세계 국가들의 환경파괴에 앞장서는 미국회사들의 역할을 생각할 때 특히 불길한 아이러니를 띠고 있다.

〈미국으로 가다〉의 엔딩은 바바가 인종 재현에서 작용한다고 말한, 반대감정 병존이나 이중성을 판타지 층위에서 해결하고자 하는 시도로 볼수 있다. 낯선 아프리카 타자로서의 흑인남자(주인공 역할을 하는 사람이 친숙하고 미국화된 에디 머피기 때문에, 늘 이미 부정되는 타자성)와 아메리칸드림에 동화된 드리머로서의 흑인남자. 바바에 의하면, 이러한 반대감정 병존은 폭발적이다. 모방에는 위협의 싹이 있다. 그리고 이것은 "거의 아무 것도 아니지만 완전히 그렇지는 않은 차이"에서 "거의 총체적이지만 완전히 그렇지는 않은 차이"로 한 걸음 나아가는 것에 불과하다.[4] 코미디에서 호러로 장르가 바뀌면서 영화 〈외계 국가〉는 이 명제를 생생하게 보여준다. 이 영화에서는 다른 행성에서 온 외계인 집단이 억압받는 소수자로서 로스엔젤레스에 거주하고 있다. 명백하게 이들은 흑인에 대한 알레고리로 기능한다. (여기에서 우리는 모든 인종집단을 뭉뚱그려 백인사회의 "타자"로 기능하는 하나의 동일한 집단으로 만들려는 지배문화의 성향을 생생하게 볼 수 있다. 외계국가 개념은 분명 불법적 "외계인" 라틴계 사람들을 가리키기 때문이다.) 외계인들은 거의 백인 같지만 "완전히 같지는 않다"(그들은 신 우유를 마시고 취한다. 미국인보다 페니스가 크다. 머리는 이상한 모양인데다가 머리카락이 없고 반점이 있다)[5] 그리고 표면적으로 진보적인 텍스트에서 편협한 백인경찰관은 그의 새로운 외계인파트너 샘 프란시스코를 받아들이도록 배워야 한다. 압도적인 공통의 인간성 측면에서 볼 때, 개인의 차이란 사실상 별 거 아니라는 사실을 배워야 한다. 이 두 사람은 외계 행성 사람들을 거의 다 죽게 만든 치명적인 마약의 행방을 수사한다. 그의 인종이 "얼마나 기괴한 모습으로 변할 수 있는지" 알 수 있도록 샘은 파트너로 하여금 과다복용한 희생자의 끔찍한 신체변화를 목격하도록 한다. 하지만, 세부적 플롯을 제외한다면, 괴물성, 즉, 검은 괴물성에 대한 위협은, 흑인들의 상황을 직접적으로 다루지 않고 알레고리로 만들고자 한 결과로서, 이 영화 전편에 걸쳐 나오고 있지 않은가? 영화 산업 초기부터 백인을 캐스팅하여 얼굴을 검게 칠하는 경향은 이와 비슷한 기능을 하지 않았는가? 즉, 검음은 너무도 기괴하여 직접 재현될 수 없고 단지 의미될 수 있을 뿐임을 암시하는가? 〈국가의 탄생〉에서 검은 얼굴을 한 호색한이 백인소녀를 덮쳐서 죽게 만들 때, 연기자 백인여성의 순수성을 보호하기 위해 대개의 경우 백인남자배우를 캐스팅했다는 그리피스의 말을 우리는 알아야 할 필요가 있는가?[6]

그렇다면, 우리는 식민화된 사람들 편에서 모방의 기능을 분석할 필요가 있을 뿐 아니라 **식민화하는 사람**의 삶과 예술에 나타나는 그 역할을 이해할 필요가 있다. 즉, 시의 기능을 이해할 필요가 있다. 바바는 식민화된 인종들이 보여주는 "같지 않은/희지 않은" 차이의 요소가 정신분석적 개념인 페티시와 연관되는 방식에 대해 이렇게 말한다. "검은 피부는 인종 차별적 시선 하에 찢어져서 짐승, 생식기, 기괴함의 표시가 된다. 이는 조금도 다른 것이 섞이지 않은 온전한 흰 피부에 대한 공포증적 미신을 드러낸다."[7] 시는 백인남자가 몸 차원의 차이를 부인(인정하면서 동시에 부정)하는 수단으로 사용할 수 있는 방법이 될 것이다. 페티시즘의 과정으로서 모든 페티시가 그러하듯, 시는 차이의 모습에 의해 위협받는 온전함과 통일성을 회복시키고자 노력한다. 그러나 시는 모방게임 속으로 들어오기 때문에, "가면 뒤에 존재나 정체성이 없을"[8] 가능성을 살려둔다는 이유로 비난받는다. 페티시즘 개념은 시가 결코 소멸되지 않는 이유를, 그것이 헐리웃이 몹시 좋아하는 "상거래 장소"와 "나처럼 검은" 플롯들 속에 다른 형태로 살아 있는 이유를 이해할 수 있게 해준다. 가장 최근의 예는 폴 마주르스키의 〈파라도르 위의 달〉(실제로 "갈색 얼굴"의 예)이다. 이 영화에서 리차드 드레퓌스 캐릭터는 실직한 헐리웃 배우인데 중앙 아메리카의 지도자 역할을 하도록 강요된다. 그리고 사실상 라틴 아메리카 독재자들의 "투시Tootsie" 역을 끝낸다.

바바의 논의 중 일부는 페미니스트 독자를 위한 친숙한 영역도 다룬다. 그는 페미니즘 이론에서 잘 다듬어진 자료를 사용하기 때문이다. 예를 들어 차이와 같음의 문제는 루스 이리가라이가 프로이트의 에세이 "여성성에 대하여"와 플라톤의 〈국가론〉을 해석하면서 탁월하게 분석하였다. 이리가라이는 성별 간의 차이에 대해 서구문화가 강조함에도 불구하고 그 이면에는 여성의 성이 제기하는 차이에 대한 부정이 있음을 보여준다. 예를 들어 여성을 열등한 남자로서, "결핍"[9]을 지닌 자로서 이론화한 프로이트에서 이러한 부정의 증거를 찾을 수 있다. 물론 프로이트 이론에서 정확히 페티시는 "결핍"과 차이가 부인되는 수단이다. 동시에 받아들여지고 부정되는 것이다. 즉, 이는 "다수의 믿음"이 주장될 수 있는 수단으로서, 페티시화된 몸을 둘러싸고 있는 심하게 서로 다른 전형적 연상들을 지지하는 기능을 한다. 흑인만이 지배담론에서 특징지워진 인종이 아니기 때문이다. "야만적이면서. . .매우 순종적이고 위엄 있는 하인, . . 분방한 관능성의 화신이면서 아이같이 순진한, . . .신비스럽고 원시적이고 단순하면서 매우 세속적이고 단수 높은 거짓말쟁이, 사회적 세력의 조종자"[10]라고 호미 바바는 이들을 일컫는다. 이러한 묘사는 또한 여성을 재현할 때 적용된다. 남성의 상상 속에서 여성은 성녀와 요부로 분리되어 있기 때문이다.

파농처럼 바바 연구의 중요성은 식민주의와 인종차별주의의 정신사회적 역학을 이해해야 한다고 강조하는 방식에 있다. 그는 지금까지 불행하게도 정신분석학적 이해가 불가능하다고 간주되어온 문제들에 정신분석학을 적용시킨다. 그러나 이상하게도, 바바는 원래 성차 이론에 의해 발달된 개념들을 활용하고 있지만, 그는 거의 완전히 젠더 문제를 무시하고 페미니즘 연구를 경시한다. "여성 문제"는 실제로 무시하면서 그 용어들을 사용함으로써, 바바는 프로이트가 범한 동일한 종류의 실수를 저지르고 있다. "여성"을 검은 대륙으로 명명한 프로이트는 틀림없이 인종차별주의자요 성차별주의자였다. 그러나 그 대답은 분명히 그 명제를 뒤집는 것은 아니지만, 은연중에 "검은 대륙"을 여성으로 단정한다. 그 관계를 신중하게 이론화하는 최소한의 과정도 없다.

바바는 인종과 젠더가 어떻게 교차하는지 검토하지는 않지만, 그럼에도 불구하고 한 가지 점에 주목한다. "어둠은 탄생과 죽음을 동시에 의미한다. 이는 모든 경우에 있어 어머니의 완전함으로 되돌아가려는 욕망이다. 비전과 기원의 손상되지 않고 분화되지 않은 자취를 향한 욕망이다."[11] 물질의 중심, 어둠의 중심에는 결국 "마미Mammy"가 있다. 자신의 권리가 전무한 그녀는 남성에 의해 그의 기원과 정체성을 보장해주는 존재로 일컬어진다. 성차와 인종차이를 무수한 다양성으로 붕괴시키려는 남성 욕망에 직면하여, 페미니즘은 정체성의 복잡하고 "다양하고 가로지르는" 성질을 주장할 필요가 있다. 그리고 물어야 한다. 어떻게 우리는 우리 자신에게서 "기원의 자취"를 향한 욕망을 제거할 수 있겠는가? 어둠이 여성성을 여성성이 어둠을 의미하는 가부장적 사고의 사악한 순환성을 이해하면서 동시에, 섹슈얼리티 혹은 인종을 이론적으로 매우 중요한 것으로 단정하는 것을 어떻게 피할 수 있는가? 나는 이번 장에서 이 질문에 역점을 두어 다루고자 한다. 첫째로 우리의 문화가 그 재현을 통해 흑인남성과 백인여성간의 매우 금기시된 관계를 탐구하는 방식을 검토하겠다(특히 〈안개 속의 고릴라들〉과 초기 영화 〈블론드 비너스〉에 초점을 맞추어). 그 다음으로 대중영화에 나오는 흑인여성들의 재현에 초점을 맞추겠다. 특히 백인문화(백인여성을 포함하는)의 두려움과 불안을 전치시키는 장소로서 흑인여성이 기능하는 방식을 살펴보겠다.

〈안개 속의 고릴라들〉에서 기원의 문제는 시작부터 (물론 백인남성에 의해서) 제기된다. 인류학자 루이스 리키 박사는 커다란 강당에서 고릴라에 관한 강의를 하고 있다. "나는 내가 누군지 알고 싶어요. 또 나를 그런 식으로 만든 것이 무엇인지도." 그의 말에 주문이 걸린 듯 다이앤 포시가 등장한다. 그녀는 검은 아프리카의 중심부를 혼자 여행할 것이며 그녀의 이야기는 백인남성의 질문에 대한 환상적인 대답으로 여겨질 것이다.

이는 옛날이야기로서, 킹콩 이야기를 업데이트하고 지적으로 만든 버전이다. 이 영화 자체는 얇은 가면을 쓴 "검은 짐승들에 대한 알레고리"[12]로서 기능해온 동물영화 전통의 일환이다. 예를 들어 영화 〈킹콩〉의 계속되는 인기에 대해서 X. J. 케네디는 다음과 같이 말한다.

애틀랜타에서 온 흑인 친구가 나에게 말해주기를 남부 흑인사회 영화계에서 〈콩〉은 끊임없이 상연된다고 한다. 애틀랜타에서는 적어도 매년 짐작컨대 같은 관객들에게 이 영화를 상연한다. 아마도 이러한 인기는 단순히

〈콩〉이 매우 볼만한 영화라는 사실에 기인할 수 있다. 그러나 나는 흑인 관객들이 몸을 사리지 않는 백인경찰관들이 총동원되어 죽이려고 하는 거대한 검은 강력한 자유로운 영혼에 대한 반은 진지하고 반은 코믹한 이 이야기에서 모종의 원형적 매력을 발견하지 않을까 생각한다.[13]

이 인용문이 백인의 인종차별주의가 흑인관객의 심리에 어떻게 반영되는지에 관한 교과서적 예를 제공하는 방식은 차치하고, 케네디의 발언이 진보적 틀 안에서 모순적으로 표현되고 있음에 주목할 필요가 있다. 암묵적으로 흑인의 정치적 불만의 합법성을 인정하면서 한편 "원형"이라는 반역사적 개념을 사용한다. 이 개념은 흑인(짐승의 이미지로 나타나는)의 인간성을 부정하며 이들이 사회적 정치적 평등을 성취하지 못하도록 기능한다. 이 말이 케네디의 반응이 특이하다는 이야기는 아니다. 반대로, 인종차별 사회에서 백인들이 만든 〈킹콩〉같은 영화들은 이러한 종류의 해석에 익숙해 있다. 이는 식민주의담론의 특징인 부인의 공간에 위치해 있다(이 페티시는 사실상 두 가지 명백하게 반대인 "옛날의 것과 진보적인 것"을 동시에 믿게 하는 수단이다). 이것은 포스트페미니즘, 포스트인권 시대에 대중문화에 의해 점차 점령되고 있는 공간이다. 대중문화는 한 층위에서는 지난 몇 십 년간의 정치적 투쟁을 인정하면서 또 다른 보다 깊은 층위에서는 이러한 투쟁들이 백인 남성 권력 구조를 향해 던진 위협을 막고자 한다.

이러한 예를 들자면, 〈안개 속의 고릴라들〉은 커리어를 위해 남편과 가족을 얻을 기회를 희생한 여성개념을 존중하는 듯하다. 이 커리어는 사실상 대중영화에서는 주로 남성들에게 부여되는 모험 가득하고 위험한 생활을 포함하고 있다. 또한 전형적으로 남성과학자의 특징인 하나의 목적을 위해 일편단심 헌신하는 모습을 그녀에게 부여한다. 그러나 영화는 포시를 "비 전문화"시킴으로써 이 모든 것을 무로 돌린다. 르완다 산 속에서 연구하는 과정에 하버드 박사학위를 취득한 그녀의 과학자로서의 성장을 언급하지 않는다. 영화는 더 나아가 다이앤이 단지 자신의 성욕과 모성적 본능을 자신의 목적에 쏟아 부으며 승화시키고 있다(혹은 격하시키고 있다고 말해야 할까? 그녀가 원숭이들에게 "되돌아" 가니까?)고 암시함으로써, 여성의 독립에 관한 진보적 태도를 전복시킨다. 예를 들어 마지막 장면에서, 그녀가 죽은 후, 이미지 트랙은 나무 사이에서 그네놀이를 하는 살해된 고릴라의 아들을 보여준다. 그는 분명 **포시의** 아들이다. 그녀와 아버지 고릴라 디짓과의 데이트(다이앤이 누워 있는데 낭만적인 음악이 흐른다. 고릴라가 천천히 그녀의 손을 잡고 그녀의 손바닥에 소중한 흙 자국을 묻히자 그녀는 행복하게 미소 짓는다)는 그녀가 〈내셔널 지오그래픽〉 사진작가와 짝짓기를 한 후에 행해진다. 사운드트랙은 그녀와 농장주인 로즈 카의 대화를 들려준다. 포시는 말한다. "나는 결혼해서 아이를 낳을 거라 생각했어요." 그러자 그녀의 친구는 대답한다. "그 대신 당신이 없다면 살 수 없는 고릴라들이 산 한가득 있잖소." 마지막 타이틀은 포시의 일이 "한 종족의 생존에 중요하게 공헌했음을" 말해준다. 그것이 비록 적절한 종족은 아닐지라도, 결국 그것은 여성의 역할이다.

포시의 애정이 그녀의 약혼자에서 디짓과 그의 "그룹"에게 넘어가는 것은 약혼자의 사진이 고릴라들 사진으로 대체되는 것을 통해 영화에서 시각적으로 표현된다. 영화 시작 무렵에 다이앤의 오두막 밖에 놓인 작은 타이핑 테이블 위에 놓여 있던 약혼자의 사진은 그녀가 살해되기 직전 열정적으로 키스를 퍼붓는 고릴라들의 사진(내 친구 하나가 이를 "고릴라

포르노"라고 부르듯)으로 바뀌었다. 그 동안 페기 리의 노래("나는 그대 입술에 백만 번 여행하리")가 축음기에서 흘러나온다. 이 모든 것이 변태적으로 들릴지라도 이 영화에서 가장 주목할 만한 측면은 심리성애적 역학을 순진하게 만들고자 애쓰는 방식이다. 사실상 이 영화의 제목 자체는 일종의 부인을 의미한다. 짐승과 수성에 대한 길들여지고 낭만화된 "안개 같은" 시각을 암시한다. 영화 **자체의** 승화시키려는 노력은 모든 층위에서 영화가 끊임없이 환기시키는 고릴라/여자 간의 성애적 짝짓기의 변태성을 부정하는 작용을 한다.

호미 바바의 표현을 빌면, 이 영화에서 검은 피부는 한편 괴물과 짐승, 다른 한편 고귀함과 지혜의 이미지로 "찢어진다." 포시의 안내인 셈바가레는 후자의 이미지를 재현한다. 그의 가족은 부족과 함께 몰살당했기 때문에 그는 자신의 이야기나 플롯을 가지고 있지 않다. 그리하여 그는 자유롭게 백인여자에 대한 희생적 헌신의 삶을 살 수 있다. 헐리웃 영화에서 흔하게 나오는 이 캐릭터는 사건에 대한 관객의 해석과 판단을 이끌어 주는 역할을 한다. 그러므로 이 캐릭터의 중요성은 과대평가가 불가능하다. 이러한 캐릭터의 응시의 소유가 서사와 관계한 급진적 **탈**소유와 양립할 수 있다는 사실은 흥미롭다. 영화 내내 카메라는 끊임없이 셈바가레의 모습을 보여준다. 보통은 여주인공이 수행하는 일을 만족스러운 시선으로 보고 있지만 때로는 불만족과 절망의 표정도 짓는다. 셈바가레가 가장 마음을 쓰는 것은 여주인공의 성애적 낭만적 욕구가 충족되는 것이다. 그가 처음 그녀를 보고 약혼자의 사진에 대해 말하는 순간부터 이는 분명해진다. 흑인남성에게 일정 수준의 도덕적 권위 뿐 아니라 일종의 모성적 관심까지 부여함으로써, 이 영화는 진보적인 방식으로, 이 인물에게 권한을 주는 동시에 백인여성과 흑인남성이 가까운 것에 대한 관객의 불안을 해소시키는 것으로 보일 수 있다.

흑인남성이 백인여성에게 가하는 위협에 대한 두려움이 표면 밑에서 멀지 **않다**는 사실은 이 영화가 다른 모든 흑인남자들을 다루는 방식에서 알 수 있다. 이들은 보통 위협적인 집단으로 비춰지는데, 여주인공을 에워싸고 "야만적" 언어를 중얼거리며 그녀의 머리카락을 신기해하며 만진다. 영화 초반에 흑인 병사 몇 명이 포시의 오두막에 와서 그녀의 물건들을 망가뜨리고 그녀를 자기네 나라에서 쫓아낸다. 이 영화는 아프리카 내란을 포시의 성전을 방해하는 귀찮은 일 정도로 치부한다. 그녀의 성전은 새로 생겨나는 흑인국가들의 확실히 덜 중요한 투쟁을 영원하고 목가적인 "고릴라 나라"로 대체하려는 영화의 프로젝트와 제휴한다. 의미심장하게도 남자들이 그녀를 강제로 쫓아내려고 붙잡자 포시는 자신을 만지지 말고 손 떼라고 사납게 말한다. 포시와 고릴라와의 진한 러브신에 손잡기가 포함된다면, 그의 손가락이 빠져나가자 포시가 부르는 "디짓"의 이름이 사랑의 관심이라면, 그리고 마지막으로, 고릴라들의 머리와 손의 절단(절단된 손은 부유한 미국인을 위한 진귀한 재떨이로 만들어짐)으로 이 영화가 몹시 공포스러워진다면, 이 손의 모티프에는 영화의 기본적 갈등이 응축되어 있다고 볼 수 있다. 이는 동물과 흑인 간의 싸움으로, 결과적으로 동물이 흑인보다 육체적으로나 도덕적으로 덜 혐오스럽다고 간주되었다. 여기에서 우리는 그리피스의 영화 〈국가의 탄생〉까지 완전한 원에 도달했다고 할 수 있다. 이 영화에는 거스에게 스토킹당하고 있는 플로라와 다람쥐들의 인터컷 샷이 나온다. 이리하여 흑인 남자는 크립스의 말처럼 "죄 없는 동물에게 덤벼들려는 찰라의 맹수"(p.48)가 된다. 〈킹콩〉의 경우처럼 〈안개 속의 고릴라들〉에서도 고릴라를 죽여서 생활하는 큰 칼을 휘두르는 흑인남자가 비극적이고 고귀한 고릴라보다 **덜** 진실하고 덜 감동적인 인간으로 묘사된다.

물론, 스크립트 차원에서 보면, 이 영화는 보다 복잡한 시각을 암시한다. 사진작가 밥은 화난 포시에게 주로 부유한 미국인들에게 이로운 경제적 파워게임에서 흑인들은 단순히 볼모에 불과하다고 경고한다. 이 점에 있어서도 이 영화는 부인의 영역에서 작용한다. 흑인 남자들에 대한 시각적 희생자 만들기를 언어적으로 논박하고, **그리고**, 더욱이 이 희생자 만들기를 포시 캐릭터에 투사한다. 그녀는 어떤 때는 마녀인 척하면서 어린 흑인 소년을 공포에 떨게 하고 또 어떤 때는 흑인남자 밀렵자에게 린치를 가하는 시늉을 한다.

그리하여 마지막에 가장 인간적으로 보이는 인물은 백인남자다. 반면 흑인남자들은 자기희생적인 하인이거나 위협적인 괴물이다. 그리고 백인여자는 무고한 동물을 구하는 고귀한 구세주인 동시에 마녀다. 숲의 짐승들과 부정한 동맹을 맺음으로써 그녀는 광란의 편집증 환자로 변한다. 다시 말해서, 영화의 페티시적 쪼갬으로 인해 텅 빈 공간 속으로 백인남자가 촬영장비를 들고 걸어들어간다. 명백히 그의 카메라는 그를 둘러싸고 있는 변태성으로부터 적절한 관음증적 거리를 그에게 만들어줄 수 있다. 흥미롭게도, 이 영화는 다이앤 포시의 이야기라서 영화 대부분이 그녀의 시점에서 보이는데, 때때로 영화가 밥의 시점으로 넘어가는 경우가 있다. 다이앤이 디짓과 "짝짓기"할 때 밥은 매혹된 표정으로 바라본다. 카메라는 촬영장비 근처에 웅크리고 앉아 여자와 원숭이가 사랑을 나누는 모습을 뚫어져라 보는 그의 얼굴을 아주 가까이 클로즈업한다. 처음 그가 도착했을 때도 이런 순간이 있었다. 다이앤은 바닥에 쭈그리고 앉아서 고릴라들의 움직임과 소리를 흉내내고 있다. 이 모방 장난은 여자가 끊임없이 고릴라 흉내를 내는 것처럼 보인다. 즉, 인격화된 원숭이를 흉내내는 것이다. 흑인들처럼 그녀는 동물보다 한 단계 밑에 위치하는 것 같다. 즉, 동물들이 획득한 동일한 수준의 인간성을 도저히 성취할 수 없는 것처럼 보인다.

그러나, 전기적인 이야기라는 주장에도 불구하고, 〈안개 속의 고릴라들〉의 시점구조 분석이 대다수 헐리웃 영화처럼, 주로 백인남성의 두려움과 판타지를 다루고 있고, 동물, 여자, 다른 인종과 관련해서 백인남성이 자신의 완전한 인간성을 확인하도록 기획된 것처럼 보이지만, 백인남성과 그의 "타자들" 간의 관음증적 거리는 결국 무너진다. 밥 역시 고릴라들에게 끌리게 된다. 다이앤이 디짓과 함께 있는 것을 본 후 자신이 다이앤의 연인이 되자, 동물의 아름다움에 대한 이야기가 포시 자신에게도 적용되며 이중의미로 작용하는 정교한 언어적 유희를 통해서, 그는 자신의 짐승같은 욕정을 대리로 만족시키게 된다. 여기에서 우리는 동성사회적 욕망이라는 영원한 주제를 만나게 된다. 이 욕망에 따라 여자는 두 남자와 삼각관계를 이루게 된다. 첫째 남자가 여자를 좋아하거나 소유하게 되면, 그 결과 두 번째 남자도 여자에게 매력을 느끼게 되기 때문이다. 르네 지라르의 표현을 빌면, **모방**욕망이 발생하는 것이다. 이 영화의 경우 동물을 모방하는 남자의 모방욕망이다.[14] 그리하여, 20세기 말 무렵, 오랫동안 가부장적 사회의 초석이었던 동성사회적 욕망이 영장류까지 포함하는 정도로 확대되었다고 말할 수 있겠다.

그렇다면 〈안개 속의 고릴라들〉에서 여자는 남자가 자신의 기원의 비밀 속으로 처음 들어가도록 해준다. 그러나 남자는 다른 이들에게 닥친

살육과 파괴를 피해 더 넓은 세상에서 새로운 일을 찾기 위해 달아난다. 이러한 폭력은 남자와 여자, 백인과 흑인, 인간과 동물, 자연과 사회 간의 바뀌는 경계에 위치함으로써, 수많은 금기영역을 건드리고 있는 영화의 적절한 엔딩이 된다. 이들 금기에 대한 불안한 강박과 거의 통제불가능한 반복으로 인해 관객은 영화의 변태성에 당황해할 것이다. 그러나 리뷰어들은 심지어 이 영화의 색다른 정신사회적 역학에 대해서조차 거의 언급도 하지 않았다. 〈안개 속의 고릴라들〉을 둘러싼 주된 "논쟁"은 포시의 삶에 대한 재현의 정확성과 관계있다. 모방, 혹은 미메시스의 문제인 것이다. 환상적 층위에서 이 영화에 의해 만들어진 혼란에 대한 반응으로서 이러한 문제가 발생하는 것은 아닐까? 이 영화 자체가 역사적 과정을 전경화하여, 페미니스트와 흑인 민족주의자들의 투쟁보다 먼저 존재하는 자연적이고 전원적인 공간을 확립하고자 시도하는 것처럼, 진정한 인간생활을 향한 갈망을 우리에게 주입시킴으로써 이런 문제가 제기되는 것은 아닐까? 이러한 질문은 특별한 긴급성을 띠게 될 것이다. 이 영화가 발끝을 내딛고 있는 라인이 너무도 얇아서 위험천만하게 자신의 추구를 흉내내는 지경에 이르렀기 때문이다. 즉, 우리 모두를 원숭이로 만든 것이다.

『말하는 원숭이: 아프리카계 미국 문학 비평 이론』이라는 책에서 헨리 루이스 게이츠는 장 르노아르의 무성 영화 〈찰스턴의 하늘에〉를 칭찬한다. 르네상스와 계몽주의 시대 유럽에서 유행한 발견의 문학에 대한 패러디라는 것이다. 이 영화에서 검은 얼굴의 한 흑인 남자가 홀로코스트 이후의 유럽과 유일한 생존자들을 발견한다. "옷을 빈약하게 걸친 백인 야생 여자. . .그리고 그녀의 음탕한 친구, 원숭이 한 마리"가 그들이다. 게이츠는 이 시나리오에서 "아이러니의 탁월한 비유"를 본다. 이는 "아프리카 여성이 원숭이 수컷과 함께 있는 것을 더 좋아하는 성벽이 있다는 유럽인들의 주장을 상당히 직설적으로 뒤집는" 작용을 한다. 게이츠가 르노아르의 "서구 흑인담론의 주요한 관습에 대한 초현실적 비평"에서 의심스러운 아무 것도 발견할 수 없다는 것은, 그리고 〈킹콩〉(이 1933년 영화보다 훨씬 앞선) 같은 강력한 미신을 완전히 무시할 수 있다는 것은, 매우 커다란 맹점이 있다는 것을 시사한다. 즉, 여성타자가 흔히, 인종과는 상관없이, 완전한 인간의 영역 바깥에 있는 범주를 할당받아온 방식을 보지 않는 것이다.[15] ("탁월한" 아이러니 작가에게, 애완 원숭이와 함께 음란하게 빙빙 도는, 옷을 빈약하게 걸친 백인남자를 묘사할 생각이 왜 떠오르지 않았을까? 하고 우리는 물을 수 있다.)

인종과 젠더에 대한 담론에 페티시적 성질이 있다면 정치적으로 효과적인 재현전략이 "역전"을 통해 작용할 수 있는지 질문을 제기할 필요가 있다. 흑인 미국인의 복잡한 "말하기"가 백인담론에 참여하면서 미묘하게 그것을 망가뜨리고 있다고 주장하는 게이츠의 명징한 논의는 은연중에 "직설적인 역전"의 정치적 비판으로서의 경쟁력을 부정한다. 게이츠의 주장처럼, 흑인들이 W.E.B. 뒤보아가 미국 문화에서 그들 존재의 "이중성twoness"이라고 부른 것에 대해 대응할 수 있는 양날이 있는 담론을 발전시켜 왔다면, 미국생활에서 인종**과** 젠더의 복잡한 관계를 이해하고, 인종차별과 성차별 사이에서 우리를 끊임없이 방향전환하게 만드는 "역전"을 피하고자 한다면, 이러한 담론을 이론화하는 것은 매우 타당한 일이 될 것이다.

이 점을 예증하기 위해, 나는 페미니즘 정신분석 영화 이론의 "시초의" 순간을 강하게 느끼게 해준 감독이 만든 영화의 한 장면으로 되돌아가고자 한다. 즉, 요제프 폰 슈테른베르크는 대중 서사영화가 여성의 몸을 페티시화하는 방식에 대한 로라 멀비의 논의에서 중심에 위치한 감독이었다.[16] 영화 〈블론드 비너스〉는 〈안개 속의 고릴라들〉에서 밥이 원숭이들 사이에 누워 있는 다이앤 포시를 보고 매료된 것처럼, 동시대 영화이론가들에게 참으로 매혹적이었다.[17] 내가 말하고자 하는 장면의 스틸사진 한 장이 이 영화의 여성 섹슈얼리티를 다루는 방식의 전복성에 대한 논문이 실린 『시네마 저널』의 표지를 아름답게 장식하고 있다.[18] 이 장면까지의 줄거리에서 마를렌 디트리히가 연기하는 여주인공 헬렌은 최근 초라한 집과 남편과 아들을 떠나 무대 위로 돌아온다. 스틸사진에서 그녀는 원숭이 분장에서 막 빠져나온 모습이다. 하지만 분장용 털이 그녀의 성기부근, 어깨, 엉덩이에 남아 있다. 그녀는 이제 막 "핫 부두Hot Voodoo"를 부르려고 한다. 그녀는 머리에 아프리카형의 둥근 블론드 가발을 쓰고 있고, 그녀 뒤에는 검은 얼굴을 하고 있는 여자들이 커다란 입과 이빨이 그려진 거대한 가면과 창을 들고 있다.

슈테른베르크는 이 장면에서 여성의 몸을 기막히게 페티시화한다. 다른 어떤 곳에서도 이처럼 강력하게 자신을 페티시의 명수로 드러낸 적이 없다. 이 장면을 제대로 이해하기 위해서는 호미 바바와 로라 멀비 **두 사람 모두**의 통찰을 적용할 필요가 있다. 페미니즘 영화 비평가들은 너무도 흔히 영화의 인종차별 문제에는 단지 부가적으로 언급해왔다. 그들은 퍼포먼스와 스펙터클을 강조함에 있어 영화가 "진보적"인지 여부를 판단하느라 바쁘다. 즉, 영화의 서사가 지지하고자 하는 이상적 가정을 미묘하게 시각적으로 손상시키는지 여부에 관심을 쏟는다. 그러나 인종차별은 보다 긴급한 관심사를 위해 괄호로 묶어버릴 우연적이고 "의외의odd" 순간이 아니라, 사실상 욕망을 불러일으키고 조종하는 데 있어 중심적인 역할을 한다. 욕망은 핫 부두 노래와 함께 시작하여 헬렌이 남쪽으로 점점 이국적인 곳으로 도망감에 따라 계속된다. 마지막 장소는 한 흑인 여자가 운영하는 루이지애나 하숙집이다.

핫 부두 장면에서 현존과 부재, 차이와 동일성의 페티시적 작용은 〈안개 속의 고릴라들〉처럼, 백인여자, 원숭이, 흑인들이라는 요소의 상호작용에 의존한다. 게이츠의 말처럼 이 영화가 전형적인 연상작용에 의존한다고 말할 수 있다면, 또한 백인여자는 원숭이**라고** 말할 수 있다. 그러나 물론 그녀는 원숭이가 아니다. 이 장면이 불러일으키는 성적 흥분의 일부는 부인과 이중성에서 파생된다. 즉, 그로 인해 그녀가 동시에 백인이면서 백인이 아닐 뿐 아니라(아프리카풍 금발가발이 암시하듯) **동시에** 동물이면서 인간으로 규정되는 모순적 신념 구조에서 파생된다. 이와 유사하게, 검게 얼굴을 칠하고 검은 아프리카 가발을 쓰고 디트리히 뒤에 서 있는 백인여자들 또한 아프리카 "야만인"으로서 인정받고 부인된다. (그리고 더 나아가 그들 얼굴의 전투용 그림이 그들의 몸 하반신 앞에 들고 있는 가면의 그림과 닮았다는 점에서 페티시화된다. 가면에 그려진 이빨은 명백히 **이빨 달린 질**을 상징하기 때문이다.) 우리는 이렇게 몹시 연극화된 이미지를 대중문화의 재현에서 나타나는 젠더와 인종의 복잡한 상호작용을 상징하는 것으로 받아들일 수 있다.[19]

그러나, 그렇게 함에 있어서, 이 시나리오 속 모든 사람들(캐리 그랜트가 연기하는 관찰자 입장인 백인남자는 제외하고)이 "전형이라는 이념적으로 지정된 장소"[20]에 속하는 한편, 영화 속 흑인여성들은 가장 주변화된 자리에 있다는 사실을 우리는 인정하지 않을 수 없다. 클레어 존스턴의 유명한 공식을 인용해서, 여성으로서의 여성은 가부장적 영화에서 거의 부재해왔다는 말이 사실이라 하더라도, 분명 백인여성보다는 흑인여성의 경우 이 말이 문자 그대로 훨씬 더 들어맞는다.[21] 그리고 백인 여성이 보통 남성 욕망(이는 존스턴이 여성으로서의 여성의 부재라고 말할 때 의미하는 것이다)의 기표로서 작용해왔다면, 흑인여성은, 현존한다 하더라도, (백인) 여성 섹슈얼리티 혹은 모성성("마미")의 기표로서 작용해왔다. 본 장의 마지막 부분에서 나는 동시대 대중영화에 등장하는 흑인여성들이 기표의 기표로서 환원되는 방식을 탐구하고자 한다.

흑인여성을 사용하여 섹슈얼리티를 의미하는 것은 〈재즈 싱어〉 전통의 가장 최근 영화 중 하나에서 생생하게 그 예를 찾아볼 수 있다. 그러나 이 경우 주인공은 자신이 유태인 뿌리로 되돌아가고 있음을 발견하는 **여성**이다. 조앤 믹클린 실버가 감독한 〈크로싱 들란시〉에서, 에이미 어빙은 이지역을 연기한다. 이지는 31세의 백인여성으로 맨해튼에서 혼자 살며 유명서점에서 문학인들의 낭독회를 준비하는 일을 한다. 그녀는 남자를 찾는 일에 필사적이다. 남자를 찾는 일에 어쩌나 필사적이었던지 그녀는 자기도취적이고 잘난 척하는 작가에게 열중하다 그 상태에서 벗어난 후에는 유태인 피클 상인에 대한 강한 혐오감을 극복하기까지 한다. 이 남자는 결혼 중매인이 이지의 할머니와 공모하여 이지를 위해 선택한 사람이다. 영화 초반부의 짧은 장면에서 이지는 작가에게 전화로 데이트 신청을 할지 말지 망설인다. 그러다가 친구와 함께 헬스장에서 운동한 후 사우나에서 몸을 풀며 이지는 친구에게 조언을 구한다. 두 여자들이 타월을 두르고 누워 있는 동안 카메라는 상하좌우로 움직이다가 내려와 두 명의 흑인여자를 비춘다. 한 명은 매우 몸집이 큰 여자로 풍부한 살이 꼭 끼는 수영복 밖으로 흘러내리고 있다. 그녀는 큰 소리로 친구에게 섹스하다 겪은 일화를 자세히 설명한다. 펠라티오를 하던 중("난 그걸 핥았어, 그것에 키스도 했어. 그는 신음했지") 그녀는 긴 금발 머리카락을 발견한다. 남자는 어설 프게 변명하려고 애쓴다. 카메라는 상하로 움직이며 위로 간다. 이지는 여자들의 대화를 열심히 듣고 난 후, 생각에 잠겨 말한다. "나 그 사람한테 전화 **할** 까봐."

　분명히 이 흑인여자는 역할이 작긴 해도, 이 장면 외에서는 섹스란 말이 언급도 되지 않는(확실히 이지가 때때로 유부남친구와 함께 밤을 보낼 때 섹스를 한다는 암시는 있지만, 장면으로나 말로 섹스 사실을 드러내지 않는다) 이 영화에서 섹슈얼리티를 "구현"하고 재현한다. 지금까지 이야기한 이 장면의 구성 자체도 흑인여성과 백인여성 간의 계급 구분을 놀라운 방식으로 보여준다. 저지대 맨해튼 출신 유태인남자를 연인으로 받아들이도록 강요받고 있는, 맨해튼 주택가의 큰 말 탄(그녀의 할머니 표현을 빌면) 공주는 프레임의 상부에 위치한다. 그리고 성애화된 흑인여성들은 늘 그렇듯 바닥에 위치한다 (사회적 정신적 차원에 대한 공간적 메타포). 흑인여자 이야기는 잡혼의 위협을 암시할 뿐 아니라(이 여자의 연인이 바람을 피웠듯, 이지도 자신의 뿌리에서 벗어나려고 한다), 이 포스트페미니즘 영화가 부인하고 있는 모든 욕망을 노골적으로 재현한다. 탐욕스러운 성애와 탐욕스러운 갈망은 현대 사회의 독신 중산층 백인여성들이 겪는 박탈에서 초래된다. 이리하여 이 영화(한 여자가 피클 상인을 사랑하는 이야기)에서 언급되는 단 하나의 성행위가 펠라티오라는 사실은 이 영화 도처에 등장하는 음식을 생각할 때, 놀라운 일이 아니다. 이지의 생일, 사장에게 멋진 레스토랑에 갈 거라고 거짓말한 후, 친구와 함께 핫도그 먹는 이지[분명 여자들은 혼자 먹거나 서로 먹여 주지 못한다], 샐러드 바에서 음식을 고르고, 텔레비전을 보면서 포장 중국 요리를 먹는 외로운 여자들, 엄마 젖을 먹는 아기와 이 모습을 부러운 시선으로 보는 여주인공(확실히 엄마가 아니라 젖을 빨아 먹고 있는 아기를 부러워한다), 마지막으로 끊임 없이 다른 사람들 음식을 게걸스럽게 먹는, 불쾌할 정도로 시끄러운 결혼 중매인 여자가 있다. 이 여자는 기름이 번들거리는 손가락을 사용하여 먹으며, 입에 음식을 잔뜩 넣은 채 떠들어댄다.

앞서 제 6장에서 동시대 문화에서 표현되는 몸의 공포에 관해 이야기 하였다. 이 공포로 인해 거식증이 발생한다. 남자들은 이 공포를 여성의 몸으로 추방하는 경향이 있다. 여기에서 주목해야 할 것은 유색여성이 이들 공포의 저장소로서 기능하는 특별한 역할이다. 〈크로싱 들란시〉에서 뚱뚱하고 성애적으로 탐욕스러운 흑인 여자의 기능은 백인유태인 하위문화가, 이성애적 러브스토리를 통해, 고도로 감상적이고, 낭만적이고, 고상하게 재현될 수 있도록 하는 것이다. 반면 그 문화에 내재하는 욕망과 불만은 부정한다. (그러므로, 민족, 인종 집단들이 서로 속이고 서로 반목하는 방식을 페미니즘적으로 분석할 필요가 있다.[22])

여성들이 쓰고 감독한 〈크로싱 들란시〉에서 흑인여성 몸이 성애화된 몸이라면, 다른 영화들에서 흑인여성은 성애적 타자로서 뿐 아니라 모성적 몸으로서 기능한다. 백인 어머니의 심리적 대리모, 즉 "마미"로서 기능한다. 최근 페미니즘 이론은 프로이트 시대에 유모가 아이에게 성적 지식을 처음으로 가르쳐주는 중요한 역할을 했음을 보여준다.[23] 흑인 페미니스트들이 지적하듯, 미국에서 흑인여성은 대체로 백인아이의 문화적 순응을 돕는 이와 유사한 역할을 해왔다. 우피 골드버그 주연의 〈클라라의 하트〉는 어린 백인남성이 흑인여성의 신비(이 영화포스터가 주장하듯 "그녀의 지혜, 그녀의 따스함, 그녀의 비밀")를 통찰함으로써 성숙에 도달하는 과정을 아주 잘 보여준다. 여기에서(검은대륙의 메타포로 되돌아와서) 거의 문자 그대로 "어둠의 심장"을 다루고 있음은 "하트"라는 클라라의 성이 암시한다. 심장은 보다 리비도적인 신체장기에 대한 완곡어로 사용되고 있다.

클라라가 돌보는 데이빗은 자기도취적인 부모의 무관심으로 인해 고통받는 아이다. 그가 찾고자 하는 클라라의 비밀은 그녀가 자신의 아들에게 강간당했다는 사실이다. 너무나 공포스러운 일이다. 이리하여 흑인남성은 중산층남성의 정신적 현실을 문자 그대로 표현한다. 강간은 사실상 **백인**소년의 면밀한 조사가 거둔 논리적 결과물이기 때문이다. 예를 들어 한 장면에서 데이빗은 클라라의 무릎 위에 앉아서 그녀의 다리를 느리게 감각적으로 더듬기 시작한다. 그러다가 가차 없이 손길이 위로 쑥 올라가자 클라라는 그를 향해 비명을 지른다. 이러한 "오버액션"은 아들에게 당한 강간 이야기를 알면 이해된다. 더욱이 데이빗은 끊임없이 비밀 이야기를 해달고 클라라를 괴롭힐 뿐만 아니라 그녀 침대 밑에 있는 가방에서 찾아낸 편지들을 몰래 읽는다. 이에 또다시 클라라는 불같이 화낸다. 그가 자신들의 우정을 망쳐놓았다는 것이다. 그런데 전에 그녀는 그가 무슨 짓을 해도 그녀의 사랑을 망치지 못할 것이라고 말한 바 있다. 이러한 약속에 의해 야기된 강력한 공격성과 무조건적 사랑의 억제는 결국 근친상간과 강간의 폭로로 표현된다. 강간은 성애적으로 괴물 같은 흑인남성에 의해 자행된다. 그는 아마도 이러한 감정들을 승화시킬 능력이 없어서 오이디푸스의 희생자로 영원히 남게 될 운명에 처한 것인지 모른다. 한편 흑인남성이 제공하는 거울로 자신의 욕망을 깨달은 백인소년은 적대감을 해소시키고 남자가 된다. 전에는 운동을 하지 않았던 그가 이제 아버지의 만족해하는 눈길을 받으며 수영대회에서 우승하는 모습을 보라! 이리하여 흑인 남자는 백인남자의 오이디푸스적 희생양의 역할을 하게 되고, 흑인여자는 수많은 대중적 재현에서 그러하듯(스필버그의 〈컬러 퍼플〉처럼) 성애적 희생자의 입장에 처한다. 물론 역사적인 기록에도 불구하고, 백인남자의 희생자가 아니라 심지어 자신의 아들까지 포함하는 흑인남자들의 희생자로 그려진다.[24] 그리하여 흑인들은 다시 한 번 짐승의 층위를 할당받게 된다.

우피 골드버그가 다시 중요한 역할을 맡은 대단한 인기를 누린 영화는 또 다른 방식으로 흑인여성의 구현기능을 보여준다. 〈사랑과 영혼〉에서 우피 골드버그는 영매 오다 매 브라운의 역할을 맡는다. 그녀는 패트릭 스웨이지가 연기하는 백인**남성** 샘의 몸 역할을 한다. 샘은 강도에게 살해당했는데, 이는 펀드를 횡령한 동료가 계획적으로 꾸민 범행으로 밝혀졌다. 샘이 이 음모를 알게 되고, 자신을 살해한 범인 손에 아내마저 위험해지자, 오다 매를 찾아가서 아내와 대화할 수 있도록 도와달라고 부탁한다. 아내가 오다 매를 믿지 못해서 많은 일이 벌어지는데 그 클라이맥스는 오다 매가 문 밖에 서서 자신의 "진정성"을 아내에게 설득하는 장면이다. 결국 그녀는 집 안으로 들어가게 되고 아내는 마지막으로 자신의 남편을 만져보고 싶다고 간절하게 부탁한다. 그리하여 오다 매는 자신의 몸을 제공하게 되고 샘은 그녀 몸 안으로 들어간다. 카메라는 흑인여자의 두 손이 백인여자의 손을 잡으려고 뻗을 때 이를 클로즈업해서 보여준다. 그리고 오다 매가 아니라 샘의 모습으로 바뀐다. 샘은 그녀의 몸을 양도받으면서 완전히 그녀의 존재를 지워버린 것이다.

골드버그가 남자**로** 변하는 이 장면은 그녀의 모든 코미디적 역할이 논리적으로 확대된 것으로 보일 수도 있다. 그녀는 늘 코미디에서 여성스럽기

보다는 남성스러운 인물로 코드화되기 때문이다. 예를 들면, 〈점핑 잭 플래시〉에서 그녀는 섹시한 이브닝드레스를 차려 입었는데 그만 분쇄기에 드레스가 거의 다 말려 들어간다. 그리하여, 밤에 그녀가 자신의 아파트계단을 올라가고 있는데, 화가 나서 중얼거리는 소리가 들려온다. 택시기사가 그녀를 남성 복장도착자로 오해했던 것이다. 〈치명적 아름다움〉에서도 골드버그가 여자 옷을 입는 것은 드랙의 형태로 간주된다. 즉, (백인)여성성을 흑인여성이 흉내 내는 드랙이다. 그리하여 이런 옷을 입으면 그녀는 여자 옷차림에 익숙하지 않은 남자처럼 과장스럽게 어색한 방식으로 걷는다.

여기에서 두 가지 중요한 점을 짚고 넘어갈 필요가 있다. 첫째, 그 안에서 젠더, 해부학적 구조, 행위가 서로 어울리지 않는, 주디스 버틀러 등이 옹호하는 종류의 "젠더 트러블"은 흔히 주장하듯 전복적 효과를 늘 발생시키는 것은 아니다(이 점은 다음 장에서 다루겠다). 오히려 반대로, 바바의 표현을 빌면, 여자가 "상당히 아닌" 것으로 종종 간주되는 유색인 여성을 포함하는 경우에는, 이런 종류의 "플레이"는 극단적으로 보수적인 의미를 지닐 수 있다. 둘째, 〈클라라의 하트〉에서처럼 어머니/여성의 몸을 재현하거나 다소 남자처럼 코드화되는 두 극단적인 우피 골드버그의 페르소나를 함께 생각한다면, 제 1장에서 서저너 트루스가 말한 상황에서 별로 멀지 않다. 흑인여성은 문자 그대로 여자(생물학적 기능으로 환원된)로 보이거나, 중대한 점에서 전혀 여자로 보이지 않는다.

그러나 비록 골드버그 캐릭터가 나를 불편한 입장에 서게 하지만, 코미디에 나오는 그녀의 캐릭터는 내가 개인적으로 볼 때 매력적이고 강력하다는 사실을 인정한다. (어떤 백인 소녀들은 골드버그를 일종의 컬트 여주인공으로 삼았다는 사실도 나는 알고 있다.) 내가 이렇게 매력을 느끼는 부분은 그녀가 여성성의 숨 막히는 관습에서 해방시키는 출발점을 재현하는 방식에 있다. 그러나 나는 백인여성으로서 이들 이미지가 적어도 부분적으로 인종차별주의의 산물이라는 사실을 깨달아야 한다. 그리고 이들 이미지와 그에 대한 나 자신의 반응이 나와 흑인여성들을 어떻게 갈라놓는지 인정해야 한다 (골드버그의 탁월한 연기가 그녀로 하여금 자신의 육체적 한계를 뛰어넘거나 텍스트 내에 묻혀 있는 전복적 잠재력을 꺼내도록 한다고 나 또한 강력하게 주장하지만).

백인여성들은 〈크로싱 들란시〉 같은 가부장적 시네마뿐 아니라 동시대 비평과 이론에서도 인종차별적 구조에 스스로 참여하는 방식을 이해하는 것이 시급하다. 새롭게 인종문제를 말하는 백인여성들의 연구를 조사하는 중요한 논문에서 발레리 스미스는 일부 백인 페미니스트 이론가들이 흑인여성이 구현의 기능을 수행하도록 강요한 옛 전통에 참여할 수 있다는 사실을 지적한다.

영국계 미국인 페미니스트들과 아프리카계 아메리카 남성연구가들이 자신들 연구의 구체적 근거를 다시 고려하기 시작하는 바로 그 순간, 그들은 땅으로 되돌아왔음을 알린다. 말하자면, 흑인여성들의 특별한 경험과 흑인여성들의 글을 불러옴으로써 땅으로 되돌아온 것이다. 이러한 흑인여성과 재구현의 결합은 서구 고전 철학과 19세기 여성성의 문화적 구성에서 유색인여성이 몸, 즉 동물적 열정, 노예 노동과 밀접하게 결합되었던 것과 닮아 있다.[25]

스미스의 말이 분명하게 시사하는 바는, 일부 백인여성들이 남성담론에서 이런 식으로 기능하는 것을 거부하는 것과 마찬가지로, 흑인여성이 남성의 **혹은** 백인여성의 희생양 몸으로서 기능하는 것을 거절할 필요가 있다는 것이다.

그러나 나는 판타지를 품은 채 끝을 맺고자 한다. 이 판타지에는 〈사랑과 영혼〉에서 내가 논의한 장면을 완전히 다르게 읽는 것이 포함된다. 이는 여러 가지 이유에서 흑인여성들이 완전히 공유하지 않을 판타지일 수 있다. 이는 유토피아적 방향을 가리키고 있고, 지금까지 내가 분석해온 모순 중 일부가 없어졌으면 좋겠다고 생각하기 때문이다. 잠시라도 이들 모순을 **망각하지** 않은 채, 페미니즘 비평(〈크로싱 들란시〉같은 "여성의 영화"는 물론이고)이 너무나 자주 "흑인과 백인여성 간의 서열적 구조를 무시하고, 자주 중산층의 관심사를 취하며, 백인여성을 규준으로 삼는"다는 헤이즐 카비 Hazel Carby의 관찰이 지닌 힘을 부정하지 않은 채, 나는 〈사랑과 영혼〉에 표현된 지배적인 판타지에 대한 대안을 제시하고 싶다.[26] 이 영화에서 흑인여성이 오로지 백인 이성애 로맨스를 이루어주기 위해 존재한다면, 초점을 돌려 백인남성이 두 여성의 결합을 방해하는 장애물로 보는 것에도 의미가 있다. 두 여성의 결합은 검은 손과 흰 손이 서로를 향하는 이미지에서 시험적으로 암시되고 있다. 본 장에서 지적해온 방해하는 모순에도 불구하고, 여자들을 분리시켜 놓는(영화에서 보듯, 백인남자에게 쉽게 관통되는 문) 잠겨있는 문(〈사랑과 영혼〉에 나온 이미지)을 우리가 제거할 때가 올 것이다. 결국 백인이성애 남성성의 이익에 주로 협력하여 **궁극적으로** 인종, 계급, 젠더 로 인해 사람들이 받는 박해에 책임이 있는 이데올로기를 우리가 힘을 합해 극복할 수 있는 때가 올 것이다. 그러나 많은 경우 문을 잠그는 사람은 백인여성들이기 때문에, 그것을 여는 것도 그들의 책임이다.

8장

치명적인 몸

섹스, 젠더, 그리고 재현 : 주류에서 주변까지

안티-안티-안티-포르노

포스트페미니즘의 중요한 이슈가 있다면, 그것은 포르노다. 페미니스트들은 성애적 재현의 문제를 이론화하고 정치화하는 작업을 꾸준히 해왔다. 이제 그들은 자신들의 "관점"이, 남성들이 포르노에 대한 자신들의 관심을 지지하고 포르노를 "권력부여의 영역"[1]이라고 주장하는 수단으로 이용되고 있음을 발견한다. 남자들이 안티포르노 페미니스트들로 인해 권력 상실을 느낀다는 것은 명확하다. 예를 들면, 그의 책 『존중 없음』에서 앤드루 로스Andrew Ross는 포르노에 대한 관심에 대해 페미니스트들의 질문을 받을 때 "이성애자 남성 지식인들"이 직면하고 있는 문제를 논의한다. 로스는 이 남자들이 "자신이 포르노를 좋아하는 이유를 설명할 수 없다"[2]고 통탄한다. 로스 자신은 페미니스트 지식인 서클에서 이루어지는 포르노 논쟁을 열거함으로써 이 딜레마 주변에서 하나의 길을 발견한다. 그는 레즈비언 사도매저키스트 게일 러빈Gayle Rubin같은 여성들을 옹호한다. 러빈은 성적 소수자를 위해서 포르노를 변호한다. 또한 그녀는 앞으로 우리가 다루게 될 이유로, 섹슈얼리티와 젠더 분리의 중요성을 강조한다. 물론 일단 섹슈얼리티가 이런 방식으로 해방되면, 이성애 남성들은 누구 못지않게 이 주제에 대해 말할 권한을 갖게 된다.

로스의 용어 "안티-안티-포르노"(p.190)(이는 우리가 포르노를 찬성해야 함을 의미하는가? 이중 부정은 징후적인 것으로 보인다)를 빌면 지금까지 온갖 장르의 "안티-안티-포르노 글쓰기"가 있다. 안타-안티-포르노 에세이들은 전형적으로 안드레아 드워킨Andrea Dworkin과 캐서린 매키넌 Catharine MacKinnon의 글을 소외시켜왔다(아마도 안티-포르노 비평이 통합된 분야가 아니라는 사실을 인정하면서도, 이러한 사실을 무시하고자 하는 의도일 것이다). 또한 이 두 여성이 취하고 있는 검열에 대한 입장을 비난하면서, 초기 페미니스트들에 의한 포르노와 에로티카의 구분은 결국 무의미해졌다고 지적한다. 섹슈얼리티는 권력과 폭력 문제로 인해 굴절되지 않을 수 없기 때문이다. 검열을 강조하는 한 안티-포르노는 종종 성적 소수자들에게 많은 해를 입히고 있으며, 더 나아가, 여성으로서의 사회화를 통해 전통적으로 섹슈얼리티를 억제당하고 있는 여성들을 억압하는 다양한 방식으로 작용할 수 있다는 지적은 상당히 일리가 있는 주장이다.

비록 아무도 인정하는 것 같지 않지만, 내가 보기에 지식인들 사이에 "안티-안티-포르노" 입장이 압도적으로 이겼다고 할 수 있다. 예를 들자면, 안드레아 드워킨은 이미 충분히 대다수 지식인들에게 불신을 당했음에도 불구하고 계속 심하게 비난당하고 있다. 그러나, 레오 베르사니Leo Bersani 의 매혹적인 최근의 에세이 "직장이 무덤인가?"는 드워킨과 매키넌이 주장하는 사례를 다시 끄집어낸다. 『옥토버』지에 에이즈에 관한 특별판에 실린 이 논문은 이 두 여성의 글에서 섹슈얼리티와 성애적 재현에 대한 게이 남성 비평에 유용한 것들을 많이 발견하고 있다. 베르사니의 에세이는 급진적 페미니스트들에게 쏟아지는 비난에서 벗어나 반갑게 쉴 수 있는 여유를 제공한다. 그리고 나는 이를 섹스, 젠더, 재현이라는 보다 큰 논의의 문맥에서 생각해보고자 한다. 본 장에서 나의 목적은 두 가지다. 첫째, 나는 젠더 범주를 완전히 없애거나 적어도 젠더를 섹슈얼리티 범주와 분리시키려는 페미니스트들의 최근 시도를 살펴보고자 한다. 둘째, 나는 성적 소수자와 여성들(여성 일부는 물론 성적 소수자의 **구성원**이다) 간의 재현 문제에 관련한 몇 가지 갈등을 풀고자 한다. 또한 이 집단들이 공유하는 문제와 목적을 설명하고자 한다(이리하여 본 장은 앞 장의 정신을 이어나가게 된다). 나는 "이성애 남성" 판타지를 생각함으로써 로스와 반대편에서 출발하고자 한다. 이 경우 〈죽은 시인의 사회〉와 〈리썰 웨폰〉(그리고 속편)이라는 두 주류 영화가 분석 대상이 될 것이다. 그런 다음 나는 섹슈얼리티 담론의 주변부로 이동할 것이다. 특별히 게이 남성 섹슈얼리티를 다루고, 그 다음에는 주변부 중의 주변부인 레즈비언 사도매저키스트들의 글에 초점을 맞추어 그들이 정통 페미니즘에 어떻게 도전하는지 살펴보겠다. 그러나 나의 관심사는 포스트페미니즘 시대에 **가장** 주변적 입장이 뜻밖에 우리를 다시 중심부로 되돌려 놓을 수 있음을 보여주는 데 있다.

　베르사니의 페미니스트와 게이 남성 간의 화해 시도를 살펴보기 전에 내가 보고자 하는 영화는 동시대 대중문화의 남성 호모에로티시즘과 호모섹슈얼리티에 대한 반응의 범위를 표시하는 작품들이다. 첫 번째 영화는 완전한 억압을 보여준다. 즉, 섹스 이전의 전원적 (그러나 실제로는 매우 규율적인) 과거로 돌아가려는 욕망을 불러일으킨다. 반면 두 번째 영화의 반응은 동성애 공포증 저변에 깔려 있는 남성의 동성애적 충동을 가장 무시무시한 극단적 방법으로 받아들인다.

죽은 백인남성 이성애 시인의 사회

6장에서 동시대 영화들이 남성퇴행에 사로잡혀 있는 것을 검토하였다. 그리고 육체적, 심리적, 역사적으로 다양한 **종류**의 퇴행을 살펴보았다. 퇴행은 과거와 유년기를 향한 노스탤지어를 몸에 대한 남성의 두려움, 언어를 문자 그대로 받아들이는 현상과 연결시킨다. 이러한 두려움과 이러한 추구는 히트한 영화 〈죽은 시인의 사회〉에서 가장 뚜렷하게 나타난다. 이 영화의 배경은 1959년 남자 기숙사 학교다. 소년기 성적 순결함에 대한 고집이 너무도 극단적이어서 이 영화는 "히스테리컬" 텍스트의 귀환이라고 말할 수 있다. 이러한 텍스트 안에서는 말해지지 않는 것이 "말할 수 없는 것"으로 급속하게 변하여 그 무게가 작품의 문자적 의미를 전복시킬 정도로 위협적이다. 1950년대 가족 멜로드라마를 논의하면서 이 용어를 사용한 제프리 노웰-스미스에 의하면, "히스테리컬 텍스트"는 영화의 서사에서 추방된 억압된 성적 내용이 미장센과 텍스트적 모순을 통해 다양한 방식으로 돌아와서 스스로를 드러낸다.[3] 〈죽은 시인〉에서 억압된 내용은 동성애 및 게이 섹슈얼리티와 연관된다. 특별히 오스카 와일드라는 한 문학적 인물을 소개했다면 이 영화의 의미가 어떻게 달라졌을지 생각해보는 것은 흥미롭다. 와일드의 글은 일부 비평가에 의해 "문학작품은 문자 그대로의 뜻이 아닌 다른 의미를 지니고 있음이 일반적으로 인식되었다"는 현상의 최고봉으로 평가되었다. 그리하여 와일드의 작품은 일구이언적 이중

의미로 언어를 오염시키는 척하면서 언어의 투명성과 순수성을 위협하였다.[4] 물론 와일드의 경우 재판 결과로 인해서 이러한 이중성은 상실되고 텍스트의 "게이" 의미를 인식하지 못하는 것이 불가능해졌다.

그러므로 이 영화가 이념적으로 보수적인 프로젝트 해결을 위해 성적으로 보다 모호한 인물로서 월트 휘트먼을 선택한 것은 놀라운 일이 아니다. 첫째, 휘트먼의 동성애를 부정할 뿐만 아니라, 보다 일반적으로 이 영화 속에 동성애 요소가 있다는 사실 자체를 회피한다. 둘째, 진정한 포스트 게이 권리 운동 방식으로, 반항적이고 반권위적인 행동 양식을 옹호하는 것처럼 보인다. 셋째, 그러나 실제로는 그러한 행위가, 끊임없이 그것을 처벌하고자 하는 권력 구조를 영속화시키는 역할을 할 뿐인, 닫힌 세상에 대한 갈망을 불러일으킨다. 이리하여 휘트먼의 섹슈얼리티가 수십 년 동안 문학 비평에서 논쟁거리가 되어왔음에도 불구하고, 이 영화는 휘트먼의 동성애 여부에는 아무런 언급을 하지 않고 오로지 그를 훌륭한 옛 시인으로서 초점을 맞추고 있다. 로빈 윌리엄스가 연기하는, 자유로운 사고를 하는 영어 교사 미스터 키팅은 "캡틴" 혹은 "오 캡틴, 나의 캡틴"으로 자신을 부를 것을 고집한다. 남성 권위에 경건하게 존경을 표하는 하나의 시를 선택한 것이다. 이는 영화가 도전하는 척하는 바로 그 권위다. 말하자면, 휘트먼의 "육체적 유토피아주의corporeal utopianism"가 최근 한 게이 비평가에 의해 19세기의 도덕적으로 순수한 작가들과 반대편에 있는 것으로 간주되고 있는 것은 분명히 아이러니컬하다. 이 작가들은 특히 남자 기숙사 학교 같은 동성사회적 환경의 타락 가능성에 대해 매우 경계했다.[5] 〈죽은 시인〉의 배경인 웰튼은 이 작가들에게 염려할 이유를 제공하지 않았을 것이다.

남자 기숙사 학교 장르의 영화중 일부(〈악마의 운동장〉 같은)는 이러한 환경의 동성애적 긴장감을 훌륭하게 탐구한다. 〈죽은 시인〉은 이러한 학교 기숙사 장르 영화지만, 또한 〈갈리폴리〉, 〈행잉록에서의 피크닉〉과 같은 서정적 동성애가 가득한 영화를 만든 피터 위어Peter Weir가 감독한 영화지만, 이러한 기숙사 학교생활의 차원을 단호하게 거부한다. 그리하여 그것이 억압하는 것은 체계적으로 살펴서 흔적을 찾아낼 수 있으며, 그 이중적 의미들은 결국 나타나게 된다. 예를 들어 한 캐릭터는 일종의 부적응자에 외톨이로서 자신의 감정을 말로 표현하지 못한다. 그리하여 키팅을 둘러싸고 형성된 그룹 주변부에 위치한다. 사실상 이 캐릭터는 많은 성정체성 위기 상황을 드러낸다. 이 영화가 보다 정직한 버전이었다면, 이성애적, 동성사회적 환경 속에서 게이로 적응하기 위해 노력하는 모습이 그려졌을지 모른다. "잠재적" 동성애 주제가 중층 결정되고 있다는 것은 한 놀라운 장면에서 암시된다. 키팅은 그 소년이 교실 앞으로 나오도록 한다. 그가 시 써오기 숙제를 완성하지 못했기 때문에, 월트 휘트먼 사진을 바라보며 싯귀를 큰 소리로 낭독하도록 시킨다. 한편 키팅은 소년의 주변을 빙빙 돌면서, 소년이 안에 담고 있는 말을 밖으로 쏟아내도록 격렬하게 유도한다.

소년들의 비밀 모임이 생기도록 원인 제공한 키팅으로 말하자면, 과거 자신이 학생으로 있던 억압적 학교로 다시 돌아온 그의 동기를 아무도 의심하지 않도록 주도면밀하게 꾸며진, 그가 약혼녀에게 편지 쓰는 장면에서 그녀의 사진이 눈에 잘 띄게 책상 위에 놓여 있다. ("부인자disclaimers"와 비슷한 역할을 하는 것은 소녀들이다. 소년들은 동굴에서 시를 낭송하며 그녀들을 즐겁게 해준다. 한 명은 자신이 직접 쓴 시라고 주장한다.[6]) 한 학생이 이렇게 숨막히는 곳에 왜 머무는지 묻자 키팅은 세상에서 무엇보다 가르치는 일을 사랑한다고 대답한다. 그는 자신의 약혼녀가 아직도 살고 있는 영국을 왜 떠났는지 아무런 설명도 하지 않는다. 또한 자신이 공립학교에서 가르치는 일을 그만둔 이유를 설명하지 않는다. 분명 그곳이 그의 민주적이고 자유롭게 사고하는 정신에 보다 알맞은 장소였을 텐데 말이다. 사진과 같은 "부인자"(한 소년이 치어리더를 좋아해서 공립학교의 풋볼 영웅과 라이벌이 되는 진부한 서브플롯 뿐 아니라) 그리고 이러한 서사적 불일치는 이 영화의 억압된 동성애적 내용을 표시하는 것으로 볼 수 있다. 즉, "히스테리컬 텍스트" 속의 증상인 것이다.

영화 끝부분에서 아버지에게 연극에서 연기하는 것을 금지당한 한 소년이 학생 연극 〈한 여름 밤의 꿈〉에서 퍽의 역할을 연기함으로써 아버지에게 도전한다. 그리고 아버지가 그 역할을 계속하는 것을 금지하자 자살한다. 모든 역할 중에서 이 역할은 특히 잠재적(잠재적이기 때문에 동성애 혐오적) 의미로 가득한 것 같다. 마치 한 소년과 아버지의 싸움이 "요정의 역할"을 두고 벌이는 것 같다. 자살 사건에 뒤따르는 조사과정에서 존 키팅은 희생양이 되어 학교를 떠나게 된다. 소년들은 개별적으로 교장실로 불려간다. 교장은 "자세를 취하라"로 명령하고 이들을 매로 때린다. 믿기 어려운 일이지만, 키팅은 자신의 물건을 가져가려고 교장이 맡고 있던 영어시간 중간에 교실로 들어온다. 그가 교실에서 나갈 때, 그를 지지하고자 한 소년이 일어나더니 책상 위로 올라간다. 키팅이 예전에 순응하지 말라고 격려차 학생들에게 시켰던 행동을 되풀이하는 것이다. 다른 학생들도 순응하지 않으려는 이 소년의 몸짓에, 말하자면 순응하여, 똑같이 따라한다. 영화의 마지막 장면에서 카메라는 존 키팅을 바라보며 서 있는 학생을 담는다. 다른 학생이 브이자 거꾸로 세운 모양으로 다리를 벌리고 서 있다. 이는 성애화된 몸으로서 이 영화의 서사에서는 시종일관 너무나 체계적으로 부정되고 있다. 즉, 히스테리컬한 방식으로, 영화 자체의 몸인 미장센을 동원하여 부정된다.

다른 장들에서 논의된 영화들처럼 〈죽은 시인의 사회〉는 청춘기와 과거의 신화적 순간에 고착된 매우 퇴행적인 영화다. 이 영화는 겉으로는 이러한 순간을 거부하는 것 같지만 실제로는 갈망하고 있다. 억압과 규율, 그리고 단단한 권위의 순간은 아버지, 고등학교 교장, 죽은 시인들에 의해 재현된다. 비록 반란을 겪으며 살아온 관객을 전제로 하고 있지만, 결코 이 영화는 실제 반란이 조만간 들고 일어날 것을 기대하지 않는다. 이리하여 이 영화는 문학적 정전과 문학 연구의 전통에 도전한다. (키팅에게는 "사실주의 작가"와 교과서 편집자가 이러한 전통을 대표한다. 그리하여 키팅은 편집자가 쓴 서문을 찢어버리라고 학생들에게 지시한다.) 그러나 가장 이단적이고 성적으로 노골적인 우리 작가 중 한 명을 선택하여 그 이미지를 정화시킴으로써 이러한 정전으로 우리를 되돌려놓는다. 또한 배타적인 남성 사회의 종말을 요구하는 페미니즘에 립 서비스를 제공하지만, 그 목적은 남성의 성적 욕구를 더욱 잘 만족시키기 위한 것이다(그리하여 소년들이 더 이상 자위할 필요가 없도록). 또한 게이 청소년 같은 주변화된 인물들에게 말하라고 격려하지만, 오직 알아듣지 못할 언어로 말하도록 한다. 1960년대와 1970년대의 특수한 투쟁을 기대하는 것과는 거리가 멀게 이 영화는 이들 반란 직전의 시대를 열망하며, 벽장 속의 삶을 예찬한다. 이 시대에는 죽은 여성 시인은 한 명도 없고(에밀리 디킨슨조차도 없음), 살아 있는 여성들은 분명 셰익스피어와 학생의 시의 차이를 구분할 수 없으며, 게이 남성이 사춘기의 성적 순수성 개념 자체에 문제를 제기하기 전이고, 휘트먼이 벽장에서 나오기 이전이다. 키팅처럼 그리고 "전통"

에 대한 조롱에도 불구하고, 이 영화는 1950년대 남자 학교를 특정 배경으로 선택하였다. 영화가 그곳에 있기를 **원하기** 때문이다. 이 시간과 장소에서의 반란이란 온전히 백인 남성 이성애자의 일이고, 실체와 몸이 없어서 순수해 보일 수 있다.

치명적인 백인 및 흑인 남성 동성사회적 몸/기계들

〈죽은 시인〉이 성애화된 남성의 몸에 대한 두려움을 억압하는 방식으로 다루고 있다면, 다른 영화들은 이 두려움을 매우 다르게 다루고 있으며 점차 동성애의 쾌감과 위험에 유혹의 손길을 내밀고 있다. 그 폭발적인 결과가 어떤 것인지 살펴보게 될 것이다.

〈리썰 웨폰〉에서 릭스 형사(멜 깁슨)와 머터프(대니 글로버) 형사는 범죄 수사 첫 단계로 한 매춘부의 집을 방문하여 단서를 찾고자 한다. 그 집이 가까워지자 그들은 범죄에 대한 자신들의 추측이 "빈약"하다고 말한다. 그리고 나서 이 영화의 연속적인 농담이 시작된다. 이들이 그 집에 가까이 다가가는 순간 집이 폭발하고 화염이 솟구침으로써 이들의 의심이 정확했음을 요란하게 증명하기 때문이다. 이들의 추측이 계속 사실로 드러나자 머터프는 제의적인 말을 중얼거린다. "빈약해, 너무 빈약해." 그러자 릭스가 대답한다. "거식증." 증거가 "빈약한" 음모에 대한 관심이 몸집이 마른 남자들로 연결되는 것은(이리하여 동시대 남성성의 거식증적 현상을 다룬 장의 주제와 연결된다) 두 형사가 사격 연습하는 장면에서 암시되고 있다. 증거의 빈약함thinness에 대해 의논하면서 머터프는 말한다. "씬Thin 은 내 미들 네임이야." 이 말에 릭스는 대꾸한다. "그러니 자네 마누라

요리 솜씨가 별로인 게 전혀 놀랍지 않아." 이 후 트리시 머터프의 형편없는 요리 솜씨에 대한 개그가 이어진다.

〈리썰 웨폰 2〉에서도 아내의 요리 솜씨에 대한 개그가 있는데, 이번에는 폭발이 포함된 다른 장면에서 이루어진다. 흑인 파트너 로저 머터프는 밤새도록 변기에 앉아 있었다. 자기 엉덩이 밑에 폭발물이 장치되어 있어서 자신이 일어나면 폭발한다는 사실을 알고 있었기 때문이다. 릭스는 이 자세의 머터프를 발견하고, 폭격 부대를 준비시키고, 이제 파트너의 손을 잡고 욕조 속으로 뛰어들 준비를 하고 있다. 폭탄이 폭발하기 전 1초만에 뛰어들어야 한다. 머터프는 농담하기를 폭탄이 변기 대신 트리시의 오븐에 장치되지 않은 게 유감이라고 한다. 릭스가 이 농담을 받아친다. "그러게, 그랬으면 쓸 데 없는 온갖 괴로움이 당장 끝날 수 있었을 텐데." 백인 파트너의 손을 잡고 변기 위에 앉아 있는 한 흑인 남자의 벌거벗은 엉덩이 밑에 폭탄이 장치되어 있고, 그 남자가 아내의 **오븐**에 폭탄이 장치되었으면 하는 욕망을 표현하도록 영화 대본이 요구하고 있을 때, 페미니즘/정신분석학적 비평가는 이 영화의 공식을 인종차별주의, 여성혐오, 동성애, 이성애적 공포가 혼합되어 응축된 것으로 볼 수 있다.

빈약함에 대한 농담은 〈죽은 시인의 사회〉(피-위 허먼 영화 뿐 아니라)에서도 몸에 대한 남성의 두려움과 연관된다. 〈리썰 웨폰〉에서는 몸을 기계로 변화시킴으로써 이러한 두려움과 싸운다. 이리하여 머터프의 성능이 떨어지는 총을 두고 두 형사가 벌이는 말싸움에서, 머터프(영화 관습에 따라, 처음에는 새 파트너를 경계하고 심지어 정신병자로 의심함)는 "**너를**치명적 무기로 등록해야 하는 건데"라고 말한다. 공격에 취약한 대상으로서의 몸 **그리고** 욕망의 잠재적 대상으로서의 몸이 이들 영화에서 중요하다는 사실은 〈리썰 웨폰〉의 시작 장면에서 분명해진다. 첫 장면에서 카메라가 어지럽게 몇 번 흔들리더니 마약에 취한 반 벌거숭이 여자가 고층 건물의 발코니에서 뛰어내린다. 그 다음 장면은 머터프가 욕조 속에 앉아 있고 가족들이 케익을 들고 "생일 축하" 노래를 부르며 들어온다. 그의 딸이 늙었다며 그를 놀린다. 다음 장면에서는 트레일러 집에 있는 릭스가 보인다. 벌거벗은 채로 침대에서 나온 그는 맥주를 꺼내러 냉장고로 간다. 카메라는 그의 뒤에 자리한 채로 롱샷으로 거리를 유지한다. 남자의 몸이 노출되어 있고 상처입기 쉬운 대상으로서 드러나자, 이러한 나약함과 연관된 두려움으로 인해, 과거로 거슬러 올라가 여자의 몸으로 대체된다. 첫째, 릭스는 위장 잠입하여 마약 밀매를 조사하고 있다. 그 직후, 그는 빌딩에서 뛰어내리려는 남자를 구한다. 그의 손과 자신의 손에 수갑을 채워 연결한 다음 함께 안전망으로 뛰어내린 것이다(관객은 안전망이 있는 줄 이들이 뛰어내린 후에야 알게 된다). 여기에서 마약과 연루되고 빌딩에서 뛰어내린다는 점에서 주인공은 첫 장면의 여자와 비슷한 입장에 놓이게 된다. 단지 그는 그녀를 죽게 한 조건을 통제할 수 있다는 점이 다르다.

통제의 문제는 사실상 이 영화에서 매우 중요하며, 주인공의 자멸적이고 거의 광적인 결벽증과 관련하여 거듭거듭 제기된다. 동료 경찰들과 경찰국 여성 정신과의사는 그의 결벽증에 의문을 표한다. 이 영화가 몸의 나약함을 부정하는 것만큼 정신의 영역도 부인한다. 정신은 주체의 통제력을 훼손할 수 있는 욕망과 내부로 향한 공격성(마조히즘)의 원천이다. 이리하여, 일부 베트남 전쟁의 후유증으로 보이는, 주인공의 불결함에 대한 부인은 두 영화 모두에서 릭스가 일종의 정신과 "치료"를 받음으로써 완성된다. 그러나 이 치료는 정신과 등록에서 범죄 스토리 자체로 대체된다.

속편처럼 정교한 마약 밀매 플롯이 포함되어 있는 전편의 클라이맥스에서 릭스는 매달린 채 아시아 남자에게 전기고문을 당한다. 전기충격기로 몸에 고문을 당하던 릭스는 마침내 다리를 걸어 질식시킴으로써 상대를 물리친다. (이런 방식으로 이 영화는 아시아 사람인 적을 물리친 사실을 암시하고자 한다. 이는 20년 전에 우리가 이루지 못했던 승리다.) 속편에서 릭스는 죄수들한테 잡혀서 구속복이 입혀진 채 바다에 던져진다. 그러나 그는 어깨를 탈골시켜 구속복에서 빠져나온다. 고통당하는 몸은 이렇듯 조작이 능한 기계로 변한다. 그리고 두 영화는 점차 정신을 긍정하기도 하고(정신 병적 행동을 통제하기 위해 정신분석 테크닉과 메커니즘을 사용함으로써), 동시에 정신의 힘을 부정하기도 한다. 사실상 두 영화는 몸/기계 그리고 정신(비이성적 영역으로서의)을 대립쌍으로 만들기 위해 노력한다. 파트너의 사격술과 용기에 경외감을 느끼며 머터프는 묻는다. "너 미친 거야? 아니면 진짜 그렇게 잘하는 거야?"

그러나 정신을 부정하기 때문에, 억압된 것들은 성차와 인종 차이에 대한 일종의 히스테리로 되돌아온다. 이들 차이는 백인 남성 몸/기계에 대한 위협으로 비춰진다. 여기에서 〈리썰 웨폰 2〉의 또 다른 개그는 중요하다. 릭스는 경찰국에 있는 모든 사람들에게 머터프의 딸이 텔레비전 광고로 스크린 데뷔를 한다고 알린다. 가족과 릭스가 텔레비전 주위에 모여 앉아 광고가 나오기를 기다리고 있다. 그런데 정작 나오는 것은 콘돔 광고다. 머터프의 창피함은 사람들의 놀림으로 인해 더욱 커진다. 남자들은 그의 딸 광고를 보면 "고무(콘돔)를 사고 싶다"고 그에게 말한다. 동료 경찰들은 그에게 "고무나무"를 선물한다. 여기에서의 농담은 흑인 남성의 정력, 흑인 여성의 방탕함이라는 전형적인 개념들과 연결된다. 물론 에이즈 시대인 만큼(이러한 광고를 하는 이유), 난잡한 동성애 행위와도 연결된다.

더욱이 콘돔이 다른 사람과의 접촉에 의해 일어날 수 있는 오염을 방지해주는 것처럼, 보호자로서 기능하는 행위자의 서사 조직도 몸과 섹슈얼리티에 대한 백인 남성의 불안을 드러내어 누그러뜨리는 역할을 한다. 영화의 플롯은 머터프와 릭스가 부패한 남아프리카 외교관들의 마약 밀매를 수사하도록 한다. 수사 과정의 일부로서 두 형사는 범인 레오(조 페시)를 보호하는 임무를 맡게 된다. 레오는 게이로 코드화된다 (그는 릭스가 어질러 놓자 난리를 친다. 앞치마를 두르기도 하고 릭스 집 마루를 청소기로 밀기도 한다). "동성애자"로 설정된 이 캐릭터는 이제 서사적으로 이성애 여성인 남아프리카 비서의 반대편에 위치하게 된다. 그리고 악당들이 광적으로 경찰들을 죽임으로써 이 영화의 클라이맥스가 사실상 시작될 때, 머터프는 레오를 보호하는 임무 수행중인데 릭스는 여자와 자기 집 침대 속에 있다. 머터프는 레오와 함께 있음으로써 포커 동료들이 당한 죽음의 운명에서 벗어난다. 그러나 릭스는 비서와 섹스함으로써(동료 경관들이 폭발로 죽는 장면에 삽입되어 상징적으로 그리고 일시적으로 그 장면과 연결된다) 거의 죽을 뻔 한다. 경찰이 릭스에게 그가 처해 있는 위험 상황을 알리려고 애쓰지만, 여자가 우연히 전화기를 마루로 떨어뜨린다. 흥미롭게도, 릭스의 트레일러를 향해 날아오는 헬리콥터에 경계심을 품고 주인의 목숨을 구한 것은 릭스의 **개**다. 서사에서 보호자와 "헬퍼"(프롭의 용어를 사용하자면)로서 게이 남성과 개가 동일한 역할을 하는 것은 플롯 상에서의 우연의 일치 훨씬 이상의 것이다. 영화 내내 두 형사는 문자 그대로 레오를 개처럼 취급한다. 수사하러 외출할 때 "스테이!"라고 계속 명령하는 그들에 대해 레오 자신도 불평한다. 가장 중요하지 않은 캐릭터는 여자다. 캐릭터 배열의 사각형이 개 혹은 여자가 희생될 것이라고 말해주기 때문에, 여자가 곧 죽어도 별로 놀라운 일로 여겨지지 않는다.

영화의 이성애와 동성애는 분명히 모두 남성의 몸에 대한 두려움과 연결되어 있다. 이성애는 릭스 커플의 섹스와 경관들을 포함하는 대량 살해 장면 사이의 필름 편집으로 보다 명백하게 표현되고 있다. 그러나 동성애의 경우에는 매혹 **그리고** 혐오라는 반대 감정이 똑같이 강렬하게 작용한다. 두려움은 "보호"의 필요성과 통제의 필요성을 야기시킨다. 그리하여 타자들은 하위인간의 영역으로 내몰리고 흑인 남자는 끊임없이 굴욕 당한다. 흑인 남자는 동시에 욕망의 대상이 된다(〈리썰 웨폰 2〉끝 장면에서 부상당한 릭스가 파트너에게 "우리한테 키스해줘"라고 말한다. 〈리썰 웨폰〉에서 머터프가 릭스의 입에 총을 집어 넣고 "이걸 빨아"라고 말한다). 그럼에도 불구하고, 이 영화는 끊임없이 주인공을 마조히즘적 "자기 파괴"가 늘 일어나려고 하는(폭발하는 창문, 기초에서 분리된 집 등) 심연 가까이 두고 있다. 그를 심연의 언저리에서 잡아 당겨 전보다 더욱 확고하게 책임을 다하는 사람으로 드러내기 전까지 그러하다.

무력해지기

내가 논의를 위해 선택한 두 영화는 언뜻 보면 남성 동성애에 대한 주류 문화 재현의 한계를 보여주는 것 같다. 한편으로는 〈죽은 시인〉에서처럼 억압을, 다른 한편에서는 남성/남성 욕망의 놀랍도록 솔직한 표현을 보여준다. 그러나 동성애적 욕망에는 동성애 자체에 대한 혐오증적 부정이 수반된다. 〈리썰 웨폰〉, 〈48시간〉, 〈테킬라 선라이즈〉, 〈탑 건〉 등 이 싹트는 "장르"에서 몇 편 예를 들자면, 이 버디 영화들은 명백하고 강력하게 동성애적인 성향을 띠고 있다 (〈테킬라 선라이즈〉에서 미셸 파이퍼는 범법자 멜 깁슨에게 그를 추적하는 경찰관 커트 러셀을 두고 이렇게 말한다. "그냥 덮쳐서 박아버려."). 그러므로 많은 요즘 대중문화가 지니고 있는 이러한 차원을 대중이 망각하고 있다는 사실이 놀라울 뿐이다. 그러나 〈죽은 시인〉이 동성애를 조롱하는 〈리썰 웨폰〉과 겉으로는 차이가 있음에도 불구하고, 이 두 영화가 재현하는 두 극단은 실제로 매우 중요한 면에서 만난다. 〈죽은 시인〉에서 검열 받은 "하위텍스트"는 너무도 뚜렷하여 "잠재적" 동성애가 영화 도처에 널려 있다는 해석이 불가피할 정도다. D. A. 밀러의 표현을 빌면, 두 영화 **모두**에서 동성애는 부정negation보다는 부인 disavowal에 의존하는 "공공연한 비밀"이다.[7] 그러나 공공연함과 비밀스러움 간의 균형은 남성의 몸을 욕망의 대상으로 공공연하게 인정하는 게이 남성 포르노에 의해 위협받는다. 게이 포르노는 우리 문화에서 가장 강력한 금기 중 하나를 조롱하는 것이다. 그리하여, 지금까지 여러 번 지적했듯이, 로버트 메이플소프Robert Mapplethorpe의 동성애적 사진은 우익의 가장 최근의 억압 운동에서 최우선적으로 검열 대상이 되었다. 게이 남성들이 거의 만장일치로 포르노를 옹호하는 것은 결코 우연한 일이 아니다. 게이 남성들에게 포르노는 사실상 다른 남성과 성관계를 맺는 남성**으로서의** 정체성을 표현하고, 확인하고, 구성할 수 있는 주요한 수단이 된다. 욕망은 재현을 통해 모여드는 성향이 있기 때문이다.

그러므로 급진적 페미니스트들이 시작한 포르노 논쟁에서 게이 남성과 여성은 이해관계가 서로 매우 다르게 나타난다. 공공연히 인정된 욕망의 대상으로서의 남성 몸의 재현 문제는 **과소**재현이고, 반면 여성의 몸은 욕망의 대상으로서 가장 흔하게 그려지기 때문에 **과잉**재현이 문제가 된다. 그러나 이러한 명백한 차이에도 불구하고, 안드레아 드워킨과 캐서린 매키넌 같은 급진적 페미니스트는 이성애 뿐 아니라 동성애를 포함하여 모든 형태의 포르노를 비난하는 경향이 있다. 포르노에 대한 급진적 페미니즘의 입장을 공격하는 게이 남성들은 두 집단의 이해관계가 일치한다는 가정을 주로 받아들였다.[8] 그러나 레오 베르사니의 논문, "직장이 무덤인가?"는 이러한 경향에서 완전히 벗어난 출발점이다. 이 논문에서 베르사니는 실제로 매키넌/드워킨의 분석이 지성적이라고 높이 평가한다. 그 역시 게이 남성과 페미니스트간의 갈등 지점은 결국 피하고 말지만, 너무도 많은 "안티-안티-포르노" 논쟁이 사실상 이성애와 동성애 포르노를 모두 급격히 증가시킨다는 사실을 발견함으로써, 그의 강력한 주장은 이 논쟁 전체를 다시 생각하게 만드는 길을 열어놓는다.

섹스와 정치학 간의 연결점을 다시 생각하고자 하는 베르사니의 논문은 이 주제에 관한 게이 레즈비언 이론가들의 정통적인 생각에 심각한 도전을 하고 있다. 베르사니의 관점에서 보면 이들 이론가는 그들과 반대 입장에 있는 이성애자와 마찬가지로 섹슈얼리티를 "혐오"한다. 또한 섹슈얼리티의 급진적 잠재력을 주장하면서도 이 잠재력을 실제 성행위에서 찾지 않고 "게이라이프 스타일"이나 지배적 남성/여성 역할과 이미지에 대한 게이 패러디에서 찾으려는 성향이 있다. 베르사니에 의하면, 인간 성애의 다양성을 옹호하는 작가뿐 아니라 이성애 역할에 대한 게이적 "흉내"를 주장하는 작가들은 섹슈얼리티를 "길들이는" 혹은 "전원화하는" 프로젝트에 참여하는 것이다. 베르사니는 이러한 접근방법을 냉혹하게 비판한다. 그러한 주장을 하는 것은 "동성애 행위와 그 행위가 촉발하는 혐오감의 관계를 정직하게 보지 않는 것이다. 혐오감은 모두 큰 실수임이 밝혀졌다. 진짜 우리가 감당해야 할 문제는 다수주의와 다양성이다. 비역당하는 것은 그저 한 순간 훌륭한 인간적 미덕을 실천하는 것이다."[9]

이러한 진보적 다수주의 대신 베르사니는 섹슈얼리티와 지배적인 성 역할의 관계에 대한 보다 어둡고 모호한 시각을 이론화한다. 예를 들어 베르사니에 의하면, 게이 남성이 마초 스타일을 흉내 내는 것은 이 스타일을 "모독"하는 것일 뿐 아니라 "그에 대한 존경의 표현"이기도 하다. 예로 들면, 존재 자체가 남성성을 훼손하는 듯이 보이는, "여성화된 몸"을 지닌 마초맨 "레더 퀸"은 사내다움을 "향한 **열망**"을 보여준다(p. 207). 베르사니는 이렇게 결론내린다. "제프리 윅스가 말하듯이 게이 남성이 '남성의 이성애적 정체성의 근간을 훼손한다'면, 그 정체성에서 그들이 취하는 패러디적 거리 때문이 아니라, 그들이 내적으로 그 정체성에 거의 광적으로 동일시하면서 **그것이 침해받는 것에 매력을 느끼기** 때문이다."(p. 209)

게이 섹슈얼리티 문제에 대한 진보적 접근방식을 공격하던 중에 베르사니는 안드레아 드워킨과 캐서린 매키넌에게서 예기치 않게 동질감을 발견한다. 포르노에 반대하는 이들은 베르사니의 관점에서 보면, "섹스에 대한 깊은 도덕적 혐오감을 명확히 드러내고자 하는" 용기를 지닌 사람들이다. 이러한 용기는 그가 말하는 "구원적 섹스 프로젝트"를 촉발한다. 이 프로젝트는 섹스와 폭력이 반대의 성질을 지니고 있으며, 섹스가 본래 "부드러움과 사랑"을 닮았다고 주장한다.[10] 그들은 섹슈얼리티와 포르노가, 심지어 분명한 폭력성을 보이지 않을 때조차, 어떻게 계급과 젠더 불평등을 성애화하는지, 또한 그로 인해 "불평등 자체의 폭력성"(p. 213)을 어떻게 부각시키는지 보여주었다. 매키넌이 쓴 것처럼 포르노는 "지배와 복종의 성애화와 남성 여성의 사회적 구성을 결합시켜, 남성 절대 우위의 섹슈얼리티를 제도화한다."(p. 172) 섹스와 젠더, 섹슈얼리티와 사회적인 것의 상호 관련성에 대한 이러한 주장에 대해 레즈비언 사도매저키스트들은 이의를 제기할 테지만, 이러한 주장은 궁극적으로 하나의 통찰이 된다. 이 통찰을 베르사니는 결국 포기할테지만, 이 지점까지는 이것이 게이 섹슈얼리티의 모호한 성질에 관한 그의 논의와 분명히 일치한다. 그는 이러한 성질이 부분적으로 "억압적 정신 상태의 내면화"에 의해 **구성되는** 것으로 보고 있다(p. 209). 포르노가 명백히 주류 재현과 관련하여 주변부에 위치함에도 불구하고 젠더 불평등을 "가장 효과적으로 조장한다"는 매키넌, 드워킨의 의견에 베르사니도 동의한다. "감기약과 밀기울 시리얼 광고에서 여자들이 남자들의 기관지와 큰창자 역할을 하는 노예로서 표현되는 숱한 혐오스러운 TV 광고"를 그는 지적한다. "오로지 포르노만이 밀기울 광고가 효과적인 이유를 말해준다. 또한 여성을 노예로 삼는 것이 성애적으로 짜릿한 이유도 말해준다."(p. 214) 섹슈얼리티 자체의 포르노적 성질을 주장함으로써 매키넌과 드워킨은 섹슈얼리티에 내재하는 폭력성을 폭로하였다. 그들은 이 폭력성을 개탄하지만 베르사니는 이 폭력성이 "안티공동체, 안티평등, 안티보육, 안티러브"의 성질을 띠고 있음을 **경축한다**(p. 215).

　　베르사니 기획의 일부는 게이 섹슈얼리티를 여성성과 제휴시키는 것이다. 이 제휴는 분명 이성애 가부장 사회의 동성애혐오 그리고 여성혐오의 중심에 있지만("두 다리를 높이 쳐들고 여자가 되는 자기파멸적 황홀감을 거부하지 못하는, 성인 남자의 유혹적이고 참을 수 없는 이미지"[p. 212]) 바로 그런 이유로 게이와 페미니스트로부터 공통적 반응을 이끌어낸다. 이러한 반응은 섹스 내 "지배와 복종 관계"의 불가피성을 인식하면서 시작된다. 섹스는 "모든 인간이 지니고 있는 자기 몸의 능력, 혹은 실패의 경험을 자아 너머 세상을 통제하고 조정하도록 변화시키는 행위"(p. 217)이다. 여기에서 베르사니는 잉여 억압이라는 마르쿠제주의Marcusian doctrine에 근접하고 있다. "잉여"는 개인의 생존에 필요한 억압의 양을 초과하는, 자본주의에 의해 부과된 억압의 양이다. 베르사니에 있어서 지배와 복종의 관계는 인간 생존에 필수적인 요소다. 그러나 가부장제는 잉여 폭력과 권력의 불균형으로 남성이 여성을 지배하도록 보장하는 시스템을 세운다. 그러나, 세상을 통제하는 몸의 잠재력에 대한 "이념적 착취" 분석이 "남성 권력의 역사"(p. 216)를 포함한다는 사실을 인정하면서도 베르사니는 이 논의를 포기하고 다른 각도에서 이 주제를 바라본다. 이는 영화 용어를 빌면 로low 앵글로서, 성행위시 개인이 경험할 수 있는 밑에서 바라보는 각도다. 여자되기의 자기파멸적 황홀경(베르사니가 "자기파괴적 주이쌍스"라고 부르는)을 즐기며 두 다리를 높이 쳐든 남자의 각도에서 보면, 경관이 너무 아름다워서 왜 모든 사람이 다 자기처럼 보지 않는지 의아할 따름이다. 남근중심주의는 "여성에게 권력을 주지 않는 것이 아니라. . .무엇보다도 남성 여성 모두에 있어 무력함의 **가치**를 부정하는 것"(p. 217)이라고 베르사니는 엄숙하게 선언한다.

이것이 바로 베르사니가 "남성 권력의 역사"에서 중요한 요인을 무시함으로써 페미니스트 독자의 공감을 잃는 지점이다. 그가 포기한 요점은 남성 우위의 섹슈얼리티가 남성 여성의 **사회적** 구성과 어떻게 융합되는가에 관한 매키넌의 중심적 주장을 받아들이지 않는다. 물론 남근중심주의는 **끊임없이** 여성에게 무력함과 마조히즘의 가치에 대해 주입시킨다. 여기에서 문제는 (그리고 이것은 베르사니가 윤곽을 잡은 게이 남성 프로젝트가 페미니즘 프로젝트와 달라지는 지점이다) **젠더** 범주가 베르사니의 설명에서 회피되는 방식에 있다. 즉, "자아 너머 세상을 통제하고 조종하는 잠재력"을 제한하기 위해 여성으로 성별화된 몸을 "이념적으로 착취하는" 모든 실천의 총합을 무시하는 것이다. 베르사니는 결국 섹슈얼리티에 배타적으로 초점을 맞추게 되는데, 그 과정에서 그동안 고수하던 모호함의 개념을 상실한다. 남성 마조히즘이라는 친숙한 영역이 다시 우리 앞에 나타난다. 베르사니는 이를 무력함("자아의 급진적 해체와 굴욕"[p. 217])과 동의어로 사용하지만, 사실은 전혀 동의어가 아니다. 무력함의 **가면**을 쓴 마조히즘은 흔히 권력을 지닌 자들의 사치로 기능하며, 사회 권력과 성적 굴욕은 아주 쉽게 공존할 수 있다. 이 지점에서 베르사니의 주장이 페미니즘의 날카로움을 상실한다. 섹스가 "관계"로 타락하면 불가피하게 계급이 발생하기 때문에, "일부일처제로의 회귀를 환영하는" 것에 반대하도록 그는 에이즈 시대 게이 남성들에게 경고하며, "남자와 여자 사이의 무자비한 전투를 흉내 내지 않도록"(p. 218) 격려한다. 텍스트에서 즉시 추방되었던 "남성 권력의 역사"가 성별 간의 영원한 전투라는 비정치적 개념으로서 되돌아온다. 그리고 정치학은 주로 침실 혹은 목욕탕의 사건이 된다.

　　무력함 **그리고** 마조히즘은 게이 남성보다 여성들에게 분명 다른 이념적 의미로 작용한다. 남성 마조히즘 분석에서 **남성** 마조히즘의 전복적 잠재력을 과장하고 있는 카자 실버만은 마조히즘이 여성을 위한 규범에 너무도 가깝기 때문에 남성을 위한 급진적 힘을 갖지 못한다고 주장한다. (게일 러빈은 〈권력에 다가가기〉에서 이성애 S/M 그룹 중에서 남성 복종/여성 지배 형태가 가장 많다고 주장한다. 결혼 제도가 여성 복종 그룹을 과다하게 느끼도록 만든 것이 분명하다.[11]) 실버만은 말한다.

마조히즘이 남성 여성 복종을 모두 중심적으로 구조화하는 요소지만, 안전하게 인식될 수 있는 것은 여성 복종의 경우에만 해당된다. 결핍과 종속을 성애화하는 중요한 기제를 제공하는 것은 바로 "정상적인" 여성 복종이라는 필수적 요소다. 반대로 남성 주체는 그의 남성적 위치와의 동일시에 의문을 제기하고 여성성과 제휴하지 않고서는 자신의 마조히즘을 인정할 수 없다.[12]

남성과 여성성의 제휴와 남성과 **페미니즘**의 제휴는 결코 같지 않으며 완전히 정반대일 수 있다는 사실을 주장하는 것이 이 책의 주요 프로젝트지만, 전형적으로 여성성과 연관된 위치를 선택하고 있는 남성은 섹스/젠더 시스템에 쐐기를 밀어 넣어 균열을 꾀하는 것이라고 생각할 수 있다. 반면에 여성이 이러한 위치를 고수하는 것은 말하자면 이 시스템을 강화하는 것이다.

그러나 베르사니가 **게이** 섹슈얼리티의 급진적 세력을 위해 가장 효과적인 사례를 만들었다는 의견에 동의하기 힘들다. 섹슈얼리티에 내재하는 자기파괴적 주이쌍스를 긍정적으로 강조하고 있음에도 불구하고, 자신이 제기하고 있는 복잡한 문제에 대한 베르사니의 해법은 놀랍게도 개인주의적이다. 그리하여 사실상 비난받아야 할 대상을 사회 질서 뿐 아니라 개인으로 **규정**할 수 있다. 자기파괴와 자기통제 사이에서 오가는 〈리썰 웨폰〉의 역학이 떠오르는 용어를 사용하여 베르사니는 말한다. "성애적인 것을 과장된 자의식과 자의식 상실 사이를 오가는 것으로 생각하는 것은 가능하다." 그러나 "아마도 자의식 과잉으로서의 섹스는 자기파괴로서의 섹스를 억압하는 것이다."(p. 218) "자아" 상실이 베르사니가 주장하는 것처럼 그토록 바람직한 일이라면, 이 개념이 가장 우선적인 자리를 차지하지 않은 이유가 무엇인지 분명치 않다. 자기파괴를 반복적으로 경험하는 것이 오로지 자아를 위한 것이라면, 우리는 자아를 늘 다시 만들어 영원히 이 역학 과정을 수행해야 하는 운명에 처한 것이 아닌가? 이와 유사하게, 무력함이 "가치"가 되는 경우는 권력 개념과 관계할 때만 가능한 것이어서 우리는 영원히 이 개념을 설정해야 하는 것 아닌가? 그렇다면 우리는, 권위에 대한 반란이 도전적이지 못하고 오히려 권위의 처벌과 통제의 힘을 강화하는 〈죽은 시인의 사회〉에서 과연 멀리 떨어진 것인가? 게이 섹슈얼리티에 대한 동성애혐오적 재현을 "잠정적으로 받아들이는"(p.209) 것으로 논의를 시작함으로써, 베르사니는 결국 그것을 신성한 것으로 보관하는 위험에 빠진 것이 아닌가?

긍정적 의미에서의 사디즘

베르사니의 논문이 재현의 이해관계가 여성과 게이 남성에게 동일하다는 사실을 증명하고자 하는 시도에서 결국 설득력을 상실했다면, 아마도 우리는 **여성들 간의** 사도마조히즘을 옹호하는 호전적인 안티-안티 포르노 **여성들**의 글에서 베르사니가 유려한 필치로 옹호하는(결국 포기했지만) 매키넌/드워킨 라인에 반대하는 보다 강력한 주장을 발견할 수 있다.

베르사니가 이 사실을 언급하진 않았지만, 게이 남성과 레즈비언 사이에는 그의 가장 중요한 이슈를 두고 오래 전부터 적대 기류가 형성되어 있었다. 섹슈얼리티는 본질적으로 "안티공동체, 안티평등, 안티보육, 안티

러브"라는 주장이 그것이다. 어쨌든 "퍼킹fucking"를 "미화"하거나 "로맨
스화"하지 않는다고 그가 칭찬하는 매키넌과 드워킨의 글에서 이러한 태
도를 추론하려는 다소 빗나간 베르사니의 시도에도 불구하고, 레즈비언 페
미니스트를 포함하는 페미니스트들은 대체로 섹스와 섹슈얼리티의 공동
체, 평등, 보육적 측면을 강조하는 경향이 있다. 그리고 때로는 공공연히
게이 남성 섹스 실천을 비인간화하는 행위로 비난한다. 이리하여 아드리엔
리치의 획기적 에세이 "강제적 이성애와 레즈비언 존재"는 레즈비언과 게
이 남성을 비교함에 있어 레즈비언에 호의적이다. 그녀는 악명 높은 필치
로 "남성 동성애자들 간의 익명 섹스의 유행과 항문성교의 정당화, 남성
동성애의 공공연한 연령차별 등"을 비난한다. 리치의 말은 계속된다.

레즈비언 존재를 정의하고 묘사함에 있어 나는 남성 동성애의 가치관에서
레즈비언을 분리시키는 쪽으로 나가고 싶다. 나는 레즈비언 경험을 모성
애처럼 깊이 여성적인 경험으로서 인식한다. 단순히 이를 성애적으로 낙
인찍힌 다른 존재와 함께 묶어버린다면 우리는 이것의 특별한 억압, 의미,
잠재력을 이해할 수 없게 된다.

리치는 결론을 이렇게 내린다. "'레즈비언'이라는 용어가 가부장적 정
의에서 임상적인 것으로 제한되었기 때문에, 여성의 우정과 동료의식은 성
애적인 것과 분리되었다. 따라서 성애 자체를 제한한다."[13] 그러나 레즈비
어니즘의 임상적 관점에 반대함에 있어 리치는 레즈비언 존재의 특수성을
완전히 없애는 지경으로 성애 범주를 확대하여 다른 방향으로 너무 멀리
갔다는 비판을 다른 레즈비언에게서 받아왔다. 리치의 프로젝트는 베르사

니의 표현을 빌면 분명히 "자기구원적," "전원화하는," 것이며, 레즈비어
니즘과 모성애를 결합시킴으로써 확실히 "가정화"하는 것이다. 요컨대 리
치는 섹슈얼리티 범주를 포괄하는 젠더 범주를 허용하며 모든 여성을 (이
들이 다른 여성에게 우정을 느끼는 한) 레즈비언 연속체에 위치시킨다. 즉
모든 여성은 어느 정도 레즈비언인 것이다.

침대 안이건 밖이건 여성간의 평등하고 사랑하는 유대를 증진시키지
않는 모든 섹슈얼리티의 표현과 재현, 그리고 포르노를 비난하는 리치 같
은 레즈비언 페미니스트의 "노선"에 여성 섹스 급진파들은 반대한다. 레즈
비언 사도매저키스트 게일 러빈을 포함하는 이들은 다른 여성과 잠자는
여성으로서의 경험이 지닌 특수성을 강조하는 시도를 해왔다. 그리하여
그들은 모든 형태의 포르노와 대다수 섹스 실천(페도필리아를 포함하는)
을 옹호한다. 급진적 페미니스트보다는 "낙인찍힌 성애적 사람들"과 더욱
동일시하며, 섹스와 젠더 범주의 완전한 분리를 요구한다.[14] 강제적 이성
애와 여성 복종을 강요하는 사회에서 여성의 "동의" 개념에 가해지는 압박
을 강조하는 매키넌과 리치 같은 섹스 급진파들은 성행위 문제에 있어서
페미니스트와 완전히 반대로, 개인의 "자유로운 선택"을 강조하는 경향이
있다. 여기에는 레즈비언 사도마조히즘 같은 행위도 포함되는데, 많은 여
성들은 이를 지배와 복종이라는 억압적 가부장 관계를 수행하는 것으로
보고 비난한다.[15]

아이러니컬하게도 이러한 비난에 대응하기 위해 일부 섹스 급진파들
은 결국 베르사니가 지칭한 자기구원적 프로젝트에 **스스로** 참여한다. 그리
하여 사도마조히즘 실천에 내재하는 권력과 폭력 문제를 종종 최소화한다.
결국 채찍, 면도칼, 유두집게가 "바람직한 인간적 미덕"의 실천을 확대하

는 데 사용되는 멋진 장치의 일부라는 것이 그들의 주장이다. 예를 들어 이러한 경쾌한 어조는 사모아 공동체SAMOIS collective가 만든 레즈비언 S/M 선집 〈권력에 다가가기〉기고자들이 묘사한 레즈비언 사도마조히즘 활동에 대한 파빈 애덤스Parveen Adams의 평가에 스며있다. 내가 읽은 책과 조금 다른 책을 읽은 애덤스에 의하면, 레즈비언 사도매저키스트는 "섹슈얼리티와 젠더를 분리했고, 역할이 자유롭게 순환하는 극장에서 차이들을 수행할 수 있다." 남성 마조히즘의 특징인 강제성의 자리에 "선택과 이동성이 있다. 합의하에 이루어지는 압박에 성적으로 굴복하는 실험이 있다. 여성들 간의 섹슈얼리티 구성이 있다. 몸의 많은 즐거움 중 하나로서 성기의 만족이 있다."[16] 이와 유사하게, 게일 러빈은 성적 다양성의 즐거운 다수주의를 강조한다. 레즈비언 사도마조히즘도 소비자를 유혹하는 다양한 선택 중 하나일 뿐이다. 섹스를 음식에 비유하면서 러빈은 말한다. "사람들은 적절한 음식을 구성하는 요소에 대하여 참을성 없거나 어리석거나 억지를 부릴 수는 있지만, 메뉴의 차이가 성적 취향의 차에게 늘 수반되는 분노, 불안, 순수한 공포를 불러일으키지는 않는다."[17] 이러한 진술은 매우 유치해 보이지만, 섹스에 관한 부분은 일리가 있다. 섹스가 음식과 완전히 다르다고 말하기는커녕 (욕망이 욕구에서 발생하기 때문에), 나는 **반대의** 주장을 하고 싶다. 섹스와 음식은 둘 다 러빈이 알고 있는 것보다 훨씬 더 많은 금기와 금지된 욕망으로 가득 차 있다고. 이리하여 거식증이라는 점점 심각해지는 공통의 문제에 도달하게 된다. 거식증은 성적으로 성숙해지는 어린 소녀가 칼로리가 많은 음식에 대해 느끼는 "분노, 불안, 순수한 공포"를 정확하게 증명한다. 우리는 또한 소비 자본주의 하에 발달되어 온 음식 포르노 장르를 고려할 수 있다 (이러한 현상을 다룬 로잘린드 카워드의

〈여성의 욕망〉에는 "체리 한 입 먹으세요"[18]라는 카피의 체리 케익 광고 사진이 실려 있다). 이러한 점에서 레비-스트로스의 말대로 소비문화는 단순히 섹스와 음식 간의 **광범위한** 문화적 평형 상태에 편승하고 있다("결혼의 완성consummating a marriage"이라는 표현에서처럼).[19]

섹스와 음식 간의 이러한 연결 상태는 베르사니가 지적했던 밀기울 시리얼 광고에서 남편의 내장 속에서 노예처럼 헌신하는 여자의 에로틱한 전율을 떠올리게 한다. 베르사니는 소위 가정환경의 성애화를 보여주기 위해 이 예를 사용하였다. 그러나 이 여자가 남편이 아니라 다른 여자한테 "노예처럼" 헌신한다면 어떨까? 애덤스의 주장처럼 젠더 불평등이라는 성애의 괴로운 문제가 사라지는 것일까? 아니면 이 여자들은 억압적인 젠더 관계를 재생산하는 것일까? 욕망의 가정화 문제를 생각하면 인용하고 싶어지는 글이 있다. 〈권력에 다가가기〉에 수록된 논문인데, 글쓴이 수전 파Susan Farr는 자신의 레즈비언 S/M 관계에서 나온 행복한 부산물에 대해 언급하고 있다.

우리 관계에서 규율은 놀이 삼아 자극제로 사용하는 것이다. 그러면 단조롭고 고된 일이 즐거운 노예일로 바뀔 수 있다. "오늘 부엌 바닥을 닦아. 그렇지 않으면. . ." 그저 귀찮기만 하던 일이 이제는 에로틱하다. 그리고 오랫동안 미뤄두었던 일의 중요성을 부각시킬 수도 있다. "주말까지 운전면허증 갱신하도록 해. 안하면 맞을 줄 알아." 혼자만의 짐이었던 것이 이제 공유된다. 지배의 표현은 또한 책임짐을 의미한다. 복종을 받아들이는 것은 또한 행위하겠다고 동의하는 것이다. (p.186)

동성 관계의 문맥에서 가사 노동, 일상의 일 등을 완수하도록 "강요하는" 장난스러운 위협은 대다수 남성/여성 관계의 문맥에서와는 분명히 다른 의미를 띨 수 있다. 남녀 관계의 경우 협박하는 말을 심각하게 한다면, 그 말 배후에 있는 남성의 육체적 경제적 힘의 무게를 느끼게 하기 때문이다. 젠더 평등 관계에서 지배의 행사는 "지배"와 "복종"이라는 용어의 의미 자체를 해체하여 서로 상대편 의미가 되게 한다. 이리하여 〈권력에 다가가기〉에서 끊임없이 레즈비언 S/M 실천의 변모하는 성질을 강조하는 것은 변명이 아니다. 이 책의 작가들이 말하자면 매맞는 아내로서의 이전 모습과 레즈비언 S/M 관계에서 "바텀"으로서의 자발적이고 만족스러운 역할 사이의 완벽한 대조를 강조할 때, 질적으로 다른 **종류**의 사디즘을 의미하는 "나쁜 의미에서의" 사디즘을 말할 때, 이들 주장은 진지하게 받아들여져야 한다. 분명히 애덤스는 이들 주장이 지닌 힘을 실감해서 레즈비언 S/M에서 의미와 욕망의 장난스러운 "이동성"과 선택의 자유를 찬양하는 것이다.

좋은 사디즘과 나쁜 사디즘을 구분하기 위한 사모아 공동체의 선택의 자유, "동의"에 대한 강조는 이해할 수 있다. 이 여자들은 문외한들이 "상호 동의의 표현은 **결코** 보지 못하고, 권력의 행위"**만**을 본다고 생각하기 때문이다. 그러나 불행하게도, 이러한 잘못된 여자들의 생각을 고치는 것은 S/M의 가장 중요한 특성을 무시하는 것이다. 한 개인이 다른 개인에게 가하는 고통과 굴욕은 모두에 의해 욕망**되는** 것이라 할지라도 설명이 요구되는 특성이다. 각본에 따른 장난의 성격을 지녔음에도 불구하고, 이 책에 묘사되어 있는 실제 S/M 제의에서는 장난기와 패러디가 완전히 결여되어 있다. 베르사니가 지적하듯, 아마도 패러디는 관능의 적이라서 그런 것이리라.

이 책에 포함되어 있는 포르노 이야기 하나는 이러한 굴욕의 제의들에서 중요한 것이 무엇인지 밝혀줄 것이다. 마사 알렉산더의 "열정의 놀이"는 여성 운동을 하는 강한 두 여성 메그와 캐럴의 관계를 그리고 있다. 이야기는 메그가 여성 운동 모임에서 돌아오는 연인 캐럴을 방문하는 것으로 시작된다. 성적 제의를 시작하면서 캐럴은 천천히 메그에게 여성 "드랙" 의상을 입힌다. 스타킹, 가터, 스파이크 힐, 핑크 드레스, 반짝이는 핑크 립스틱, 라인석 클립 귀고리 등. 메그는 성적으로 흥분되는 동시에 깊은 분노를 느끼게 된다. 마침내 캐럴은 메그의 목에 무언가를 둘러 주는데, 메그는 목걸이라고 착각하지만 알고 보니 개목걸이다. 그리고 나서 캐럴은 메그가 거울을 보도록 강요한다. "넌 아주 멋진 작은 푸들 같아. 그렇지 않아 메기?" 이야기는 계속된다.

> 메그가 보는 것은 복합적인 이미지였다. 그것은 그녀였고 동시에 그녀가 아니었다. 그녀의 사고방식으로는 자신이 거의 크로스드레싱 형태로 여자 옷을 입었다고 생각하였다. 그녀의 성격과는 너무나 맞지 않는 차림새였다. 적어도 그 순간은 자신의 모습인 이 이미지, 자신을 바라보고 있는 현실적이면서 비현실적인 이 이미지는 충격이었다. (p.239)

이 장면에서 드러나는 감정적으로 복잡한 정서는 이미 다른 장에서 논의한 마조히즘에 대한 들뢰즈의 설명으로 잘 이해할 수 있다. 들뢰즈는 마조히즘의 유머에 대해 말했다. 분명 그는 장난스럽고 패러디한 캠프류 코메디가 아니라, "매맞는 행위"를 향한 호전적으로 폭발적인 조롱을 의미하였다. 들뢰즈에 있어서 이성애 남성 매저키스트가 자신 속에서 매맞기를 욕망하는 존재는 아버지다. 이러한 과업을 위해 그는 "어머니"의 도움을 구한다. 그리하여 법이라는 권위의 자리에 여자를 앉히는 부조화로 인해 유머가 발생하는 효과를 거두게 된다.

이와 유사하게, 내가 읽은 레즈비언 이야기에 나오는 레즈비언 사도마조히즘 제의에는 매우 우스꽝스러운 요소가 포함되어 있다. 그러나 그 여자로부터 조롱당하고 매맞는 것은 **젠더의 법** 자체로서 묘사되는 것이 가장 정확하다. 이는 가부장적 형태로, 종속/굴욕을 여성의 가장 본질적 역할로 규정하는 법이다. 위에서 묘사한 거울 장면이 입증하듯이, 여자는 이 역할에서 자신을 보는 동시에 그것으로부터 자신을 분리시킨다. (이러한 종류의 애매성은 물론 주류 포르노에는 완전히 빠져 있다. 주류 포르노에서는 여성이 남근에 헌신할수록 자신의 **본질적 자아**를 발견하고 해방하는 것으로 간주된다.) 우리가 논의한 이야기에 표현된 애매성의 자각은 베르사니가 남성 동성애 특징으로 지적한 애매성과 똑같지는 않지만 비슷하다. 베르사니는 이 애매성이 "내면화된 남근적 남자를 무한히 사랑받는 희생의 대상으로서 재현하는 것을 결코 멈추지 않는다"(p.222)고 말한다. 우리가 검토한 시나리오에 나오는 레즈비언 사도매저키스트에 있어서, 사랑받는 희생의 대상으로서 끊임없이 재현되는 사람은 내면화된 여성적 여자다. 또 다른 사모아 멤버가 자신이 자발적으로는 "결코, **절대로** 입고 싶지 않을" 옷에 마음이 끌리는 현상을 이렇게 설명한다. "나에게 S/M은 감정에 관한 것으로, 무언가에 끌리는 충동과 그것에 저항하는 마음 사이의 에로틱한 긴장감이다."(p.107) 흥미롭게도 이들 작가가 레즈비언 사도마조히즘의 핵심으로 드러내려는 애매성은 페티시즘의 특징을 이루는 신념 구조 ("나도 아주 잘 알아. . .하지만 아무래도 상관없어")와 비교될 수 있다.

힐, 코르셋, 스타킹, 가터를 착용한 여성은 페티시로 구성된다. 페티시는 남근의 대체물이므로 결국 남근이 된다. 그리고 이 구조 **속에서** 동시에 자신을 긍정하고 부정한다. 어떤 면에서 이중적 신념 구조는 다시 이중으로 된다. 그리하여 거울 속에서 페티시화된 자신을 보는 여자는 다음과 같이 말할 수 있다. "내가 가부장제가 알고 있는(모르는 것 같기도 하지만) 대상이 아니라는 사실을 나는 잘 알고 있어. 난 아니야, 하지만 아무래도 상관없어. . ." 이런 경우에 이 여자는 더 이상 남성이 부인하는 **대상**이 아니라 가부장제가 원하는 객관화된 자아와의 관계에서 부인하는 주체다.

또한 **다른 여성에 의해** 여성이 페티시로서 구성되는 것은 매우 중요한 점이다. 이쯤에서 "불일치를 통한 믿음"이라는 개념을 생각하는 것이 유용할 수 있다. 이 개념은 테레사 드 로레티스가 최근 이탈리아 페미니스트들에 관한 논의에서 상세히 설명한 바 있다.[20] 이 개념은 레즈비언 사도마조히즘의 절망적인 모순처럼 보이는 것을 이해하는 방식을 제시한다. 레즈비언 사도마조히즘은 한편으로는 지배와 복종의 고통스럽고 굴욕적인 수행을 강조하면서 다른 한편으로는 이러한 수행의 조건과 결과로서 절대적 믿음을 강조한다. 레즈비언 사도마조히즘 제의에서 권력의 위치에 있는 여성은 이탈리아 페미니스트들이 일컫는 "상징적 어머니"가 될 것이다. (그리고 여기에서 우리는 들뢰즈의 모델에 다시 접근한다) 이 용어는 "여성으로 젠더화된 의미 구조에서 주체로서의 여성을 인식하고 긍정하는 힘과 능력을 동시에" 의미한다. 거울 속 여자 뒤에 서있는 여자로서 "상징적 어머니"는 그 여자를 상징계로 처음 들어가도록 함으로써 거의 원형적 기능을 수행한다. 그러나 그녀는 젠더 불평등의 가부장 체제를 여성들이 주재하는 차이의 영역으로 변모시킨다.

레즈비언 사도마조히즘 활동 내의 시나리오 한 편을 분석한 것은 레즈비언 사도마조히즘이 어떻게 복합적인 역학을 수행하는지 보여주기 위한 것이다. 이 역학 속에서 기존의 젠더 환경은 동시에 도전받고 보존된다. 보존되는 이유는 부분적으로 도전**받기** 위한 것이다. 그리고 이러한 현상은 레즈비언 사도마조히즘 논쟁의 평상시 입장들이 일방적임을 암시한다. 한 입장은 레즈비언 사도마조히즘을 기존의 젠더 불평등을 복제하는 것으로 보며, 파빈 애덤스가 주장하는 보다 유토피아적인 입장은 레즈비언 사도매저키스트들이 젠더에서 섹슈얼리티를 완전히 분리하는 데 성공하였다는 것이다.

애덤스는 젠더를 넘어 나아가는 데 흥미를 갖고 레즈비언을 위해 레즈비언 입장에서 말한다. 이러한 반본질론적 비평의 또 다른 예는 주디스 버틀러의 『젠더 트러블』에서 찾아볼 수 있다. 버틀러는 레즈비언 관점에서 젠더 범주와 정체성 개념 자체를 비판한다 (버틀러의 관점에서 보면, 하나의 정체성을 갖는다는 것은 젠더를 분리하여 그 한 쪽의 입장을 취하는 행위를 수반한다). 급진적인 푸코주의 사상가로서 버틀러는 혁명적 사상의 다양한 시스템을 탁월하게 분석한다. 그리하여 이들 시스템이 훼손하고자 하는 시스템들과 어떻게 밀접한 관계를 맺게 되는지, 또한 흔히 그 시스템의 결과물로서 파생되는 현상을 보여준다. (예를 들어, 줄리아 크리스테바가 의미의 전복성이 있다고 생각한 기호적/모성적 영역과 그리고 상징적/부성적 질서에서 파생된 아방가르드 예술적 실천은 오로지 아버지의 법에 관계있는 가치만을 지닌다. 그리하여 궁극적으로 아버지의 지배를 굳건하게 하는 일을 수행한다.) 그러나 이상하게도 버틀러는 한 가지 실천은 이 규칙에서 제외시킨다. 그것은 바로 게이 캠프 패러디다.

드랙이 "여자"의 통합된 모습을 창조하는 만큼, 또한 젠더화된 경험의 통합된 측면들을 뚜렷하게 보여준다. 젠더화된 경험은 이성애적 일관성이라는 허구를 통해서 통합체로 잘못 받아들여진다. 젠더를 모방함에 있어, 드랙은 은연중 젠더의 우연성 뿐 아니라 젠더 자체의 모방 구조를 드러낸다.[21]

모든 패러디가 다 궁극적으로 "진정으로 전복적"인 것은 아니라는 사실을 깨닫고, 권력 바깥에는 여성 섹슈얼리티가 있을 수 없으며 이 법칙에 반대할 수 있는 유일한 경우는 "통합이 아니라 전치인 법의 반복"을 통한 것이라고, 연구 초기에 주장한 버틀러는 위의 인용문과 어딘가에서, 여성 패러디스트가 결국 법 바깥에서 마무리하는 완전한 "전치"를 마음 속으로 그려보는 것 같다. 더욱이 정체성에 대한 버틀러의 급진적 비판은 (그녀의 급진적 반본질론) 역설적으로 그녀로 하여금 여성 억압 문제에 대해 극도로 개인주의적인 해법을 찾도록 이끌고 있다. 그녀의 해법은 주로 "퍼포먼스" 차원에서 일어난다. 그리하여 그녀는 "퍼포머의 해부학적 구조는 …퍼포머의 젠더와는 구분되고, 또한 이 둘은 퍼포먼스의 젠더와 구분되는"(p. 137) 상황에 대해 말한다. 우리는 이러한 부조화를 레즈비언 사도마조히즘의 고도로 연극화된 미장센(예를 들어, 여기에서는 남자가 아니고 여자가 여자를 페티시화하며, 여자는 자신의 일상적 정체성에서 완전히 벗어난 여성스러운 옷차림을 경험한다)에서 보았다. 사실상 이 부조화는 젠더 범주를 해체하기는커녕 그것에 성적 흥분을 제공한다. 테레사 드 로레티스는 다른 에세이에서 이 부조화의 에로틱한 성격을 인식한다. (이는 버틀러가 거의 무시하는 차원이다. 그럼에도 불구하고 그녀는 레즈비언 섹슈얼리티를 부정한다는 이유로 많은 비평가들을 비난한다.) 셰일라 맥로린Sheila McLaughlin의 영화 〈그녀는 헛것을 보고 있어〉에 대한 논의에서 드 로레티스는 말한다. "부치-펨 역할놀이가 짜릿한 이유는 그것이 이성애적 욕망을 재현해서가 아니라 재현하지 않기 때문이다. 말하자면, 그것은 욕망(이성애적으로 재현된)과 재현 사이의 기이한 거리uncanny distance를 보여준다."[22] 이 부조화 개념이 레즈비언 섹슈얼리티와 지배적인 젠더 역할과의 관계에 대한 해묵은 논쟁의 빈약한 용어를 넘어서기는 하지만, 이 부조화를 페티시화하는 페미니즘 이론은 정말 위험하다고 생각한다. 페티시화함으로써 해체하고자 하는 구조를 오히려 보존하기 때문이다. 이 문제는 차치하고라도, 이 지점에서 젠더 문제를 연구하는 레즈비언 페미니즘 이론가 버틀러와 드 로레티스의 방식이 완전히 정반대임을 강조하는 것은 중요하게 여겨진다. 드 로레티스는 젠더를 부정하거나 개인적 수행의 차원으로 환원시키지 않고, 여성들이 다른 여성들에게 권력을 부여하는 "젠더화되고 구체화된" 존재가 되도록 하는 용어들을 만드는 일에 관심을 기울인다. 이는 단지 철학적 관심이 아니라 정치적 관심이다.

안티-안티-안티-페미니즘

레즈비언 섹슈얼리티가 가부장적 지배 구조에 참여하지 않을 수 없지만, 다른 많은 섹슈얼리티보다는 그 구조에 훨씬 덜 공모하며 종종 그 구조를 위협하기도 한다. 정치적으로 올바르지 않은 형태의 성행위에 참여한다고 특정 레즈비언들을 비난하고, 실제로 이들의 섹슈얼리티를 전부 부정하게 만드는 젠더 스테레오타입을 강요함으로써(앞서 인용한 아드리엔 리치의 글에서 보듯이), 페미니즘이 너무나 자주 젠더 경찰의 역할을 맡는다고 주장하는 레즈비언들의 글에 나는 전적으로 동의한다. 그러므로, 레즈비언들이 때때로 다양한 섹슈얼리티와 포르노를 포함하는 모든 섹슈얼리티의 재현이 지닌 해방적 잠재력을 주장하는 방식으로 반격하는 것이 전혀 놀랍게 보이지 않는다. 많은 이성애 페미니스트들이 이 문제를 두고 이들과 손잡고 있다. 이 새로운 자유론적 관점을 통해, 자신들과 섹스/젠더 시스템과의 다소 음험한 관계에 내재한 모순을 검토하는 일에서 해방된 것이다. 또한 여성들에게 있어서 섹슈얼리티를 주장하고 포르노를 즐길 권리를 주장하는 것은 이들 권리를 부정하는 사회화 과정에서 해방되는 일임이 분명하다.

그러나, 베르사니에 대한 논의에서 보여주듯, 섹스/젠더 시스템을 강화하고 젠더 불평등을 성애화하기 때문에 대다수 포르노가 여성을 비하한다고 생각하는 급진적 페미니즘 분석은 매우 강력하다. 분명히, 이 입장을 가장 확실하게 옹호하는 캐서린 매키넌과 안드레아 드워킨은 두 가지 중요한 점에서 잘못을 범하고 있다. 첫째, 그들은 효과적으로 검열을 강화한다. 세이프섹스 광고, 테입, 영화가 동성애를 "용서하는" 일로 간주되어 금지되는 시대에, 연방정부가 게이 레즈비언 아티스트를 검열하는 시대에, 검열이 허용되기 시작하면 소수자, 특히 성적 소수자들은 가장 우선적으로 억압받게 된다는 사실을 다시 한 번 명심해야 한다. 둘째(첫째 실수는 이것의 결과다), 많은 비평가들이 지적했듯, 매키넌/드워킨 분석은 너무 총체적이어서 차이에 대한 여지를 남겨놓지 않는다. 그리하여 주류와 주변적 재현 모두에서 모든 이미지가 "여성 혐오"의 **동일한** 현상을 표현하는 것이 된다. 팻 칼리피아Pat Califia는 이렇게 말한다.

폭력의 정의는 너무도 광범위하다. 폭력에는 강간과 성폭력 뿐 아니라 미성년자와의 섹스, 합의한 사도마조히즘, 속박, 수상스포츠, 성매매, 피스트퍽킹, 가벼운 섹스, 항문성교도 포함된다. 이들 관계를 밝혀줄 목적으로, 포르노에 반대하는 여성들Women Against Pornography 회원들이 발표한 슬라이드쇼를 보고 난 후에 내 머리는 현기증이 나기 시작했다. 여성 성기 사진, 집단 강간, 스파이크 힐 광고, 유아 성추행, 묶여 있는 여자 사진, 아내폭행 간에 아무런 구분이 없었다.[23]

그러나, 포르노에 반대하는 여성들이 중요한 구분을 하지 않을 정도로 광신적이라면, "자유주의적 페미니즘" 과격파 그룹에도 아이러니컬하게, 칼리피아가 말한 것과 같은 위험으로 이끄는 관점을 지닌 여성들이 있다.

두드러진 예를 들자면, 『우리 등 위에』의 레즈비언 편집자 수지 브라이트는 최근 포르노에 관한 강연을 하고 자신이 좋아하는 포르노 작품에서 편집한 영화와 비디오 장면을 보여주었다. 그녀는 강연장을 꽉 메운 청중들에게 말하며, 페미니즘 내에서 자신들의 섹슈얼리티를 단순히 비난하지 않고 인정해줄 하나의 입장을 찾고자 하는 젊은 레즈비언 페미니스트들에게 권한을 주는 존재가 된다.

브라이트의 프로그램은 주류 포르노에 나오는 흔치 않은 "젠더-벤딩" 장면(예를 들면, 여자 연인의 옷을 차려입은 남자)을 보여주는 것으로 무장해제 상태로 시작된다. 또는 비주류 포르노 장면들도 보여준다. 포르노라고 도무지 인정하기 힘들지만, 한 여자가 샌프란시스코 카바레에서 남자 흉내를 익살스럽게 내는 장면도 있다. 레즈비언 사도마조히즘 대결을 묘사하는 장면도 있다(브라이트는 이 장면을 프로이트의 '여자들이 무엇을 원하는가'라는 질문에 대한 자신의 개인적 답변이라고 말한다). 한 남자가 빌지 펌프(역주: 뱃바닥에 고인 물을 퍼내는 펌프)로 자신의 페니스를 확대시키는 장면도 있다. 강연 내내 수지 브라이트는 자신의 명성에 걸맞은 용감한 태도를 견지한다. 자신이 논의하는 자료에 들어 있는 변태적 요소는 다 무시하면서, 캐릭터/배우들이 어떻게 "자신의 섹슈얼리티와 접촉하는지" 거듭 이야기한다. 다시 말해서, 그녀는 포르노를 보여주면서 에로스에 대해 말한다. 그녀의 사실적인 발표와 신기한 영상으로 인해, 우리는 경계심을 풀고, 보다 표준적인 포르노 영상이라면 마땅히 품었을 반감을 잊게 되었다.

이리하여 마지막 포르노 영상 〈악마와 미스 존스, 3편〉을 볼 무렵에는 회의적인 청중이라도 재현되고 있는 장면을 받아들일 수 있게 되었다. 온 몸이 사슬로 감긴 한 흑인 여자가 인종혼합의 남자 집단에 의해 명랑하게 말하는 브라이트의 표현을 빌면 "갱뱅(역주: 집단성교)"을 하고 있다. 남자들은 장면 내내 야비하게 투덜대고 있다. 이 영상을 소개하면서 브라이트는 청중에게 이 여자가 **배우로서** 이 장면을 얼마나 완벽하게 "통제"하는지 주목하라고 말한다! 버틀러 같은 페미니스트가 젠더 소재의 연극적 놀이에서 젠더 역할의 "현실"을 고의적으로 훼손하는 것을 보았다면, 브라이트는 이 생각을 뒤집어 놓는다. 즉, 배우로서 이 여배우가 남근에 노예 노릇을 하는 여자의 **재현**을 무대에 올리기 위해 "실제로" 사용해야 하는 통제력에 초점을 맞춤으로써, 우리는 이 재현이 실제로 의미하는 것을 무시할 수 있다. 그들이 포르노 영화에서 연기하도록 육체적으로 강요받았다고 주장하는 린다 러블리스 같은 여자의 말에 동조하는 한, 매키넌과 드워킨 같은 페미니스트들은 자유주의 페미니스트들에 의해 "동의"의 개념을 단순화했다는 이유로 비난을 받는다. 그러나, 그 여자가 강제당하지 않을 뿐 아니라 장면을 무대에 올리는 능동적 역할을 한다는, 정반대 관점을 취하고 있는 수지 브라이트의 주장도 이와 동일한 환원적 논리 안에서 작용한다는 사실을 우리는 주목해야 한다.

지금까지 논의한 장면에서 가장 불안한 요소는 흑인 여자의 돌출한 성기에 카메라가 집요하게 초점을 맞추는 방식이다. 유별나게 튀어나온 성기는 작은 페니스를 닮았다. 문제의 장면이 들어 있는 영화에서(성교 중 남자가 절정에 도달하는 순간 침대 머리판에 난폭하게 밀어서 "미스 존스"가 두개골이 깨져 죽은 영화) 이 이미지는 영화에 스며있는 동성애적 여성 혐오적 히스테리의 절정이다. 린다 윌리엄스의 용어를 빌면, 대다수 포르노 "넘버"에서 항문 삽입이 성행위를 지배한다(한 장면에서, 여자는 말 역할을 하면서 계속 엉덩이를 채찍으로 맞고, 남자는 난폭하게 페니스를 여자의 항문에 찔러 넣는다). 영화 중간쯤에 두 남자가 한 여자와 섹스하는 "넘버"가 있다. 한 남자는 여자의 항문에 삽입하고 다른 남자는 질에 삽입한다. 카메라는 끊임없이 서로 닿으려고 하는 두 페니스를 비춘다. 그리고 물론 마침내 남성 동성사회적 결속의 최고 행위인 "갱뱅"이 벌어진다. 갱뱅이 행해지는 여자의 성기는 부인의 장소가 된다. 우리가 목격하는 남성의 잔인성은 그것이 아무리 극심하다 해도, 성차를 보고 발생하는 공포를 통제하기에 충분치 않은 것처럼 보인다. 이리하여 이들 이미지로 인해 우리는 페미니즘이 시작한 곳인 남성 남근중심적 "같은 것"의 경제 내로 되돌아가게 된다. 성적 다양성 이데올로기가 무너뜨릴 것이라고 생각했던 것이 바로 이 경제다.[24]

재현의 변두리에서 시작한 수지 브라이트는 이 변두리들을 접어서 중앙에 오게 하고, 극도의 여성증오, 동성애혐오, 인종차별 이미지를 확인하면서 끝낸다. 〈리썰 웨폰〉 같은 영화들은 분명 보다 온화하게 주류에서 작용하지만, 실상은 이와 동일한 반동 세력이다. 예를 들면, 흑인 여성의 몸이 남자들에게 보호의 필요성을 불러일으키는 방식을 우리는 기억한다.("그녀를 보면 콘돔이 사고 싶어져"라는 모호한 구절은 흑인 여성의 성애화된 몸에 대한 욕망과 그 몸에서 느끼는 위협을 모두 암시한다) 우리는 또한 영화의 중심에서 어떻게 강렬한 동성애가 타자(여자, 게이)를 희생양으로 삼아 공격으로 전치되는지 기억한다. 흑인 남자의 굴욕으로 전치되기도 한다. (〈악마와 미스 존스, 3편〉에서 지옥에서 미스 존스의 가이드를 맡고 있는 흑인 악마는 호색적이고 짐승 같은 어릿광대로 그려진다. 이는 〈욕망의 날개〉에 나온 백인 남자 천사와 정반대의 모습이다.)

페티시는 그에 의해 타자성이 동시에 인정되고 부정되는 수단으로 작용한다. 우리가 다시 페티시의 영역으로 돌아왔다는 것은 수지 브라이트가 보여주는 마지막 영상에서 확실해진다. 이 영상은 결코 포르노 영화에서 편집한 것이 아니라 미국 총기 협회 광고다. (브라이트의 프로그램이 무장해제 상태에서 시작했다면, 마지막은 재무장 이미지로 끝난다고 말할 수 있다.) 이 영상을 소개하면서 그녀는 무슨 말로 설명해야 할지 모르겠다고 말한다. 그것은 진보적이면서 반동적이며, 대단히 성차별적이면서 페미니즘적이며, 무시무시하면서 웃긴다. 광고는 육감적인 한 여자를 보여준다. 보디빌더인 그녀는 비키니를 입고 자동소총을 쏘고 있다. 여자의 목소리가 이 총에 대해 자세히 설명한다. 그녀의 설명 사이로 간간이 무기를 소지하는 것이 축복이라는 애국적이고 진부한 코멘트가 들어간다. 수지 브라이트가 이 모든 것의 정치성에 관해 결정을 내리지 못하는 것은 증상적이다. 주어진 재현의 이념적 경향을 "결정"하지 못하는 것은 **많은** 최근 문화비평에서 보이는 증상이다. 문화비평은 페티시적 재현에 의해 부과된 한계를 받아들임으로써 스스로 무력하게 만든 방식을 전혀 이해하지 못하고 있다. 이들 한계를 넘어 나아가는 것은 메커니즘을 복잡하게 만드는 재현을 발견하는 것을 의미한다. 이러한 메커니즘으로 인해 지배문화는 스스로를 재확인하고 모든 타자성과 차이를 자신의 반영물로 만든다. 이 책의 분석과 관련지어 생각할 때, 이는 게이와 페미니스트, 이성애 여성과 레즈비언, 게이와 레즈비언, 백인과 흑인 간의 차이를 명료하게 설명하고 존중하고자 노력하는 것을 의미할 것이다. (예를 들면, 포르노에서 흑인 여성의 몸에 감긴 체인은 수전 그리핀 같은 안티-포르노 페미니스트들에게는 여성의 모든 성애화된 이미지에 내재하는 부가적 의미를 분명히 지닐 것이다. "포르노 잡지에 나오는 모델은. . . 노예다. 그녀가 체인에 감겨 있을 때 그 체인은 불필요한 것이다. 그녀는 이미 자유로운 존재가 아니기 때문이다.")[25] 그렇다면 그것은 검열을 위한 작업이 아니라 다양한 종류의 재현에 대해 필요한 판단을 내리는 것을 의미한다. 말하자면, 페티시를 논쟁거리로 만드는 레즈비언 포르노와, 포르노건 아니건 페티시 영역에서 공정하게 작용하는 재현 사이에서 판단을 내려야 한다. 그리고 이는 공통의 억압에 맞서서 결속을 위해 계속 열심히 노력하는 것을 의미한다. (〈리썰 웨폰〉과 〈악마와 미스 존스, 3편〉에서도 백인 남성의 우월한 인간성을 확실히 하기 위해 모든 "타자들"이 비인간화되는 현상이 여전히 나타났기 때문이다.)

무엇보다도 이는, 여성 범주의 적들에게는 실례가 되겠지만, 젠더 문제를 중심으로 계속 조직하는 것을 의미한다. 아마도 궁극적인 목표는 젠더를 넘어 나아가는 것이겠지만, 아직 우리가 "넘어" 가는 경지에는 도달하지 못했다는 사실을 깨닫는 것을 의미한다. 사실상 이 책의 프로젝트 중 일부는 욕망이 젠더를 부정하고, 제한적 젠더 역할에서 자유롭게 벗어나서, 여기에서 지금 "트랜스젠더" 이상을 실현하는 수많은 방식이, 우리가 주의하지 않으면 "홈모섹슈얼hommosexual" 경제(이 루스 이리가라이의 말장난에서 나는 "동성애" 경제를 강조해서 의미하지 않는다)에 이익이 되는 결과를 낳을 수 있다는 사실을 보여주려는 것이었다. 차이를 회피하는 포스트페미니즘의 젠더 플레이는 단지 보편적 주체인 남성만이 있었던 "젠더 이전의" 과거로 우리를 쉽사리 되돌아가게 만들 수 있다.

역자 후기

　도대체 여성이란 무엇인가? 여성이라는 범주가 과연 성립이 되긴 하는가? 아무 의심 없이 자신이 여성이라고 생각하며 살고 있는 사람들에게 이러한 질문은 생뚱맞을지 모른다. 그런데 여성이라는 개념 자체에 의문을 제기하며 여성성이 여성 고유의 성질이 아니라고 주장하는 사람들이 있다. 사실 이 책을 번역한 나도 이 부류의 사람에 속한다고 할 수 있다.

　이 책의 저자 타니아 모들스키는 여성 정체성이 부인되고 여성성의 개념이 남성에게 전유되는 현상이 얼마나 위험한 일인지 이 책을 통해 증명하고자 한다. 강인한 남성적 체력과 가부장 사회가 부여하는 권력을 겸비한 남자들이 여성의 전유물이었던 여성성마저 전유함으로써 여성들을 사회 변두리로 내몰고 무화시키는 현상을 대중영화의 남성 캐릭터 분석을 통해 보여준다.

　모들스키가 가장 우려하는 것은 마치 현 시점이 페미니즘이 불필요할 정도로 성평등이 이루어졌다는 잘못된 전제 하에 젠더 차이를 운운하는 자체가 시대착오적인 것으로 간주되는 현상이다. 남자들이 아기를 키우는 영화에서 모들스키는 남성이 여성성의 주요 속성인 모성마저 전유하여 여성을 불필요한 존재로 무화시키려는 남성적 음모를 감지한다. 마초적인 근육질 남자들이 화면을 가득 채우는 전쟁 영화에서도 모들스키는 여성성을 전유당하는 불안을 경험한다.

　『여성 없는 페미니즘』은 총 3부로 구성된다. 제1부는 포스트페미니즘, 페미니즘과 연관된 이론과 방법론을 주로 다루며 제2부는 남성성과 남성 페미니즘을 대중영화 속 남성 캐릭터와 연관시켜 설명한다. 제3부는 인종, 젠더, 섹슈얼리티에 초점을 맞추어 여성의 몸, 특히 흑인 여성의 몸이 남성에 의해 성애적 희생자로 착취되는 현상을 폭로한다.

모들스키가 분석하는 영화들이 보이는 흥미로운 점은 이들 영화 속에서 남성들이 보여주는 동성성애적 모습이다. 〈거미여인의 키스〉에서 게이 청년 몰리나가 정치범 발렌틴에게 보여주는 애틋한 사랑, 결국 그 사랑을 받아들이는 발렌틴이 보여주는 동성애도 있지만 대체로 〈죽은 시인의 사회〉처럼 잠재되어 있는 은밀한 남성들간의 동성사회적 욕망이 모들스키의 날카로운 촉수에 걸려 적나라하게 해부된다.

남성들간의 동성사회적 관계에서 여성성은 착취되고 전유되며 여성은 무화되고 말지만 여성들간의 동성사회적 관계는 미래에 대한 희망을 준다는 점에서 흥미롭다. 〈사랑과 영혼〉에서 패트릭 스웨이지에게 자신의 몸을 영매로서 제공하는 우피 골드버그의 검은 두 손이 데미 무어의 흰 손을 꽉 붙잡는 장면을 모들스키는 희망적인 해석이 가능한 여성 동성사회적 관계로 해석하며 기뻐한다. 특히 백인 여성과 흑인 여성이 서로 손을 잡음으로써 인종 차이를 넘어선 온전한 여성성이 구현되는 페미니즘의 가능성을 발견했기 때문이다.

이 책을 번역하면서 강하게 떠오르는 의문은 과연 모들스키가 염려하듯 여성 정체성 상실과 여성성 전유의 문제가 그토록 심각한가 하는 것이었다. 여성 없는 페미니즘이 오히려 페미니즘의 목표 완성의 상태를 의미하는 것일 수 있지 않을까? 물론 모들스키의 적절한 지적처럼 페미니즘의 목표가 달성되지 않았음에도 불구하고 페미니즘에서 여성이 쏙 빠지는 현상은 결코 바람직하지 않을 것이다. 이는 문제들이 있음에도 없는 것처럼 덮는 행위나 다름없기 때문이다. 여성을 둘러싸고 있는 문제들이 산적해 있는 현실에서 마치 여성 문제는 다 해결된 양 시치미 떼며 여성성을 공공연하게 공유하려는 남성들의 태도는 뻔뻔스럽다고 할 수 있다. 그렇다고 해도 여성 정체성과 여성성 개념을 고수하려는 노력에도 문제점이 있는 것이 아닌가 하는 생각이 든다. 여성이 여성으로 태어나는 게 아니라는 전제 하에서 페미니즘이 시작된 것이라면 여성성 개념 자체가 여성이 꼭 고수해야 할 본질적 개념은 아니지 않은가. 또한 여성으로도 혹은 남성으로도 정의할 수 없는 젠더를 포함하여 젠더의 스펙트럼이 무한하게 넓어지고 있는 이 시점에서 여성 정체성에 매달리는 것 자체가 시대착오적인 행위로 비쳐질 수 있지 않을까?

이러한 의문점에도 불구하고 모들스키의 대중영화 분석은 무척 매력적이다. 섬세하면서도 날카로운 필치로 이론틀을 실제 영화에 접목시키고, 자신의 논점에 맞추어 정교하게 분석하는 솜씨에 번역하면서도 내심 감탄을 금할 수 없었다. 그리하여 모들스키의 주장에 동의를 하던 혹은 하지 않던 흥미를 잃지 않고 읽게 만든다.

모들스키가 분석 대상으로 삼고 있는, 대중문화에서 나타나는 남성 동성성애 경향이 최근 한국 대중문화에서도 부쩍 눈에 많이 띄고 있다. 영화 〈왕의 남자〉가 기록적인 관객동원에 성공했고 최근 방영된 TV드라마 〈커피프린스 1호점〉도 높은 시청률을 올렸으며, 조만간 개봉을 기다리는 영화 〈쌍화점〉, 〈소년, 소년을 만나다〉 등 동성애 코드가 넘치는 작품들이 미리부터 많은 주목을 받고 있다. 만약 모들스키의 시각으로 바라본다면 〈태극기 휘날리며〉라는 전쟁 영화도 두 미남 형제간의 남성 동성사회적 영화로 여겨질 수 있을 것이다. 오늘 마지막회가 방영된 드라마〈일지매〉에도 남성 동성사회적 코드가 넘쳐흐른다. 예를 들어, 양아들 용이에 대한 쇠돌이의 희생적인 사랑은 단순히 부성애로 설명하기에는 무언가 부족하다. 쇠돌이가 용이의 몸을 뒤지기 위해 덮치는 장면은 분명 성애적 행위를 연상시키는 효과를 낸다. 현재 방영 중인 드라마〈최강칠우〉에서 문정혁과 전노민이 나누는 은근한 대사와 몸짓들 또한 작가가 동성애 코드를 염두에 두고 있다는 생각을 지울 수 없게 만든다. 그러나 모들스키가 우피 골드버그와 데미 무어의 손잡음에서 인종을 넘어선 여성 연대의 가능성을 보고 희망을 느끼듯 우리는〈일지매〉의 봉순과 은채가 시위 현장에서 보여주는 용기 있는 모습을 통해 신분을 넘어선 여성들의 연대 가능성을 보고 희망을 느낀다.

이렇듯 타니아 모들스키의 『여성 없는 페미니즘』은 대중문화에 대한 흥미롭고 독창적인 분석 모델을 제시함으로써 다양한 사회의 다양한 대중문화를 분석할 수 있는 분석틀을 제공한다. 젠더의 정의가 점점 다양해지고 여성성이라는 개념 자체의 의미가 문제시되고 있는 현대 사회에서 이러한 분석틀은 분명 유효한 도구로서 활용될 수 있을 것이다.

마지막으로, 초벌 번역 원고를 읽고 조언을 아끼지 않은 여성문화이론 연구소 정신분석 세미나팀 선생님들께 감사하며, 특히 특유의 감각으로 힘든 1차 교정을 멋지게 해주신 문영희 선생님께 깊이 감사하는 마음을 전하고 싶다.

2008년 7월 24일

후주

1장

1   Elizabeth Kolbert, "Literary Feminism Comes of Age," The New York Times Magazine (December 6, 1987), p. 110

2   이 문장은 매우 강력한 효과를 낸다. 야망의 남성적 플롯에 대한 글에서 그는 이렇게 말한다. "여성적 플롯은 야망을 향해 보다 복잡한 자세를 취한다. 야망의 폭력적 플롯에 저항하며 자아를 주장하면서 내적 충동을 형성하는 것은, 『클래리사』에서 『제인 에어』, 『등대로』에 이르기까지, 표면적으로만 수동적이다. 이는 사실상 플롯의 벡터를 재해석하는 것이다."

3   Elaine Showalter, "Toward a Feminist Poetics," in The New Feminist Criticism: Essays on Women, Literature, and Theory, ed. Elaine Showalter (New York: Pantheon Books, 1985), p. 131.

4   Elaine Showalter, "The Rise of Gender," in Speaking of Gender, ed. Elaine Showalter (New York: Routledge, 1989), p. 5.

5   다음 두 책을 참조하라. Linda Kauffman, ed., Gender and Theory: Diologues on Feminist Criticism (Oxford: Basil Blackwell, 1989) & Feminism and Institutions: Diologues on Feminist Theory (Oxford: Basil Blackwell, 1989).

6   Lee Edelman, "At Risk in the Sublime: The Politics of Gender and Theory," in Kaufman, ed.,Gender and Theory, pp. 213-24

7   Kaufman, Feminism and Institutions, p. 3

8   Christopher Newfield, "The Politics of Male Suffering: Masochism and Hegemony in the American Renaissance,"differences 1, no. 3 (Fall 1989): 66.

9   David Revernz, "The Politics of Emerson's Man-Making Words," PMLA 101, no. 1 (January 1986): 39.

10   이 책은 멜로드라마에 대한 포괄적인 페미니즘 참고 문헌이다. Christine Gledhill,

ed., Home Is Where the Heart Is: Studies in Melodrama and the Woman's Film (London: BFL, 1987). 말없음의 텍스트로서 멜로드라마를 본 것은 피터 브룩스의 책 이다. Peter Brooks, The Melodramatic Imagination: Bazac, Henry James, Melodrama and the Mode of Excess (New Haven: Yale University Press, 1976).

11 카벨의 허락을 받고, 멜로드라마에 대한 카벨의 출판 예정의 책에 수록될 논문 「스텔라의 취향」에서 인용함.

12 Juliana Schiesari, The Gendering of Melancholia: Feminism, Psychoanalysis, and the Symbolics of Loss in Renaissance Literature, unpublished manuscript(미출판 원고).

13 Frank Lentricchia, "Patriarchy Against Itself—The Young Manhood of Wallace Stevens," Critical Inquiry 13, no. 4 (Summer 1987): 774.

14 R. Howard Bloch, "Medieval Misogyny," Representations 20 (Autumn 1987): 19.

15 Elaine Hansen, "Commentary," Medieval Feminist Newsletter 6 (December 1988): 6.

16 Donald Pease, "Patriarchy, Lentricchia, and Male Feminization," Critical Inquiry 14, no. 2 (Winter 1988): 379.

17 Joseph A. Boone and Michael Cadden, eds., Engendering Men (New York: Routledge, 1990). 이 책 첫 장에서 저자들은 그들에게 영감을 주고 격려해준 일레인 쇼왈터에게 감사한다.

18 「보이(지 않)는 동맹」이라는 제목의 논문을 로버트 볼릭키Robert Vorlicky는 뉴욕 센트럴 파크에서 조깅하다가 강간당한 여성의 이야기로 시작한다. 그의 페미니스트 친구는 "남자들은 왜 이런 짓을 하지? … 남자들은 아무 때나 아무나 폭행해도 될 권리를 갖고 있다고 믿나봐"(p. 275)라고 그에게 묻는다. 볼릭키는 친구가 남자의 본질을 일반화시키는 것에 화가 난다. 그는 자신이 여성을 지지하는 남성 페미니스트임을 강조하며 이러한 일반화에 항의한다. 과연 그의 항의는 정당할 수 있을까?

19 Eve Kosofsky Sedgwick, Between Men: English Literature and Male Homosocial Desire (New York: Columbia University Press, 1985).

20 Lee Edelman, "Redeeming the Phallus: Wallace Stevens, Frank Lentricchia, and the Politics of (Hetero)Sexuality," in Boone and Cadden, eds., Engendering Men, p.50.

21 Eve Kosofsky Sedgwick, "Across Gender, Across Sexuality: Willa Cather and Others," special issue, "Displacing Homophobia," ed. Ronald R. Butters, John and Clum, and Michael Moon, The South Atlantic Quarterly 88, no. 1 (Winter 1989): 53-72.

22 Susan Bordo, "Feminism, Postmodernism, and Gender Skepticism," in Feminism,/Postmodernism, ed. Linda J. Nicholson (New York: Routledge, 1990), pp. 133-56.

23 Helen Vendler, "Feminism and Literature," The New York Review of Books (May

31, 1990), p. 22.

24 Jonathan Culler, On Deconstruction: Theory and Criticism after Structuralism (Ithaca, N. Y.: Cornell University Press, 1982), pp. 43-64.

25 Denise Riley, Am I That Name? Feminism and the Category of "Women" in History (Minneapolis: University of Minnesota Press, 1988), p. 112.

26 Judith Butler, Gender Trouble: Feminism and the Subversion of Identity (New York: Routledge, 1990), p. 3.

27 Riley, Am I That Name?, p. 100.

28 Gloria Anzaldua, "Preface," Borderlands/La Frontera (San Francisco: Spinster/Aunt Lute, 1987), n.p.

29 이 점을 강력하게 표현한 책은 다음과 같다. Evelyn Brooks-Higginbotham, "The Problem of Race in Women's History," in Coming to Terms: Feminism, Theory, Politics, ed. Elizabeth Weed (New York: Routledge, 1989), pp. 122-33.

30 Biddy Martin and Chandra Talpade Mohanty, "Feminist Politics: What's Home Got to Do with It?" Feminist Studies/Critical Studies, ed. Teresa de Lauretis (Bloomington: Indiana University Press, 1986), p. 208.

31 Rita Felsky, Beyond Feminist Aesthetics: Feminist Literature and Social Change (Cambridge Mass.: Havard University Press, 1989), pp. 168-69.

32 Teresa de Lauretis, "The Essence of the Triangle or, Taking the Risk of Essentialism Seriously: Feminist Theory in Italy, the U.S., and Britain," differences 1 no. 2 (Summer 1989): 3-37.

33 이런 종류의 식민화를 매우 통렬하게 비판하는 글은 다음과 같다. Audre Lorde, "An Open Letter to Mary Daly" in This Bridge Called My Back: Writings By Radical Women of Color, ed. Chorrie Moraga and Gloria Anzaldua (Watertown, Mass.: Persephone Press, 1981), pp. 94-97.

34 Nancy K. Miller, "The Text's Heroine: A Feminist Critic and Her Fictions," diacritics 12, no. 2 (Summer 1982): 53.

2장

1 Fredric Jameson, "Reification and Utopia in Mass Culture," Social Text 1 (1979): 148.

2 Andreas Huyseenm "Mass Culture as Woman: Modernism's Other," in Studies in Entertainment: Critical Approaches to Mass Culture (Bloomington: Indiana University Press, 1989), pp. 188-207.

3   Ann Douglas, The Feminization of American Culture (New York: Avon, 1977), p. 13.

4   Jane P. Tompkins, "Sentimental Power: Uncle Tom's Cabin and the Politics of Literary History," Glyph 2 (1978): 98.

5   Manuel Puig, Kiss of the Spider Woman, trans. Thomas Colchie (New York: Vintage, 1980), p. 78.

6   Jean Baudrillard, In the Shadow of the Silent Majorities or the End of the Social and Other Essays, trans. Paul Foss, Paul Patton, and John Johnston (New York: Semiotext(e), 1983), p. 33.

7   Roland Barthes, Image, Music, Text, trans. Stephen Heath (New York: Hill and Wang, 1977), p.167.

8   공포 영화에 대해 보드리야르가 갖는 이러한 생각을 논의하고자 한다면 다음의 내 논 문이 참고가 될 것이다. "The Terror of Pleasure: The Contemporary Horror Film and Postmodern Theory," in Modleski, ed., Studies in Entertainment.

9   이 논의를 위해서는 특히 다음 글이 좋은 참고가 될 것이다. Michele Montrelay, "Inquiry into Femininity," trans. Parveen Adams, m/f 1 (1979): 65-101.

10   Jean Baudrillard, "The Ecstasy of Communication," trans. John Johnston in The Anti-Aesthetic, ed. Hal Foster (Port Townsend. Wash.: Bay Press, 1983), p. 132.

11   Nancy K. Miller, "The Text's Heroine: A Feminist Critic and Her Fictions," diacritics 12, no. 2 (Summer 1982): 53.

12   Baudrillard, In the Shadow, p. 19.

3장

1   Paul Wilemen는 이 점에 대해 전반적으로 다음 글에서 논한다., "Notes on Subjectivity—On Reading 'Subjectivity Under Siege,'" Screen 19, no. 3 (Autumn 1978): 41-70.

2   John Fiske, "British Cultural Studies and Television," in Channels of Discourse: Television and Contemporary Criticism, ed. Robert C. Allen (Chapel Hill: University of North Carolina Press, 1987), p. 271.

3   Graham Murdock, quoted in David Morley, The Nationwide Audience (London BFL, 1980): 3-29.

4   Fiske, "British Cutural Studies and Television," p. 272.

5   Babara Pym, Less Than Angels (New York: Harper & Row, 1987), p. 186.

6   Le Roy Ladurie, "From the Door of His Tent: The Fieldworker and the Inquisitor,"in Writing Culture: The Poetics and Politics of Ethnography, ed. James Clifford and George E. Marcus (Berkeley: University of California Press, 1986), p. 82.

7   Jonathan Culler, Structuralist Poetics: Structualism, Linguistics, and the Study of Literature (Ithaca, N. Y.: Cornell University Press, 1975).

8   Janice Radway, Reading the Romance: Women, Patriarchy, and Popular Literature (Chapel Hill: University of North Carolina Press, 1984), p. 243.

9   Annette Kolodny, "Dancing Through the Minefield: Some Observations on the Theory, Practice, and Politics of a Feminist Literary Criticism," in Showalter, ed., The New Feminist Criticism: Women, Literature, Theory (New York: Pantheon, 1985), pp. 55-56.

10 고전적인 민족지학의 가장 기본적 교의를 의문시하는 방대한 문학은 미디어와 대중문화에 대한 민족지학적 연구를 자기비판적으로 수용하지 않는 경향이 있다.

11 Tony Bennett, "The Prison-House of Criticism," New Formations 2 (Summer 1987): 129-44.

12 James Clifford, "Introduction: Partial Truths" in Clifford and Marcus, eds., Writing Culture, p. 15.

13 Ien Ang, Watching Dallas: Soap Opera and the Melodramatic Imagination, trans. Della Cooling (London: Methuen, 1985), p. 10.

14 Robert C. Allen, "Reader-Oriented Criticism and Television," in Allen, ed., Channels of Discourse, p. 74.

15 Bonnie Zimmerman, "What Has Never Been: An Overview of Lesbian Feminist Criticism," in Showalter, ed., The New Feminist Citicism, pp. 200-24.

16 See the Derrida-Searles exchange in Glyph 1 and 2 (1977). The article by Jacques Derrida is entitled "Signature, Event, Context," Glyph 1: 172-97; John R. Searle's response is entitled "Reiterating the Difference: A Reply to Derrida," Glypy 1: 198-208. Derrida's reply to Searle is "Limited Inc abc...," Glyph 2: 162-254.

17 J. L. Austin, How to Do Things with Words (Cambridge mass.: Harvard University Press, 1962), p. 26.

18 앞 글, p. 28.

19 See Steven Mailloux, Interpretive Conventions: The Reader in the Study of American   Fiction (Ithaca, N. Y.: Cornell University Press), 1982.

20 Jean-Paul Sartre, What Is Literature?, trans. Bernard Frechtman (New York:

Washington Square Press, 1966), p. 29.

21 Shoshana Felman, The Literary Speech Act: Don Juan with J. L. Austin, or Seduction in Two Languages, trans. Catherine Porter (Ithaca, N.Y.: Cornell University Press, 1983), p. 31.

22 Christopher Butler, Interpretation, Deconstruction, and Ideology: An Introduction to Some Current Issues in Literary Theory (Oxford: Clarendon, 1984).

23 Derrida, "Signature, Event, Context," p. 186.

24 앞 글, p. 188.

25 Monique Wittig, "The Straight Mind," Feminist Issues 1, no. 1 (Summer 1980): 106.

26 Quoted in Felman, The Literary Speech Act, p. 117.

27 펠만은 돈주앙이 남자들에게 한 약속도 지키지 않는다는 사실을 지적한다. 그러나 이 것은 돈주앙의 명성이 오로지 여성을 정복하는 능력에 있다는 점을 무시하는 것이다. 다른 남자들을 지배하는 능력이 있다고 해서 여성이 주요 희생자라는 사실이 결코 간 과될 수 없다. 오히려 이를 정치적인 관점으로 돈주앙의 이성애적 작업과 "동성사회 적 욕망," 간에 복잡한 상호관계를 생각해 보아야 한다.

28 In addition to Donna Landry, "Congreve Recovered; or, the Limits of Woolf's Feminism," The Michigan Academician 17 (1985): 58-69; see the chapter, "Pandora's Box: Subjectivity, Class and Sexuality in Socialist Feminist Critisism," in Cora Kaplan, Sea Changes (London: Verso, 1986).

29 Felman, p. 77.

30 Terry Eagleton, The Function of Critiscism: From the Spectator to Post-Structuralism (London: Verso, 1984), p. 103.

31 Landry, "Congreve Recovered," p. 134.

32 Patricia Yaeger, Honey-Mad Women: Emancipatory Strategies in Women's Writing (New York: Columbia University Press, 1988), p. 48.

33 Virginia Woolf, A Room of One's Own (New York: Harbinger, 1957). p. 48.

34 Joan Rivière, "Womanliness as a Masquerade," in Formations of Fantasy, ed. Victor Burgin, James Donald, and Cora Kaplan (London: Methuen, 1986), pp. 35-44.

35 See Homi K. Bhabha, "The Commitment to Theory," New Formations 2 (Summer 1988): 19.

36 앞 글, p. 19.

37 Colin Mercer, "A Poverty of Desire: Pleasure and Popular Politics," in Formations

of Pleasure (London: Routledge and Kegan Paul, 1983), p. 85.

38 Alice Walker, In Search of Our Mother's Gardens: Womanist Prose by Alice Walker (San Diege, Calif.: Harcourt Brace Jovanovich, 1984), p. 232.

4장

1 J. Glenn Gray, The Warriors: Reflections on Men in Battle (New York: Harper & Row, 1959), p. 79.

2 내가 이 글을 쓰는 동안 브라이언 드 팔마Brian de Palma의 Casualties of War가 출판 되었다.

3 Klaus Theweleit, Male Fantasies, vol. 1: Floods, Bodies, History, trans. Stephen Conway, in collaboration with Erica Carter and Chris Turner (Minneapolis: University of Minnesota Press, 1987), pp. 50 and 45. "Homosocial" is Eve Kosofsky Sedgwick's term. See her Between Men: English Literature and Male Homosocial Desire (New York: Columbia University Press, 1985).

4 Judith Mayne, "Walking the Tightrope of Feminism and Male Desire," in Men in Feminism, ed. Alice Jardine and Paul Smith (New York: Methuen, 1987), pp. 62-70.

5 Anthony Wilden, Man and Woman, War and Peace (New York: Methuen, 1987), pp. 124-28.

6 이와 똑같은 문제가 월댄의 영화 〈코러스 라인〉에도 적용된다.

7 Gustav Hasford, The Short-Timers (Toronto and New York: Bantam, 1980).

8 Julia Kristeva, Power of Horror: An Essay on Abjection, trans. Leon S. Roudiez (New York: Columbia University Press, 1982), p. 64.

9 See especially her "Stabat Mater," trans Arthur Goldhammer, in The Female Body in Western Culture: Contemporary Perspectives, ed. Susan Rubin Suleiman (Cambridge, Mass.:: Harvard University Press, 1985), pp. 99-136.

10 Dorothy Dinnerstein, The Mermaid and the Minotaur: Sexual Arrangements and Human Malaise (New York: Harper & Row, 1976).

11 Gilles Deleuze, Masochism: An Interpretation of Coldness and Cruelty, trans. Jean McNeil (New York: George Braziller, 1971), p. 79.

12 Paul Smith, "Men in Feminism: Men in Feminist Theory," in Jardine and Smith, eds., Men in Feminism, p. 35.

13 Alice Jardine and Paul Smith, "A Conversation," in Jardine and Smith, eds., Men in Feminism, p. 254.

14 "Women in the Beehive: A Seminar with Jacques Derrida," in Jardine and Smith, eds., Men in Feminism, p. 193.

15 See Heath, "Male Feminism," in Jardine and Smith, eds., Men in Feminism, pp. 1-32.

16 Cary Nelson, "Men, Feminism: The Materiality of Discourse," in Jardine and Smith, eds., Men in Feminism, p. 170.

17 See Gaylyn Studlar, "Masochism and the Perverse Pleasures of the Cinema," in Movies and Methods, vol. 2 ed. Bill Nichols (Berkeley and Los Angeles: The University of California Press, 1985), pp. 602-21.

18 See Margaret Randolph Higonnet, Jane Jenson, Sonya Michel, and Margaret Collins Weitz, Behind the Lines: Gender in the Two World Wars (New Haven: Yale University Press, 1987).

5장

1 Katha Pollitt, "The Strange Case of Baby M," The Nation, May 23, 1987, p. 683.

2 "Thighs and Whiskers—The Fascination of 'Magnum, p.i.'" is the title of an article by Sandy Flitterman, in Screen 26, no. 2 (March-April 1985): 42-59.

3 Sigmund Freud, Three Essays on the Theory of Sexuality, trans. James Strachey (New York: Basic Books, 1962), p. 53n.

4 앞 글, Three Essays, p. 52.

5 앞 글, p. 53n.

6 Sigmund Freud, "History of an Infantile Neurosis" (New York: Collier Books, 1963), p. 275.

7 앞 글, p. 268.

8 앞 글, p. 268.

9 See Dorfman's TheEmpire's Old Clothes: What the Lone Ranger, Babar, and Other Innocent Heroes Do to Our Minds (New york: Pantheon Books, 1983).

10 Theodor W. Adorno (with the assistance of George Simpson), "On Popular Music," Studies in Philosophy and Social Science 9, no. 1 (1941): 17-48.

11 Editors of Cahiers du Cinema, "John Ford's Young Mr. Lincoln," in Movies and Methods, ed. Bill Nichols (Berkeley: The University of California Press, 1976), p. 526.

12 Laura Mulvey, "Changes," Discourse 7 (Spring 1985): 11-30. Juliet Mitchell, Women

the Longest Revolution: Essays in Feminism, Literature and Psychoanalysis (London: Virage, 1984), p. 291.

13 Marie Balmary, Psychoanalyzing Psychoanalysis: Freud and the Hidden Fault of the Father, trans. Ned Lukacher (Baltimore, Md.: The Johns Hopkins University Press, 1982), pp. 7-24.

14 Julia Kristeva, Tales of Love, trans. Leon S. Roudiez (New York: Columbia University Press, 1987), p. 46.

15 Mary Gordon, "'Baby M'—New Questions About Biology and Destiny," Ms., June 1987, pp. 25-28. Janice Doane and Devon Hodges, "Risky Business: Familial Ideology and the Case of Baby M," differences 1, no. 1 (Winter 1989): 67-82.

16 Sigmund Freud, "Female Sexuality," in The Standard Edition of the Complete Psychological Works of Sigmund Freud, trans. James Strachey (London: Hogarth Press, 1974), vol. 21.

17 Julia Kristeva, Black Sun: Depression and Melancholia, trans. Leon S. Roudiez (New York: Colombia University Press, 1989), p. 27.

6장

1 Quoted in Michael Bronski, Culture Clash: The Making of a Gay Sensibility (Boston: South End Press, 1984), p. 185.

2 Kaja Silverman, The Subject of Semiotics (New York: Oxford University Press, 1983), p. 183.

3 See Jane Gallop's Reading Lacan (Ithaca, N. Y.: Cornell University Press, 1985).

4 Peter Lehman, "In the Realm of the Senses: Desire, Power and the Representation of the Male Body," Genders 2 (Summer 1988): 95

5 See Barbara Ehrenreich, The Hearts of Men: American Dreams and the Flight from Commitment (New York: Doubleday, 1983).

6 See Dana Polan, Power and Paranoia: History, Narrative, and the American Cinema, 1940-1950 (New York: Columbia University Press, 1986), pp. 86-87.

7 Franz Kafka, The Metamorphosis, trans. Stanley Corngold (Toronto: Bantam, 1972), p. 58.

8 See Kaja Silverman, The Acoustic Mirror: The Female Voice in Psychoanalysis and Cinema (Bloomington: Indiana University Press, 1988).

9 Jacques Lacan, Feminine Sexuality, ed. Juliet Mitchell and Jacqueline Rose, trans. Jacqueline Rose (New York: Norton, 1982), p. 85.

10 See Paul Hock, White Hero, Black Beast: Racism, Sexism and the Mask of Masculinity (Bristol: Pluto, 1979), esp. pp. 94-105.

11 See Teresa de Lauretis's feminist analysis of Lotman's work in Alice Doesn't: Feminism, Semiotics, Cinema (Bloomington: Indiana University Press, 1984), pp. 116-21.

12 See Constance Penley, "The Cabinet of Dr. Pee-wee: Consumerism and Sexual Terror," in Camera Obscura 17 (1988), pp. 133-54.

13 Balfour, "The Playhouse of the Signifier," p. 158.

14 Jack Babuscio, "Camp and the Gay Sensibility," Gays and Film, ed. Richard Dyer (New York: Zoetrope, 1984), p. 46.

15 See Susan Sontag, "Notes on Camp," Against Interpretation (New York: Dell, 1969), pp. 291-92.

16 Babuscio, "Camp and the Gay Sensibility," p. 44.

17 See Dennis Altman, The Homosexualization of America, the Americanization of the Homosexual (New York: Saint Martin's Press, 1982).

18 Gilles Deleuze and Felix Guattari, Anti-Oedipus: Capitalism and Schizophrenia, trans. Robert Hurley, Mark Seem, and Helen R. Lare (New York: Viking, 1977).

19 See especially her essay "The Mark of Gender," Feminist Issues 5, no. 2 (Fall 1985): 3-12.

20 Valie Export, "The Real and Its Double: The Body," Discourse 11, no. 1 (Fall-Winter 1988-89): 25.

21 See Hélène Cixous and Catherine Clément, The Newly Born Woman, trans. Betsy Wing (Minneapolis: The University of Minnesota Press, 1986), pp. 147-60.

22 Noelle Caskey, "Interpreting Anorexia Nervosa," in The Female Body in Western Culture: Contemporary Perspectives, ed. Susan Rubin Suleiman (Cambridge, Mass.: Harvard University Press, 1985). p. 185.

23 Ira Paneth, "Wim and His Wings," Film Quarterly 42, no. 1 (Fall 1988): 2.

24 bell hooks, "Representing Whiteness: Seeing Wings of Desire," Zeta Magazine 2, no. 3 (march 1989): 38.

25 Jean-François Lyotard, "Can Thought Go On Without a Body?," Discourse 11, no. 1 (Fall-Winter 1988-89): 84

26 Caskey, "interpreting Anorexia Nervosa," p. 184.

27 Fredric Jameson, "Postmodernism and Consumer Society," in The Anti-Aesthetic:

Essays On Postmodern Culture, ed. Hal Foster (Port Townsend, Wash.: Bay Press, 1983), pp. 111-25.

28   See Janice Doane and Devon Hodges, Nostalgia and Sexual Difference: The Resistance to Contemporary Feminism (New York: Methuen, 1987).

29   See Mary Russo, "Female Grotesques: Carnival and Theory," Feminist Studies /Critical Studies, ed. Teresa de Lauretis (Bloomington: Indiana University Press, 1986), pp. 213-29.

7장

1   See Patricia Erens, The Jew in American Cinema (Bloomington: Indiana University Press, 1984), pp. 101-06.

2   Homi K. Bhabha, "Of Mimicry and Man: The Ambivalence of Colonial Discourse,"October 28 (Spring 1984): 131.

3   Thomas Cripps, Slow Fade to Black: The Negro in American Film, 1900-1942 (New York: Oxford University Press, 1977), p. 37.

4   Bhabha, "Of Mimicry and Man," p. 126.

5   앞 글, p. 125.

6   See Manthia Diawara, "Black Spectatorship—Problems of Identification and Resistance," Screen 29, no. 4 (Autumn 1988): 66-79.

7   Bhabha, "Of Mimicry and Man," p. 132.

8   앞 글, p. 128.

9   See Luce Irigaray, Speculum of the Other Woman, trans. Gillian C. Gill (Itaca, N. Y.: Cornell University Press, 1985).

10   Bhabha, "The Other Question," p. 179.

11   앞 글, p. 170.

12   Cripps, Slow Fade to Black, p. 155.

13   X. J. Kennedy, "Who Killed King Kong?," in Focus on the Horror Film, ed. Roy Huss and T. J. Ross (Englewood Cliffs, N. J.: Prentice Hall, 1972), p. 109.

14   See René Girard, Deceit, Desire, and the Novel: Self and Other in Literary Structure, trans. Yvonne Freccero (Baltimore, Md.: Johns Hopkins University Press, 1972), and Eve Kosofsky Sedgwick, Between Men: English Literatue and Male Homosocial Desire (New York: Columbia University Press, 1985), pp. 21-25.

15 Henry Louis Gates, The Signifying Monkey: A Theory of Afro-American Literary Criticism (New York: Oxford University Press, 1988), pp. 108-09.

16 Laura Mulvey, "Visual Pleasure and Narrative Cinema," Screen 16, no. 3 (Autumn 1975): 6-18.

17 See Patricia Mellencamp, "Made in the Fade," Ciné-Tracts 3, no. 3 (Fall 1980): 13; Bill Nichols, Ideology and the Image (Bloomington: Indiana University Press, 1981), pp. 104-32; and E. Ann Kaplan, Women and Film: Both Sides of the Camera (New York and London: Methuen, 1983, pp. 49-59.

18 Lea Jacobs, "The Censorship of Blonde Venus: Textual Analysis and Historical Methods," Cinema Jounal 27, no. 3 (Spring 1988): 21-31.

19 See Sander L. Gilman, "The Hottentot and the Prostitute: Toward an Iconography of Female Sexuality," in Difference and Pathology: Stereotypes of Sexuality, Race, and Madness (Itaca, N. Y.: Cornell University Press, 1985). pp. 76-108.

20 Isaac Julien and Kobena Mercer, "De Margin and De centre," Screen 29, no. 4 (Autumn 1988): 5.

21 Claire Johnston, "Women's Cinema as Counter-Cinema," in Sexual Strategems: The World of Women in Film, ed. Patricia Erens (New York: Long Haul Press, 1979), p. 136.

22 See Elly Bulkin, Minnie Bruce Pratt, and Barbara Smith, Yours in Struggle: Three Feminist Perspectives on Anti-Semitism and Racism (New York: Long Haul Press, 1984).

23 See Peter Stallybrass and Allon White, "Below Stairs: the Maid and the Family Romance," in their The Politics and Poetics of Transgression (Itaca, N. Y.: Cornell University Press, 1986). pp. 149-70.

24 Jane Gaines, "White Privilege and Looking Relations—Race and Gender in Feminist Film Theory," Screen 29, no. 4 (Autumn 1988)· 12-27.

25 Valerie Smith, "Black Feminist Theory and the Representation of the 'Other'," in Changing Our Own Words: Essays on Criticism, Theory, and Writing by Black Women, ed. Cheryl A. Wall (New Brunswick, N. J.: Rutgers University Press, 1989), p. 45.

26 Hazel Carby, Reconstructing Womanhood: The Emergence of the Afro-American Woman Novelist (New York: Oxford University Press, 1987). p. 17.

8장

1   Andrew Ross, No Respect: Intellectuals and Popular Culture (New York: Routledge, 1989), p. 171.

2   Ross, No Respect, p. 194.

3   Geoffery Nowell-Smith, "Minnelli and Melodrama," in Home Is Where the Heart Is: Studies in Melodrama and the Woman's Film, ed. Christine Gledhill (London: BFI, 1987), pp. 70-74.

4   Bronski, Culture Clash: The Making of a Gay Sensibility (Boston: South End Press, 1984), p. 53.

5   Michael Moon, "Disseminating Whitman," special issue, "Displacing Homophobia," ed. Ronald R. Butters, John M. Clum, and Michael Moon, The South Atlantic Quarterly 88, no. 1 (Winter 1989): 255.

6   Robin Wood, Hollywood from Vietnam to Reagan (New York: Columbia University Press, 1985), p. 229.

7   D. A. Miller, The Novel and the Police (Berkeley: University of California Press, 1988), pp. 192-220.

8   Jeffrey Weeks, Sexuality and Its Discontents (London: Routledge, 1985), pp. 231-35; and Simon Watney, Policing Desire: Pornography, AIDS, and the Media (Minneapolis: University of Minnesota Press, 1987), pp. 58-76.

9   Leo Bersani, "Is the Rectum a Grave?" in AIDS: Cultural Analysis/Cultural Activism, ed. Douglas Crimp (Cambridge Mass.: The MIT Press, 1988), p. 219.

10   앞 글, p. 215. See also Catharine A. Mackinnon, Feminism Unmodified: Discourses on Life and Law (Cambridge, Mass.: Harvard University Press, 1987); and Andrea Dworkin, Intercourse (New York: The Free Press, 1987).

11   Gayle Rubin, "The Leather Menace: Comments on Politics and S/M," in SAMOIS, ed., Coming to Power: Writings and Graphics on Lesbian S/M (Boston: Alyson, 1981), p. 221.

12   Kaja Silverman, "Masochism and Male Subjectivity," Camera Obscura 17 (1988): 36.

13   Adrienne Rich, "Compulsory Heterosexuality and Lesbian Existence," Signs 5, no. 4 (Summer 1980): 80-81.

14   Gayle Rubin,"Thinking Sex: Notes for a Radical Theory of the Politics of Sexuality," in Pleasure and Danger: Exploring Female Sexuality, ed. Carole S. Vance (Boston: Routledge and Kegan Paul, 1984), pp. 307-8.

15   Robin Linden, ed., Against Sadomasochism: A Radical Feminist Analysis, (East Palo

Alto, Calif.: Frog in the Well, 1982).

16 Parveen Adams, "Of Female Bondage," Between Feminism and Psychoanalysis, ed. Teresa Brennan (New York: Routledge, 1989), p. 262.

17 Rubin, "Thinking Sex," p. 279.

18 Rosalind Coward, Female Desires (New York: Grove Press, 1985), pp. 92-106.

19 Tania Modleski, The Women Who Knew Too Much: Hitchcock and Feminist Theory (New York: Routledge, 1988), pp. 101-14.

20 Teresa De Lauretis, "The Essence of the Triangle or, Taking the Risk of Essentialism Seriously: Feminist Theory in Italy, the U.S., and Britain," differences 1, no. 2 (Summer 1989): 22-27.

21 Judith Butler, Gender Trouble: Feminism and the Subversion of Identity (New York: Routledge, 1989), p. 137.

22 Teresa de Lauretis, "Film and the Visible," forthcoming in How Do I Look?, ed. Douglas Crimp, Bay Press.

23 Pat Califia, "Among Us, Against Us: The New Puritans," Caught Looking, ed. Kate Ellis et. al. (Seattle, Wash.: The Real Comet Press, 1988), p. 22.

24 Linda Williams, Hard Core: Power, Pleasure, and the Frenzy of the Visible (Berkeley: University of California Press, 1989).

25 Susan Griffin, Pornography and Silence: Culture's Revenge Against Nature (New York: Harper & Row, 1981), pp. 111-12.

영화 찾아보기

찾아보기